Philosophieunterricht – Sekundarstufe II

Martin Morgenstern · Robert Zimmer

TREFFPUNKT PHILOSOPHIE

3 Handlungsnormen und Lebensregeln

PATMOS

INHALT

III Bringt Moral Glück? – Eudämonismus und Utilitarismus

IV Auf der Suche nach der »Goldenen Regel« – Pflichtethik, kategorischer Imperativ und Diskursethik

V Nicht ganz zurechnungsfähig? – Der Mensch zwischen Freiheit und Determination

VI Der Tod als Freund und Helfer? – Sterbehilfe als moralischer Konflikt

VII Ein Platz für Tiere – in der Moral?

VIII Leben oder Gelebt werden? – Kunst des Lebens – Leben als Kunst

VORWORT

Liebe Schülerinnen und Schüler,

Moralprediger gehen uns auf die Nerven. Nicht deshalb, weil uns Moral gleichgültig wäre oder weil wir uns selbst für reine Engel hielten. Was uns stört, ist vielmehr eine Haltung, die Traditionen oder Konventionen, die nur für eine bestimmte soziale Gruppe oder für eine bestimmte Zeit Geltung beanspruchen können, mit Moral verwechselt und sich selbst keine Rechenschaft darüber gibt, wie sich die Moral, die man fordert, mit Hilfe von Argumenten begründen lässt. Wer von uns Moral fordert, muss sich die Frage gefallen lassen: Wie kommst du dazu? Autorität allein ist keine akzeptable Antwort.

Eine solche Forderung nach Begründung moralischer Normen hat nichts mit Aufsässigkeit oder Querulantentum zu tun. Sie befindet sich in völligem Einklang mit der Philosophie, die diese Forderung seit ihren Anfängen erhoben hat. Die Ethik als Disziplin der Philosophie hat sich nie damit begnügt, Handlungsnormen und Lebensregeln bloß zu empfehlen oder aufzustellen. Sie hat sich auch immer darum bemüht, das »Warum?« zu beantworten.

Aber auch hier dürfen wir nicht die für alle Zeit gültige Antwort erwarten. Wie immer, wenn vernünftig gestritten und diskutiert wird, gibt es unterschiedliche Positionen und verschiedene Gesichtswinkel der Betrachtung. Dies trifft auf Fragen der Moral besonders zu, weil sie unmittelbar mit unserem alltäglichen Leben zu tun haben. Nicht nur die moralischen Grundsätze stehen zur Diskussion. Selbst wenn wir unserer moralischen Prinzipien sicher sind, stehen wir oft vor dem Problem, wie wir uns im konkreten Falle verhalten, wie wir sie also in bestimmten Situationen richtig anwenden sollen. Moral ist Teil unseres Handelns, das immer wieder neue Entscheidungen von uns verlangt.

Wie die anderen Bände stellt auch der dritte Band der Reihe *Treffpunkt Philosophie* Anlässe und Hilfsmittel für philosophische Diskussionen zur Verfügung. Ein »Wegweiser« führt ins Thema und in den Aufbau des Bandes ein, »Diskussionsforen« und »Info-Boxen« sollen die Auseinandersetzung mit dem Thema »Moral« in Gang halten. Der Band fordert dazu auf, das eigene Denken einzubringen, und liefert Bausteine, die im Unterricht oder zu Hause selbstständig zusammengesetzt werden können.

Wir wünschen uns, dass der Band dazu beiträgt, dass an die Stelle des »Moralpredigens« die vernünftige philosophische Kommunikation über Probleme der Moral tritt.

St. Wendel/Berlin im Januar 2000 — *Martin Morgenstern · Robert Zimmer*

WEGWEISER

Themen der philosophischen Ethik

In allen menschlichen Gesellschaften gelten moralische Regeln, die von den meisten ganz selbstverständlich anerkannt werden und deren Übertretung zu Konflikten, Bestrafung oder sogar zu sozialer Ächtung führt. Dass es »Tabus« gibt, die nicht ohne Folgen verletzt werden dürfen, ist uns aus frühesten Kulturen vertraut. Mit der Philosophie begann ein Nachdenken darüber, woher diese Regeln kommen, welchen Zweck sie erfüllen, und vor allem, wie sie sich begründen lassen. Bis heute ist die Frage »Was soll ich tun?« eine der wichtigsten Fragen der Philosophie geblieben und die philosophische Ethik, die sich mit moralischen Normen und ihren Geltungsansprüchen beschäftigt, hat sich zu einem zentralen und unverzichtbaren Teil jedes philosophischen Studiums entwickelt.

Einerseits orientierte man sich immer an den im Alltag verwurzelten moralischen Überzeugungen. Der griechische Begriff »ethos« bedeutet ja nichts anderes als »Sitte, Konvention, Gewohnheit«. Dass man z. B. andere Menschen nicht ohne weiteres bestehlen oder ermorden darf, hat die Philosophie nie in Frage gestellt. Andererseits hält nicht jedes überlieferte moralische Gebot einer kritischen Prüfung durch die Vernunft stand. Schon die frühgriechischen Philosophen des 5. vorchristlichen Jahrhunderts sahen Tradition und Konvention nicht mehr als ausreichende Begründung für die Geltung moralischer Normen an. Der berühmteste von ihnen, Sokrates, stellte z. B. immer wieder die Frage an seine Gesprächspartner, ob sie überhaupt wüssten, was »gut« im moralischen Sinne bedeutet und ob sie moralische »Güte« von praktischen Fähigkeiten unterscheiden könnten.

Eine der frühesten Fragen der philosophischen Ethik war die, ob es eine allen Menschen und allen Zeiten gemeinsame Moral geben kann oder ob sich moralische Regeln je nach Zeit und Ort notwendigerweise verschieden ausprägen. Mit der Kritik an bestehenden Moralauffassungen entstand schon bei den frühgriechischen Sophisten der ethische Relativismus, die Ansicht also, dass jedes System moralischer Normen nur bedingte und »relative« Geltung beanspruchen kann. Der Relativismus und seine Gegenposition, der Universalismus, sind bis heute Themen der philosophischen Ethik geblieben. Auch die Frage, ob Moral uns lediglich dazu dient, unseren Egoismus zu maskieren, ist zugleich sehr alt und sehr aktuell. Sie ist eng verbunden mit der Frage der philosophischen Anthropologie (Treffpunkt Philosophie, Bd. 2) nach der Natur des Menschen. Kann die Ethik sich darauf stützen, dass der Mensch »gut« ist oder müssen wir von einem pessimistischen Menschenbild ausgehen? Ein noch grundsätzlicheres Problem der Ethik ist das der Willensfreiheit, nämlich ob der Mensch sich überhaupt frei für oder gegen bestimmte Handlungen entscheiden kann. Können wir überhaupt für unsere Handlungen verantwortlich gemacht werden oder sind wir durch die überall in der Natur geltenden Kausalgesetze in unserem Handeln determiniert?

Die sogenannte »normative Ethik«, die sich mit der Rechtfertigung grundlegender moralischer Normen befasst, war immer ein Kernbereich der philosophischen Ethik. Sie unternimmt den Versuch mit Hilfe der Vernunft Grundsätze und Grundziele des moralischen Handelns zu formulieren. Begründen sich moralische Normen z.B. durch einen vorgegebenen Zweck, wie das Glück oder das Allgemeinwohl, oder gibt es ein anderes letztes Moralprinzip, das unser Handeln von Zwecken und Nutzen unabhängig macht? Beide Auffassungen werden bis heute in der Philosophie vertreten.

Immer mehr in den Mittelpunkt der philosophischen Ethik sind auch die Themen der sogenannten »angewandten Ethik« gerückt. Das Tötungsverbot zum Beispiel wird, zumindest in der Theorie, von kaum jemandem bestritten. Gilt es aber auch in Notwehrsituationen, für Soldaten im Kampfeinsatz oder für einen Arzt, der um Sterbehilfe gebeten wird? Und wie sollen wir uns entscheiden, wenn in einer konkreten Situation zwei moralische Normen, die wir beide im Prinzip anerkannt haben, Gegensätzliches von uns fordern? So kann im Falle der Sterbehilfe die Norm, Leben zu schützen und zu erhalten, mit dem Selbstbestimmungsrecht des Patienten über seinen eigenen Körper in Konflikt kommen.

Die Sprachphilosophie des 20. Jahrhunderts hat die alte Frage des Sokrates nach der Bedeutung von »gut« mit neuen Mitteln und Methoden wieder aufgegriffen. Die sogenannte »Metaethik«, der historisch jüngste Teilbereich der Ethik, fragt nach Sinn und Bedeutung moralischer Begriffe und Urteile, die wir im Alltag ganz selbstverständlich anwenden.

Schon seit ihren Anfängen dagegen hat sich die Ethik auch mit Fragen der persönlichen Lebensführung beschäftigt. Das Nachdenken über das »gute Leben« richtete sich ursprünglich sowohl auf moralische Handlungsnormen als auch auf Lebensregeln, die ein vernunftgeleitetes und glückliches Leben ermöglichen sollen. Lange vernachlässigt, hat sich eine erneuerte »Philosophie der Lebenskunst« wieder einen festen Platz in der Philosophie erobert.

Zur Konzeption der Reihe »Treffpunkt Philosophie« und des dritten Bandes

Der vorliegende dritte Band der Reihe »Treffpunkt Philosophie« greift einige der wichtigsten Probleme und Fragestellungen der philosophischen Ethik heraus, die die Geschichte der Philosophie geprägt haben und bis heute die philosophische Diskussion beherrschen. Andererseits kommen auch neuere oder wieder aufgenommene Themen, z.B. auf dem Gebiet der angewandten Ethik und der Lebenskunst, zu Wort. Auch in diesem Band werden keine endgültigen Antworten, sondern Gesprächsgrundlagen und Diskussionsanregungen angeboten, die auch dazu einladen eigene Erfahrungen und Überlegungen einzubringen.

Die ausgewählten Themenbereiche sind auf acht Unterrichtseinheiten verteilt, die sich jeweils einem Leitthema widmen. Jede Unterrichtseinheit enthält eine kurze Einführung und mehrere Texte, die selbst wiederum eingeleitet und durch Fragen erschlossen werden. Es begegnen verschiedene Textsorten, also nicht nur philosophische Texte im strengen Sinn, sondern auch Auszüge aus Literatur, Sachbüchern und Zeitungen. Philosophisches Nachdenken findet nicht nur bei Fachphilosophen, sondern in allen Bereichen des Lebens statt. Die Texte bringen wichtige Aspekte des Leitthemas, aber auch gegensätzliche Positionen zur Sprache, die die kritische Diskussion im Unterricht fördern sollen. Die dazu in den Abschnitten »Forum« gesammelten Fragen und Aufgaben laden dazu ein, sich mit den Texten eigenständig auseinander zu setzen.

Die Infobox am Ende einer Unterrichtseinheit versucht in übersichtlicher und verständlicher Form das Leitthema im Rahmen der Philosophiegeschichte darzustellen. Die philosophiegeschichtliche Aufarbeitung gibt nicht nur eine Orientierung über das Thema und die wichtigsten Positionen zu den strittigen Fragen, sondern liefert auch Anknüpfungspunkte für eine weitergehende Auseinandersetzung.

Die ersten beiden Unterrichtseinheiten stellen sich den grundsätzlichen Fragen, ob es eine universale Moral überhaupt geben kann, welche Beziehung die Moral zur menschlichen Natur hat und was wir eigentlich meinen, wenn wir moralische Bewertungen abgeben. Die dritte und vierte Unterrichtseinheit befassen sich mit den in der Philosophiegeschichte wichtigsten Versuchen, moralische Normen durch einen übergeordneten Zweck oder durch ein der Vernunft einsichtiges Moralprinzip zu begründen. Das schwierige Problem der Willensfreiheit ist Thema der fünften Unterrichtseinheit.

Zwei in der Gegenwart besonders umstrittene Themen der angewandten Ethik stehen im Mittelpunkt der Unterrichtseinheiten VI und VII: die Sterbehilfe und der Tierschutz. Seit die Medizin immer wirksamere Mittel der Lebensverlängerung entwickelt hat, steht der Mensch öfter als zuvor vor der moralischen Entscheidung, wann das Leben enden und das Sterben beginnen darf. Das Nachdenken über unser Verhältnis zu Tieren ist andererseits Teil eines neu erwachten Verantwortungsbewusstseins gegenüber der gesamten Natur, wie es sich z. B. in der neueren Richtung der Ökoethik äußert.

Die letzte Unterrichtseinheit behandelt die Verantwortung des Menschen für seine eigene, persönliche Lebensgestaltung. Dem Leben einen Sinn und eine eigene Handschrift geben – dies ist nach Auffassung der Philosophie eine Aufgabe, die vom mündigen Menschen mit Hilfe der Vernunft selbst bewältigt werden muss.

Philosophische Themen lassen sich nicht immer in säuberlich getrennte Schubladen stecken. Überschneidungen mit anderen Themenbereichen der Philosophie sind auch in diesem Band zwangsläufig. Die Frage nach der Willensfreiheit z. B. wird nicht nur in der Ethik, sondern auch in der Anthropologie (siehe »Treffpunkt Philosophie«, Bd. 2) und in der Metaphysik (Bd. 5) gestellt. Eine Überschneidung mit der Anthropologie ergibt sich ebenso beim Themenkomplex Egoismus–Altruismus. Die in Unterrichtseinheit II behandelten Fragen einer »Sprache der Moral« sind auch Teil der Sprachphilosophie (Bd. 5). Der in Unterrichtseinheit III diskutierte Utilitarismus wiederum gehört nicht nur in den Bereich der Ethik, sondern auch in den der politischen Philosophie (Bd. 4).

Wie die anderen Bände der Reihe »Treffpunkt Philosophie« kann auch der vorliegende Band gleichzeitig als Arbeitsbuch, als Diskussionsbuch und als Nachschlagewerk genutzt werden. Der lockere Aufbau der Unterrichtseinheiten erlaubt es Lehrern und Schülern, eine eigenständige Auswahl zu treffen. Anzahl und Reihenfolge der behandelten Unterrichtseinheiten können variieren. Aber auch Texte und Textpaare können nach dem Bausteinprinzip kombiniert und zu neuen thematischen Einheiten zusammengefasst werden. Die Texte zur antiken Glücksethik in Unterrichtseinheit III stehen z. B. in einem engen inhaltlichen Zusammenhang mit dem Thema Lebenskunst in Unterrichtseinheit VIII. Utilitarismus (Unterrichtseinheit III) und Pflichtethik (Unterrichtseinheit IV) nehmen häufig inhaltlich aufeinander Bezug. Die Texte von Schopenhauer und Schweitzer zur Mitleids- und Ehrfurchtsethik (VII 2, VII 3) können z. B. auch als Gegenposition zu Nietzsches Text über Herren- und Sklavenmoral (I 4b) behandelt werden. Stichwortverzeichnis und Personenlexikon sollen zusätzlich die Orientierung erleichtern und das Auffinden von Querbezügen unterstützen.

I JEDER NACH SEINER FASSON ODER EINE MORAL FÜR ALLE? – EGOISMUS UND RELATIVISMUS ALS HERAUSFORDERUNGEN DER ETHIK

Einführung

Normalerweise stellen wir unsere moralischen Überzeugungen nicht in Frage und setzen wie selbstverständlich voraus, dass sie auch von anderen Menschen geteilt werden. Doch bereits ein Blick auf andere Kulturen und Gesellschaften lehrt uns, dass das, was für uns unumstößlich gilt, häufig nur »relative« Geltung beanspruchen kann. Selbst ein so grundlegendes moralisches Verbot wie das des Tötens von Menschen scheint nicht überall anerkannt zu sein. So ist es z. B. den Eskimos erlaubt, ihre Eltern im Alter zu töten, bevor sie ihnen zur Last fallen. Dass andere Länder und Kulturen andere »Sitten« und damit häufig auch andere Moralvorstellungen haben, ist für die Moralphilosophie eine Herausforderung. Angesichts der Vielfalt von Moralvorstellungen stellt sich nämlich die Frage, ob es eine für alle verbindliche Moral überhaupt geben kann. Wenn der »Relativismus«, also die Ansicht, dass die Geltung moralischer Regeln von Kultur, Ort und Zeit abhängig ist, Recht hat, dann ist der Versuch, universal geltende moralische Normen zu begrunden, zum Scheitern verurteilt.

Damit zusammenhängend stellt sich die Frage, ob der Mensch aufgrund seiner »natürlichen« Neigungen und Interessen überhaupt zu einer universal geltenden Moral gelangen kann. Wir erleben immer wieder, dass persönliche Interessen, aber auch Gruppen- oder Claninteressen vor das Allgemeinwohl gestellt werden. In der Ökonomie ist es zu einer Selbstverständlichkeit geworden, den Egoismus als Triebfeder menschlichen Handelns in Rechnung zu stellen. Offenbar gehört Egoismus zur menschlichen Natur. Deshalb hat es auch in der Philosophie Versuche gegeben, eine »Moral des Egoismus« zu begründen, die sich aus dem Eigeninteresse des Menschen ableitet. Doch es ist nicht nur umstritten, ob der Egoismus die alleinige Triebfeder menschlichen Handelns ausmacht, sondern vor allem, ob er die Grundlage einer »Moral für alle« abgeben kann.

Egoismus und Relativismus scheinen je auf ihre Art die Möglichkeit einer »Moral für alle« in Frage zu stellen und nicht zu einer umfassenden »Menschheitsmoral« fähig zu sein. Ist es daher nicht sinnvoll dem Menschen neben den egoistischen auch »altruistische« Neigungen zu unterstellen, also ein natürliches Wohlwollen gegenüber dem Mitmenschen? Gibt es nicht auch in unserem Alltagsleben täglich Beispiele für Selbstlosigkeit? Und ist es nicht auch möglich, hinter der kulturell bedingten Vielfalt von Moralvorstellungen eine gemeinsame Grundlage, gemeinsame Wertvorstellungen zu finden? Ist Moral vielleicht doch globalisierbar?

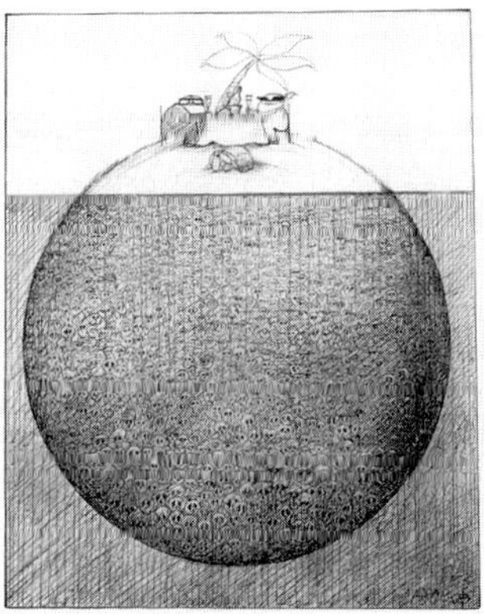

I 1: David Hume: Wohlwollen gegen andere als Teil der menschlichen Natur

Das philosophische Werk des Schotten David Hume markiert einen Meilenstein in der Geschichte der Erkenntnistheorie und Ethik der Neuzeit. Seine Schriften Traktat über die menschliche Natur *(1739/40) und* Untersuchung über den menschlichen Verstand *(1748) sind Klassiker der empiristischen Auffassung, dass alle Erkenntnis der Welt auf Erfahrung beruht. Die Bedeutung Humes liegt vor allem darin, gezeigt zu haben, wie wenig unser vermeintliches Wissen durch Erfahrung gestützt wird und wie unsicher folglich dieses Wissen ist. Nach Hume gibt es kein sicheres Wissen von der Zukunft und selbst unsere Überzeugung, dass die wahrgenommene physische Außenwelt auch unabhängig von aller Wahrnehmung existiert, lässt sich nicht beweisen. In seiner Moralphilosophie, die ebenfalls im* Traktat über die menschliche Natur *sowie in der Schrift* Untersuchung über die Prinzipien der Moral *(1751) enthalten ist, vertritt er die Position, dass Moral nicht auf Vernunft, sondern auf Gefühl basiert. Die Rolle der Vernunft beschränkt sich darauf, »Sklave der Leidenschaften« zu sein. Eine rationale Begründung moralischer Normen hielt Hume daher für ausgeschlossen.*
David Hume wurde am 7. Mai 1711 in Edinburgh geboren. Seine philosophischen Schriften blieben zunächst unbeachtet und seine Versuche, Professor für Philosophie zu werden, scheiterten. Daher verdiente er sich seinen Lebensunterhalt als Sekretär, Hauslehrer, Bibliothekar und schließlich als Diplomat und Staatssekretär. Berühmt wurde er durch sein vierbändiges Werk Die Geschichte Englands *(1754–61). Der Erfolg dieses Werks erlaubte es ihm sich als Privatgelehrter nach Edinburgh zurückzuziehen. Hier starb er am 25. August 1776.*
Der folgende Text, der aus der Untersuchung über die Prinzipien der Moral *entnommen ist, versucht das Wohlwollen gegenüber anderen als Quelle moralischen Handelns herauszustellen.*

Es gibt einen Grundsatz, dem weithin Geltung zugeschrieben wird und der mit jeder Tugend und jedem moralischen Gefühl absolut unverträglich ist; und wie er nur einer äußerst verdorbenen Charakteranlage entspringen kann, so tendiert er seinerseits dazu, diese Verdorbenheit noch weiter zu ermutigen. Dieser Grundsatz lautet: Alles *Wohlwollen* ist bloße Heuchelei, Freundschaft ist Betrug, Gemeinsinn eine Posse, Treue eine Falle, um Glauben und Vertrauen zu gewinnen; und während wir alle im Grunde nur unsere persönlichen Interessen verfolgen, tragen wir diese schönen Masken, um die anderen in Sicherheit zu wiegen und sie dann umso eher unseren Tücken und Machenschaften auszusetzen. Was für ein Herz jemand besitzen muss, der sich zu solchen Grundsätzen bekennt und der in sich kein inneres Gefühl empfindet, das eine so verderbliche Theorie Lügen straft, kann man sich leicht vorstellen; auch kann man sich denken, welchen Grad von Zuneigung und Wohlwollen er der Menschheit entgegenbringen kann, die er in so schrecklichen Farben schildert und von der er annimmt, dass sie so wenig für Dankbarkeit oder irgendwelche Gegenliebe empfänglich ist. Wenn wir diese Grundsätze nicht gänzlich einem korrupten Herzen zuschreiben sollen, so müssen wir sie zumindest als das Ergebnis einer äußerst nachlässigen und vorschnellen Untersuchung erklären. In der Tat mögen oberflächliche Denker, die bei ihren Mitmenschen viel falschen Schein beobachten und die vielleicht in ihrer eigenen Natur keinen sehr kräftigen Widerstand verspüren, den allgemeinen Schluss ziehen, dass alles gleichermaßen verdorben sei und dass die Menschen, im Gegensatz zu allen anderen Lebewesen, ja überhaupt zu allen anderen Arten des Seienden, keine Grade des Guten oder Bösen anerkennen, sondern in jedem Fall dieselben Geschöpfe in verschiedenen Verkleidungen und Erscheinungsformen sind.

Es gibt einen zweiten, dem ebengenannten einigermaßen ähnlichen Grundsatz, auf den die Philosophen sehr viel Wert legten und der so manchem System als Grundlage gedient hat: dass, wie viel Zuneigung für andere man empfinden möge oder zu empfinden glaube, doch keine Neigung jemals uneigennützig sein könne; dass die edelste Freundschaft, so aufrichtig sie auch sein mag, nur eine Modifikation der Selbstliebe sei; und dass wir, ohne uns selbst dessen bewusst zu sein, nur unsere eigene Befriedigung suchen, während wir ganz von Plänen für die Freiheit und das Glück der Menschheit erfüllt zu sein scheinen. Infolge eines Spiels der Einbildungskraft, einer spitzfindigen Reflexion und eines enthusiastischen Gefühls meinen wir, am Interesse anderer Anteil zu nehmen, und bilden uns ein, von allen egoistischen Erwägungen frei zu sein; aber im Grunde nehmen der hochherzigste Patriot und der schäbigste Geizhals, der tapferste Held und der verachtungswürdigste Feigling bei jeder Handlung die gleiche Rücksicht auf ihr eigenes Glück und Wohlergehen. [...]

Der nächstliegende Einwand gegen die These von der Selbstliebe ist der, dass sie unserem allgemeinen Gefühl und unseren vorurteilsfreien Vorstellungen widerspricht und dass daher die größte Anspannung philosophischen Denkens notwendig ist, um ein so außergewöhnliches Paradoxon[1] zu begründen. Auch dem oberflächlichsten Beobachter drängen sich solche Charakteranlagen wie Wohlwollen und Großzügigkeit, solche Neigungen wie Liebe, Freundschaft, Mitleid und Dankbarkeit auf. Diese Empfindungen haben ihre Ursachen, Wirkungen, Objekte und Verlaufsweisen, die durch gemeinsame Sprache und Beobachtung gekennzeichnet werden und von denen der egoistischen Neigungen klar unterschieden sind. Und da dies offensichtlich die Art und Weise ist, in der sich diese Dinge zeigen, muss man sie gelten lassen, bis irgendeine Hypothese entdeckt wird, die durch ein tieferes Eindringen in die menschliche Natur beweisen kann, dass die ersteren Neigungen nichts als Modifikationen der letzteren sind. Alle Versuche dieser Art haben sich bisher als fruchtlos erwiesen und scheinen ausschließlich aus jener Liebe zur Vereinfachung zu stammen, die in der Philosophie die Quelle vieler falscher Schlüsse gewesen ist. [...]

Vincent van Gogh, Der gute Samariter, 1890

Wir finden, dass Tiere der Zuneigung sowohl zu ihresgleichen als auch zu uns Menschen fähig sind; auch besteht in diesem Fall nicht der geringste Verdacht einer Verstellung oder List. Sollen wir auch alle *ihre* Gefühle auf verfeinerte Deduktionen[2] des Eigeninteresses zurückführen? Und wenn wir bei der niederen Gattung ein uneigennütziges Wohlwollen anerkennen, nach welcher Analogieregel[3] können wir es bei der höheren bestreiten?

1 Paradoxon: rätselhafter Widerspruch.

2 Deduktionen: logische Folgerungen aus Voraussetzungen (Prämissen).

3 Analogieregel (hier): eine Regel, die es erlaubt, von Ähnlichkeiten des Verhaltens auf Ähnlichkeiten des Empfindens zu schließen.

Die Liebe zwischen den Geschlechtern erzeugt ein Gefallen und Wohlwollen, das von der Befriedigung eines Triebes sehr verschieden ist. Zärtlichkeit gegen die Nachkommenschaft ist bei allen empfindenden Wesen im Allgemeinen allein imstande, die stärksten Motive der Selbstliebe aufzuwiegen, und ist von dieser Leidenschaft in keiner Weise abhängig. Welches Interesse kann eine liebende Mutter im Auge haben, die durch die unablässige Pflege ihres kranken Kindes ihre Gesundheit einbüßt, die später dahinsiecht und aus Kummer stirbt, wenn sie durch dessen Tod von der Sklaverei dieser Pflege befreit wird?

Ist Dankbarkeit nicht ein Gefühl der menschlichen Brust, oder ist sie bloß ein Wort ohne Inhalt und Wirklichkeit? Empfinden wir nicht in der Gesellschaft des einen Menschen mehr Befriedigung als in der des anderen? Und wünschen wir nicht das Wohlergehen unseres Freundes, auch wenn wir durch Abwesenheit oder Tod gehindert werden sollten daran irgendwie teilzuhaben? Oder wodurch wird in der Regel eine solche Teilnahme bewirkt, selbst wenn wir leben und in seiner Gegenwart sind, wenn nicht durch unsere Liebe und Achtung für ihn?

Diese und tausend andere Fälle sind Beweise eines allgemeinen Wohlwollens in der menschlichen Natur. [...]

I 2: Max Stirner: Werdet Egoisten!

Max Stirner gehörte zur philosophischen Bewegung der sog. »Hegelschen Linken«, die in der Mitte des 19. Jahrhunderts die philosophische Diskussion in Deutschland wesentlich bestimmte. Das zentrale Anliegen dieser Bewegung, zu der anfangs auch Karl Marx und Friedrich Engels gehörten, bestand darin, Hegels Auffassung von Geschichte als dem unaufhaltsamen Fortschritt von Vernunft und Freiheit als eine Aufforderung zur Kritik und zu grundlegenden gesellschaftlichen Veränderungen aufzufassen. Stirners Beitrag zur damaligen Diskussion, der in seinem Hauptwerk Der Einzige und sein Eigentum *(1845) enthalten ist, war ein radikaler Individualismus, der den Einzelnen von allen Bevormundungen durch Gesellschaft und Kultur, Moral und Religion befreien und damit dem natürlichen Egoismus freie Bahn verschaffen wollte. Durch seine Ablehnung jeder Art von staatlicher Autorität wurde Stirner auch zu einem Vordenker des modernen Anarchismus. Gegen alle Versuche, Geist und Seele als etwas von Körper und Materie grundlegend Verschiedenes zu begreifen, setzte er die These, dass nur der sinnliche individuelle Mensch wirklich ist. Das Individuum ist nach Stirner zugleich der Bezugspunkt aller Werte, insofern etwas nur wertvoll ist, wenn es dem Individuum dient. Einen prägnanten Ausdruck fand Stirners Theorie des Egoismus in dem Satz »Mir geht nichts über Mich«.*
»Max Stirner« war das Pseudonym für Johann Caspar Schmidt, der am 25. Oktober 1806 in Bayreuth geboren wurde. Er studierte Philosophie und Theologie, unter anderem in Berlin bei Hegel und Schleiermacher. Danach war er als Lehrer und Journalist tätig. Er starb am 26. Juni 1856 in Berlin.
Der folgende Text ist Stirners Hauptwerk entnommen.

Jahrtausende der Kultur haben euch verdunkelt, was ihr seid, haben euch glauben gemacht, ihr seiet keine Egoisten, sondern zu Idealisten (»guten Menschen«) *berufen*. Schüttelt das ab! Suchet nicht die Freiheit, die euch gerade um euch selbst bringt, in der »Selbstverleugnung«, sondern suchet *euch selbst*, werdet Egoisten, werde jeder von euch ein *allmächtiges Ich*. Oder deutlicher: Erkennet euch nur wieder, erkennet nur, was ihr wirklich seid, und lasst eure heuchlerischen Bestrebungen fahren, eure törichte Sucht, etwas anderes zu sein, als ihr seid. Heuchlerisch nenne ich jene, weil ihr doch alle diese Jahrtausende Egoisten geblieben seid, aber schlafende, sich selbst betrügende, verrückte Egoisten, ihr Heautontimorumenen[1], ihr Selbstpeiniger. Noch niemals hat eine Religion der Versprechungen und »Verheißungen« entraten können, mögen sie aufs Jenseits oder Diesseits verweisen (»langes Leben« usw.); denn *lohnsüchtig* ist der Mensch und »umsonst« tut er nichts. Aber jenes »das Gute um des Guten willen tun« ohne Aussicht auf Belohnung? Als ob nicht auch hier in der Befriedigung, die es gewähren soll, der Lohn enthalten wäre. Also auch die Religion ist auf unsern Egoismus begründet, und sie – beutet ihn aus; berechnet auf unsere *Begierden*, erstickt sie viele andere um einer willen. Dies gibt denn die Erscheinung des *betrogenen* Egoismus, wo ich nicht mich befriedige, sondern eine meiner Begierden, z.B. den Glückseligkeitstrieb. Die Religion verspricht mir das – »höchste Gut«; dies zu gewinnen achte ich auf keine andere meiner Begierden mehr und sättige sie nicht. – All euer Tun und Treiben ist *uneingestandener*, heimlicher, verdeckter und versteckter Egoismus. Aber weil Egoismus, den ihr euch nicht gestehen wollt, den ihr euch selbst verheimlicht, also nicht offenbarer und offenkundiger, mithin unbewusster Egoismus, darum ist er *nicht Egoismus*, sondern Knechtschaft, Dienst, Selbstverleugnung. Ihr seid Egoisten und ihr seid es nicht, indem ihr den Egoismus verleugnet. Wo ihr's am meisten zu sein scheint, da habt ihr dem Worte »Egoist« – Abscheu und Verachtung zugezogen.

Meine Freiheit gegen die Welt sichere ich in dem Grade, als ich mir die Welt zu eigen mache, d.h. sie für mich »gewinne und einnehme«, sei es durch welche Gewalt es wolle, durch die der Überredung, der Bitte, der kategorischen Forderung, ja selbst durch Heuchelei, Betrug usw.; denn die Mittel, welche ich dazu gebrauche, richten sich nach dem, was ich bin. Bin ich schwach, so habe ich nur schwache Mittel, wie die genannten, die aber dennoch für ein ziemlich Teil Welt gut genug sind. Ohnehin sehen Betrug, Heuchelei, Lüge schlimmer aus als sie sind. Wer hätte nicht die Polizei, das Gesetz betrogen, wer hätte nicht vor dem begegnenden Schergen schnell die Miene ehrsamer Loyalität vorgenommen, um eine etwa begangene Ungesetzlichkeit zu verbergen usw.? Wer es nicht getan hat, der hat sich eben Gewalt antun lassen: er war ein *Schwächling* aus – Gewissen. Meine Freiheit weiß ich schon dadurch geschmälert, dass ich an einem andern (sei dies Andere ein Willenloses, wie ein Fels, oder ein Wollendes, wie eine Regierung, ein Einzelner usw.) meinen Willen nicht durchsetzen kann; meine Eigenheit verleugne ich, wenn ich mich selbst – angesichts des Andern – aufgebe, d.h. nachgebe, abstehe, mich ergebe, also durch *Ergebenheit, Ergebung*. Denn ein Anderes ist es, wenn ich mein bisheriges Verfahren aufgebe, weil es nicht zum Ziele führt, also ablenke von einem falschen Wege, ein Anderes, wenn ich mich gefangen gebe. Einen Felsen, der mir im Wege steht, umgehe ich so lange, bis ich Pulver genug habe, ihn zu sprengen; die Gesetze eines Volkes umgehe ich, bis ich Kraft gesammelt habe, sie zu stürzen. Weil ich den Mond nicht fassen kann, soll er mir darum »heilig« sein, eine Astarte[2]? Könnte ich dich nur fassen, ich fasste dich wahrlich, und finde ich nur ein Mittel, zu dir hinauf zu kommen, du sollst mich nicht schrecken! Du Unbegreiflicher, du sollst mir nur so lange unbegreiflich bleiben, bis ich mir die Gewalt des Begreifens erworben habe, dich mein *eigen* nenne; ich gebe mich nicht auf gegen dich, sondern warte nur meine Zeit ab. Bescheide ich mich auch für jetzt, dir etwas anhaben zu können, so gedenke ich dir's doch!

1 Heautontimorumenos (griech.): jemand, der sich selbst bestraft und quält. Titel eines Lustspiels des römischen Dichters Terenz (ca. 70–140).

2 Astarte: altsemitische Fruchtbarkeits- und Kriegsgöttin.

I 3: Friedrich Nietzsche: a) Altruismus als maskierter Egoismus
b) Herrenmoral und Sklavenmoral

Nietzsche in Uniform als Artillerist, 1868

Friedrich Nietzsche gehört zu den einflussreichsten, aber auch umstrittensten Denkern der Moderne. Seine Bedeutung liegt vor allem auf den Gebieten der Moralphilosophie und der philosophischen Anthropologie. Der Ausgangspunkt seines Denkens war das Welt- und Menschenbild Schopenhauers, das die Macht des Triebhaften und Unbewussten betont. Doch anders als Schopenhauer wertete Nietzsche das natürlich Triebhafte ausdrücklich positiv. Die Unterdrückung der sinnlichen Natur des Menschen, die er in Schopenhauers Mitleidsethik und vor allem in der christlichen Moral der Nächstenliebe fand, betrachtete er als Ausdruck einer lebensfeindlichen Haltung. Der christlichen Moral setzte er in seinem philosophisch-dichterischen Werk Also sprach Zarathustra *(1883–1885) eine lebensbejahende Einstellung entgegen, die die natürlichen Instinkte und Triebe des Menschen von ihrer Unterdrückung befreien und dem Menschen die Weiterentwicklung zum »Übermenschen« ermöglichen soll. Anders als der Titel seines Werks* Jenseits von Gut und Böse *(1886) suggeriert, ging es ihm nicht um eine Beseitigung von Moral überhaupt, sondern um die Rechtfertigung einer lebensbejahenden Moral, die dem natürlichen Egoismus des Menschen Raum zur Entfaltung lässt.*
Friedrich Nietzsche wurde als Pfarrerssohn am 15. Oktober 1844 in Röcken bei Lützen geboren. Schon mit 24 Jahren wurde er Professor für klassische Philologie, musste jedoch bereits 1879 aus gesundheitlichen Gründen sein Lehramt aufgeben. Er führte ein unstetes, einsames Leben, wohnte bei Freunden oder in Hotels. Obwohl oder vielleicht gerade weil seine Schriften zu Lebzeiten unbeachtet blieben, entwickelte er ein übersteigertes Selbstbewusstsein, das schließlich in Wahnsinn überging. Von 1889 an bis zu seinem Tod am 25. August 1900 lebte er in geistiger Umnachtung im familiären Kreis in Weimar.
In dem ersten Text, der aus dem Nachlasswerk Der Wille zur Macht *(1906) stammt, begründet Nietzsche seine Ansicht, dass Wohlwollen gegen andere stets nur verkleideter Egoismus ist. In dem zweiten Text, der der Schrift* Zur Genealogie der Moral *(1887) entnommen ist, spitzt er den Gegensatz von lebensbejahender und lebensfeindlicher Moral zu dem Gegensatz von »Herrenmoral« und »Sklavenmoral« zu.*

a) Altruismus als maskierter Egoismus

Ursprung der Moral-Werte. – Der Egoismus ist so viel wert, als der physiologisch[1] wert ist, der ihn hat.

Jeder Einzelne ist die ganze Linie der Entwicklung noch (und nicht nur, wie ihn die Moral auffasst, etwas das mit der Geburt beginnt). Stellt er das Aufsteigen der Linie Mensch dar, so ist sein Wert in der Tat außerordentlich; und die Sorge um Erhaltung und Begünstigung seines Wachstums darf extrem sein. (Es ist die Sorge um die in ihm verheißene Zukunft, welche dem wohlgeratnen Einzelnen ein so außerordentliches Recht auf Egoismus gibt.) Stellt er die absteigende Linie dar, den Verfall, die chronische Erkrankung, so kommt ihm wenig Wert zu: und die erste Billigkeit ist, dass er so wenig als möglich Platz, Kraft und Sonnenschein den Wohlgeratnen wegnimmt. In diesem Falle hat die Gesellschaft die Niederhaltung des Egoismus (– der mitunter absurd, krankhaft, aufrührerisch sich äußert –) zur Aufgabe: handle es sich nun um einzelne oder um ganze verkommende, verkümmernde

1 physiologisch/Physiologie: Wissenschaft von den Lebensvorgängen im Organismus.

Volks-Schichten. Eine Lehre und Religion der »Liebe«, der Niederhaltung der Selbstbejahung, des Duldens, Tragens, Helfens, der Gegenseitigkeit in Tat und Wort kann innerhalb solcher Schichten vom höchsten Werte sein, selbst mit den Augen der Herrschenden gesehn: denn sie hält die Gefühle der Rivalität, des Ressentiments[2], des Neides nieder, die allzu natürlichen Gefühle der Schlechtweggekommenen, sie vergöttlicht ihnen selbst unter dem Ideal der Demut und des Gehorsams das Sklave-sein, das Beherrschtwerden, das Armsein, das Kranksein, das Unten-stehn. Hieraus ergibt sich, warum die herrschenden Klassen (oder Rassen) und Einzelnen jederzeit den Kultus der Selbstlosigkeit, das Evangelium der Niedrigen, den »Gott am Kreuze« aufrecht erhalten haben.

Das Übergewicht einer altruistischen Wertungsweise ist die Folge eines Instinktes für Missraten-sein. Das Werturteil auf unterstem Grunde sagt hier: »ich bin nicht viel wert«: ein bloß physiologisches Werturteil; noch deutlicher: das Gefühl der Ohnmacht, der Mangel der großen bejahenden Gefühle der Macht (in Muskeln, Nerven, Bewegungszentren). Dies Werturteil übersetzt sich, je nach der Kultur dieser Schichten, in ein moralisches oder religiöses Urteil (– die Vorherrschaft religiöser und moralischer Urteile ist immer ein Zeichen niedriger Kultur –): es sucht sich zu begründen, aus Sphären, woher ihnen der Begriff »Wert« überhaupt bekannt ist. Die Auslegung, mit der der christliche Sünder sich zu verstehen glaubt, ist ein Versuch, den Mangel an Macht und Selbstgewissheit berechtigt zu finden: er will lieber sich schuldig finden, als umsonst sich schlecht fühlen: an sich ist es ein Symptom von Verfall Interpretationen dieser Art überhaupt zu brauchen. In andern Fällen sucht der Schlechtweggekommene den Grund dafür nicht in seiner »Schuld« (wie der Christ), sondern in der Gesellschaft: der Sozialist, der Anarchist, der Nihilist, – indem sie ihr Dasein als etwas empfinden, an dem jemand schuld sein soll, sind sie damit immer noch die Nächstverwandten des Christen, der auch das Sich-schlecht-Befinden und Missraten besser zu ertragen glaubt, wenn er jemanden gefunden hat, den er dafür verantwortlich machen kann. Der Instinkt der Rache und des Ressentiments erscheint hier in beiden Fällen als Mittel, es auszuhalten, als Instinkt der Selbsterhaltung: ebenso wie die Bevorzugung der altruistischen Theorie und Praxis. Der Hass gegen den Egoismus, sei es gegen den eignen (wie beim Christen), sei es gegen den fremden (wie beim Sozialisten), ergibt sich dergestalt als ein Werturteil unter der Vorherrschaft der Rache; andrerseits als eine Klugheit der Selbsterhaltung Leidender durch Steigerung ihrer Gegenseitigkeits- und Solidaritätsgefühle... Zuletzt ist, wie schon angedeutet, auch jene Entladung des Ressentiments im Richten, Verwerfen, Bestrafen des Egoismus (des eignen oder eines fremden) noch ein Instinkt der Selbsterhaltung bei Schlechtweggekommenen. In summa[3]: der Kultus[4] des Altruismus ist eine spezifische Form des Egoismus, die unter bestimmten physiologischen Voraussetzungen regelmäßig auftritt. [...]

b) Herrenmoral und Sklavenmoral

Bei einer Wanderung durch die vielen feineren und gröberen Moralen, welche bisher auf Erden geherrscht haben oder noch herrschen, fand ich gewisse Züge regelmäßig miteinander wiederkehrend und aneinander geknüpft: bis sich mir endlich zwei Grundtypen verrieten und ein Grundunterschied heraussprang. Es gibt Herren-Moral und Sklaven-Moral; – ich füge sofort hinzu, dass in allen höheren und gemischteren Kulturen auch Versuche der Vermittlung beider Moralen zum Vorschein kommen, noch öfter das Durcheinander derselben und gegenseitige Missverstehen, ja bisweilen ihr hartes Nebeneinander – sogar im selben Men-

2 Ressentiment: gefühlsbedingtes Vorurteil, ohnmächtiger Hass.

3 in summa (lat.): zusammengefasst, insgesamt.

4 Kultus/Kult (hier): übertriebene Verehrung und Pflege.

schen, innerhalb Einer Seele. Die moralischen Wertunterscheidungen sind entweder unter einer herrschenden Art entstanden, welche sich ihres Unterschieds gegen die beherrschte mit Wohlgefühl bewusst wurde, – oder unter den Beherrschten, den Sklaven und Abhängigen jeden Grades. Im ersten Falle, wenn die Herrschenden es sind, die den Begriff »gut« bestimmen, sind es die erhobenen stolzen Zustände der Seele, welche als das auszeichnende und die Rangordnung Bestimmende empfunden werden. Der vornehme Mensch trennt die Wesen von sich ab, an denen das Gegenteil solcher gehobener stolzer Zustände zum Ausdruck kommt: er verachtet sie. Man bemerke sofort, dass in dieser ersten Art Moral der Gegensatz »gut« und »schlecht« so viel bedeutet wie »vornehm« und »verächtlich«: – der Gegensatz »gut« und »böse« ist anderer Herkunft. Verachtet wird der Feige, der Ängstliche, der Kleinliche, der an die enge Nützlichkeit Denkende; ebenso der Misstrauische mit seinem unfreien Blicke, der Sich-Erniedrigende, die Hunde-Art von Mensch, welche sich misshandeln lässt, der bettelnde Schmeichler, vor allem der Lügner: – es ist ein Grundglaube aller Aristokraten, dass das gemeine Volk lügnerisch ist. »Wir Wahrhaftigen« – so nannten sich im alten Griechenland die Adeligen. Es liegt auf der Hand, dass die moralischen Wertbezeichnungen überall zuerst auf Menschen und erst abgeleitet und spät auf Handlungen gelegt worden sind: weshalb es ein arger Fehlgriff ist, wenn Moral-Historiker von Fragen den Ausgang nehmen wie »warum ist die mitleidige Handlung gelobt worden?« Die vornehme Art Menschen fühlt sich als wertbestimmend, sie hat nicht nötig, sich gutheißen zu lassen, sie urteilt »was mir schädlich ist, das ist an sich schädlich«, sie weiß sich als das, was überhaupt erst Ehre den Dingen verleiht, sie ist Werte schaffend. Alles, was sie an sich kennt, ehrt sie: eine solche Moral ist Selbstverherrlichung. Im Vordergrund steht das Gefühl der Fülle, der Macht, die überströmen will, das Glück der hohen Spannung, das Bewusstsein eines Reichtums, der schenken und abgeben möchte: – auch der vornehme Mensch hilft dem Unglücklichen, aber nicht oder fast nicht aus Mitleid, sondern mehr aus einem Drang, den der Überfluss von Macht erzeugt. [...]

Am meisten ist ... eine Moral der Herrschenden dem gegenwärtigen Geschmacke fremd und peinlich in der Strenge ihres Grundsatzes, dass man nur gegen seinesgleichen Pflichten habe; dass man gegen die Wesen niedrigeren Ranges, gegen alles Fremde nach Gutdünken oder »wie es das Herz will« handeln dürfe und jedenfalls »jenseits von Gut und Böse« –: hierhin mag Mitleiden und dergleichen gehören. Die Fähigkeit und Pflicht zu langer Dankbarkeit und langer Rache – beides nur innerhalb seinesgleichen –, die Feinheit in der Wiedervergeltung, das Begriffs-Raffinement[5] in der Freundschaft, eine gewisse Notwendigkeit, Feinde zu haben (gleichsam als Abzugsgräben für die Affekte Neid, Streitsucht, Übermut, – im Grunde, um gut freund sein zu können): alles das sind typische Merkmale der vornehmen Moral, welche, wie angedeutet, nicht die Moral der »modernen Ideen« ist und deshalb heute schwer nachzufühlen, auch schwer auszugraben und aufzudecken ist. – Es steht anders mit dem zweiten Typus der Moral, der Sklaven-Moral. Gesetzt, dass die Vergewaltigten, Gedrückten, Leidenden, Unfreien, Ihrer-selbst-Ungewissen und Müden moralisieren: was wird das Gleichartige ihrer moralischen Wertschätzungen sein? Wahrscheinlich wird ein pessimistischer Argwohn gegen die ganze Lage des Menschen zum Ausdruck kommen, vielleicht eine Verurteilung des Menschen mitsamt seiner Lage. Der Blick des Sklaven ist abgünstig für die Tugenden des Mächtigen: er hat Skepsis und Misstrauen, er hat Feinheit des Misstrauens gegen alles »Gute«, was dort geehrt wird –, er möchte sich überreden, dass das Glück selbst dort nicht echt sei. Umgekehrt werden die Eigenschaften hervorgezogen und mit Licht übergossen, welche dazu dienen, Leidenden das Dasein zu erleichtern:

5 Begriffsraffinement (hier): komplex entwickelte und verfeinerte Vorstellungs- und Begriffswelt.

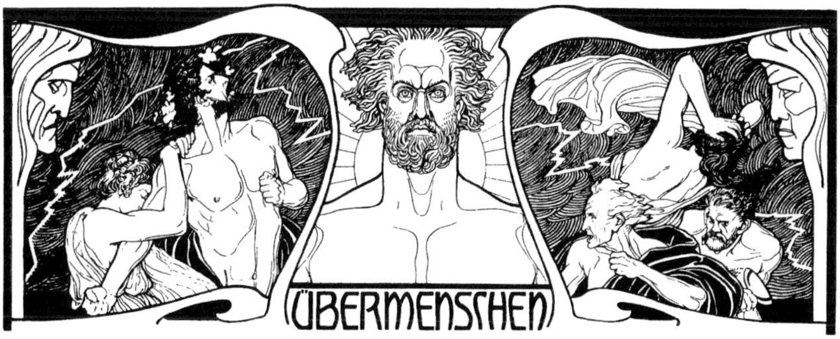

Darstellung auf einem Buchumschlag, wiedergegeben 1903 in der Berliner Illustrierten Zeitung

hier kommt das Mitleiden, die gefällige hilfsbereite Hand, das warme Herz, die Geduld, der Fleiß, die Demut, die Freundlichkeit zu Ehren –, denn das sind hier die nützlichsten Eigenschaften und beinahe die einzigen Mittel den Druck des Daseins auszuhalten. Die Sklaven-Moral ist wesentlich Nützlichkeits-Moral. Hier ist der Herd für die Entstehung jenes berühmten Gegensatzes »gut« und »böse« – ins Böse wird die Macht und Gefährlichkeit hinein empfunden, eine gewisse Furchtbarkeit, Feinheit und Stärke, welche die Verachtung nicht aufkommen lässt. Nach der Sklaven-Moral erregt also der »Böse« Furcht; nach der Herren-Moral ist es gerade der »Gute«, der Furcht erregt und erregen will, während der »schlechte« Mensch als der verächtliche empfunden wird. Der Gegensatz kommt auf seine Spitze, wenn sich, gemäß der Sklavenmoral-Konsequenz, zuletzt nun auch an den »Guten« dieser Moral ein Hauch von Geringschätzung hängt – sie mag leicht und wohlwollend sein –, weil der Gute innerhalb der Sklaven-Denkweise jedenfalls der ungefährliche Mensch sein muss: er ist gutmütig, leicht zu betrügen, ein bisschen dumm vielleicht, un bonhomme[6]. Überall, wo die Sklaven-Moral zum Übergewicht kommt, zeigt die Sprache eine Neigung, die Worte »gut« und »dumm« einander anzunähern. – Ein letzter Grundunterschied: das Verlangen nach Freiheit, der Instinkt für das Glück und die Feinheiten des Freiheits-Gefühls gehört ebenso notwendig zur Sklaven-Moral und -Moralität, als die Kunst und Schwärmerei in der Ehrfurcht, in der Hingebung, das regelmäßige Symptom einer aristokratischen Denk- und Wertungsweise ist.

I 4: Peter Singer: Die Natur zwingt uns nicht zum Egoismus

Peter Singer, geboren 1946, lehrt seit 1977 Philosophie in Australien und den USA. Wie kein anderer hat Singer die Diskussion in der zeitgenössischen Moralphilosophie polarisiert. Besonders seine Stellungnahmen zum Problem der Abtreibung und der Sterbehilfe haben in der Öffentlichkeit hitzige Debatten, ja Empörung und Proteste ausgelöst. In seinem Buch Wie sollen wir leben? Ethik in einer egoistischen Zeit *(1993) setzt er sich mit den Erscheinungsformen des Egoismus in der modernen Industriegesellschaft auseinander und plädiert für ein altruistisches, moralisch engagiertes Leben. In einem Auszug aus diesem Buch kritisiert Singer die verbreitete Auffassung, dass die Natur den Menschen unausweichlich zum Egoisten stempele.*

6 un bonhomme (franz.): gutmütiger, einfältiger Mensch.

Zwingt uns wirklich etwas in unserer biologischen Natur zum Egoismus? Ist dies das biologische Gegenstück zur Erbsünde[1]? Haben hervorragende Biologen Recht, wenn sie sagen, die gesicherten biologischen Tatsachen zeigten, dass wirklicher Altruismus unmöglich sei? Wie stark bedrohen gesicherte biologische Theorien unsere vom gesunden Menschenverstand getragene Vorstellung, dass wir selbstlos leben können? [...]

In vereinfachter Form lautet die wesentliche Aussage des biologischen Arguments, das viele denken lässt, der Egoismus sei unausweichlich, so:

Der moderne Mensch ist das Ergebnis eines langen und unaufhörlichen Kampfes ums Dasein, in dessen Verlauf es einigen Individuen gelingt, sich zu ernähren und bis zur Fortpflanzung am Leben zu erhalten, und anderen nicht. Diejenigen, denen dies gelingt, geben ihre Gene an die nächste Generation weiter; die Gene der anderen sterben aus. Egoisten, die sich in erster Linie entsprechend ihren eigenen Interessen verhalten, haben mehr Aussicht auf Erfolg als Altruisten, die lieber anderen zum Gewinnen verhelfen, als ihre eigenen Gewinnaussichten zu maximieren[2]. Da Eigenschaften wie der Egoismus mindestens zum Teil genetisch festgelegt sind, wird die Zahl der Egoisten zunehmen und die der Altruisten abnehmen. Auf lange Sicht – und die Evolution dauert jetzt wirklich schon recht lange an – wird es überhaupt keine Altruisten mehr geben. [...]

Es ist selbstverständlich richtig, dass sich die Menschen aus anderen Tieren entwickelt haben. Wir sind Affen. Wir haben 98,6 Prozent unserer Gene mit den Schimpansen gemeinsam. Genetisch stehen wir den Schimpansen näher als diese den Orang-Utans. Menschen und Schimpansen entwickelten sich aus gemeinsamen Vorfahren durch einen Prozess der natürlichen Selektion, der manchmal als das »Überleben der Tüchtigsten« bezeichnet wird. Doch wer dabei an Zähne und Klauen und Blut denkt, sollte von dieser Vorstellung Abstand nehmen. Mit den »Tüchtigsten« sind in der Evolutionstheorie einfach diejenigen gemeint, denen es am besten gelingt, Nachkommen zu erzeugen, die sich ihrerseits erhalten und fortpflanzen. Wie andere Affen und allgemeiner Primaten[3] sind Menschen soziale Säugetiere, die in Gruppen leben und für ihre Jungen sorgen. So gelingt es ihnen – nicht immer, aber oft –, bei ihrem Tod Nachkommen zu hinterlassen.

Es ist ziemlich leicht bei sozialen Säugetieren Beispiele eines Verhaltens zu finden, das alles andere als egoistisch ist. Vielleicht das berühmteste – weil es manchmal auch schon Menschen widerfahren ist – ist die Art und Weise, wie Delphine verletzten Gruppenmitgliedern zu überleben helfen. Delphine müssen zum Atmen an die Wasseroberfläche kommen. Ist ein Delphin so schwer verletzt, dass er nicht aus eigener Kraft an die Wasseroberfläche schwimmen kann, dann gruppieren sich andere Delphine um ihren verletzten Gefährten und tragen ihn hinauf. Wenn nötig, stützen sie ihn so viele Stunden lang. Soziale Tiere teilen auch untereinander. Wölfe und Wildhunde bringen den Rudelmitgliedern Fleisch, die nicht mit auf der Jagd waren. [...]

Kurz gesagt, es ist ein Fehler, die Natur als einen Kampf auf Leben und Tod aufzufassen, in dem diejenigen, die sich nur um ihre eigene Nahrung, Sicherheit und sexuelle Befriedigung kümmern, dazu vorherbestimmt sind, die anderen auszurotten. Das ist nicht die Lehre aus Biologie und Evolutionstheorie. [...]

1 Erbsünde: nach christlicher Lehre die durch den Sündenfall Adams und Evas bewirkte angeborene Sündhaftigkeit des Menschen.

2 maximieren: aus gegebenen Bedingungen den größtmöglichen Erfolg erzielen.

3 Primaten: Herrentiere, höchstentwickelte Säugetiere, umfassen Affen, Halbaffen und Menschenartige (»Hominiden«).

Wir geben unsere Gene nicht einfach dadurch weiter, dass wir unsere Keimzellen weitergeben und es den entstehenden Nachkommen selbst überlassen sich durchs Leben zu schlagen, so gut sie eben können. Kinder zu bekommen ist nur der erste Schritt. Wenn unsere Gene überleben sollen, dann müssen unsere Kinder selbst so lange leben, dass sie wieder Kinder haben, die ebenfalls wieder Kinder haben usw. Es ist also unmittelbar einsichtig, dass wir für eine ganz bedeutende Gruppe anderer Lebewesen sorgen müssen, nämlich für unsere Kinder. Nicht alle Eltern würden sich für ihr Kind eine Niere herausoperieren lassen, aber dass einige es tun, zeigt, in welchem Maße uns die Sorge für unsere Kinder zu einem selbstlosen Verhalten zugunsten eines anderen Menschen bringen kann. [...]

Pablo Picasso, Die Familie oder Eltern mit Kind, 1904

Die Bereitschaft von Eltern, die Interessen ihrer Kinder über ihre eigenen zu stellen, ist ein schlagendes Gegenbeispiel zu der allgemeinen Behauptung, die Menschen seien egoistisch. Wenn Eltern ein weinendes Baby trösten, dann tun sie es nicht im Gedanken an die Zeit in 20 oder 30 Jahren, wenn das Kind sie im Alter unterstützen könnte. Sie reagieren unmittelbar aus ihrer Liebe zu dem Kind heraus und ihrem Mitgefühl mit dem Bild des Jammers, das ein weinendes Baby bietet – vor allem, wenn es das eigene ist. Für das Wohlbefinden ihrer Kinder verzichten Eltern auch auf Dinge, die sie brauchen. Sie verzichten auf Urlaub oder ein neues Auto, wenn das nötig ist, um die Kinder gut zu ernähren und zu kleiden und ihnen eine gute Ausbildung zu ermöglichen. »Ich habe immer dein Bestes gewollt«, sagen sie ihren Kindern als Erklärung und gewöhnlich stimmt das auch. In vielen Ländern schließen umsichtige Menschen Lebensversicherungen ab, damit ihre Familie im Falle ihres Todes etwas Geld hat. Die laufenden Beiträge gehen von ihrem Einkommen ab und sie haben somit weniger Geld, das sie ausgeben können. Daran ist nichts Merkwürdiges – außer dass diese Umsicht überhaupt nicht ihnen selbst zugute kommt. Diese weit verbreitete Vorsorgemaßnahme ist nur dann sinnvoll, wenn wir davon ausgehen, dass wir uns um das Wohl mindestens eines anderen Lebewesens sorgen. [...]

Biologen betrachten eine Handlung jedoch nur dann als altruistisch oder selbstlos, wenn sie die »Fortpflanzungstüchtigkeit«, also die Aussichten auf Hinterlassung von Nachkommen, mindert. Daher erkennen sie oft nicht an, dass das, was sich zwischen Eltern und Kindern abspielt, überhaupt ein Schritt über den Egoismus hinaus ist.

[Wir haben aber] gesehen, dass viele Menschen unter Bedingungen ethisch handeln, die auf diese Weise nicht erklärbar sind. Oskar Schindler[4] förderte weder seine eigenen Interessen noch die seiner Verwandten oder seiner Gruppe, als er SS-Offiziere bestach oder überredete, jüdische Häftlinge vor der Deportation in die Todeslager zu bewahren. Für einen erfolgreichen nichtjüdischen deutschen Geschäftsmann waren die elenden und hilflosen jüdischen Häftlinge der SS kaum vielversprechende Partner zum Aufbau einer auf Gegenseitigkeit beruhenden Beziehung.

4 Oskar Schindler (1908–1974): deutscher Industrieller, rettete während des Nationalsozialismus mehr als 1200 Juden das Leben, indem er ihre Weiterbeschäftigung in seiner Fabrik in Krakau erreichte. Wurde vor allem als Held des Romans und Films »Schindlers Liste« bekannt.

FORUM

Zur Texterschließung

1 | Welche Grundsätze betrachtet Hume als unverträglich mit einer moralischen Einstellung?
2 | Worin besteht nach Hume der nächstliegende Einwand gegen die Theorie der Selbstliebe?
3 | Welche Beispiele belegen nach Hume ein natürliches Wohlwollen in der menschlichen Natur?
4 | Wie begründet Stirner seine Aufforderung an den Menschen, Egoist zu werden?
5 | Erklären Sie Stirners These vom »betrogenen« Egoismus! Welche Rolle spielt nach Stirner dabei die Religion?
6 | Worin besteht nach Stirner die Freiheit des Ich gegen die Welt und wie ist sie begrenzt?
7 | Erklären Nietzsches These, Altruismus sei eine spezifische Form des Egoismus!
8 | Worin sieht Nietzsche eine Gemeinsamkeit von Christentum und Sozialismus?
9 | Welche Rolle spielt nach Nietzsche die christliche Lehre in der Geschichte der menschlichen Moralvorstellungen?
10 | Erklären Sie Unterschied zwischen »gut« und »schlecht« bzw. »gut« und »böse« in der sog. »Herrenmoral« und der sog. »Sklavenmoral«!
11 | Welches sind die Unterschiede zwischen der Herrenmoral und der Moral der »modernen Ideen«?
12 | Warum ist die Sklavenmoral nach Nietzsche eine Nützlichkeitsmoral?
13 | Welches ist die wesentliche Aussage des sog. »biologischen Arguments«, das von Singer als falsch angesehen wird?
14 | Welche Beispiele tierischen und menschlichen Verhaltens sprechen nach Singer gegen die Egoismusthese?
15 | Mit welchem Argument reagiert Singer auf die These von Biologen, menschliche Handlungen seien nur dann altruistisch, wenn sie die »Fortpflanzungstüchtigkeit« mindern?

Ist sich jeder selbst der Nächste? – Egoismus und Altruismus – Zur Diskussion

1 | Untersuchen Sie die wichtigsten Ziele, die Sie selbst im Leben haben. Welche davon lassen sich dem Altruismus und welche dem Egoismus zuordnen? Für welche der folgenden gesellschaftlichen Interessen wären Sie bereit, Ihre persönlichen Interessen einzuschränken: Umweltschutz, soziale Gerechtigkeit, Landesverteidigung, Hilfe für andere Völker in Not oder im Katastrophenfall?
2 | Suchen Sie Personen aus Geschichte und Gegenwart, die als Musterbeispiele von Egoismus einerseits und Altruismus andererseits gelten können! Welche Fälle erscheinen Ihnen besonders verständlich, welche besonders unverständlich?
3 | Denker wie Nietzsche haben auch Verhaltensweisen, die gewöhnlich als altruistisch gelten, als verschleierten Egoismus zu entlarven versucht. Diskutieren Sie angesichts der von Ihnen gesammelten Beispiele altruistischen Verhaltens, ob auch sie als verschleierter Egoismus interpretiert werden können?

4 | Der Arzt und Schriftsteller Bernard de Mandeville (ca. 1670–1733) hat in seinem Buch *Die Bienenfabel* die These aufgestellt, dass im Wirtschaftsleben der Egoismus der Einzelnen zum Wohl der Allgemeinheit führt. Der Zusammenbruch der kommunistischen Staaten gilt vielen als Bestätigung der These, dass nur Kapitalismus und Marktwirtschaft, die sich auf individuelles Gewinnstreben stützen, zu gesellschaftlichem Wohlstand führen. Untersuchen Sie die Frage, was sich ändern müsste, damit die Wirtschaft auch auf der Basis gegenseitigen Wohlwollens gut funktionieren könnte: der Mensch oder die gesellschaftlichen Verhältnisse?

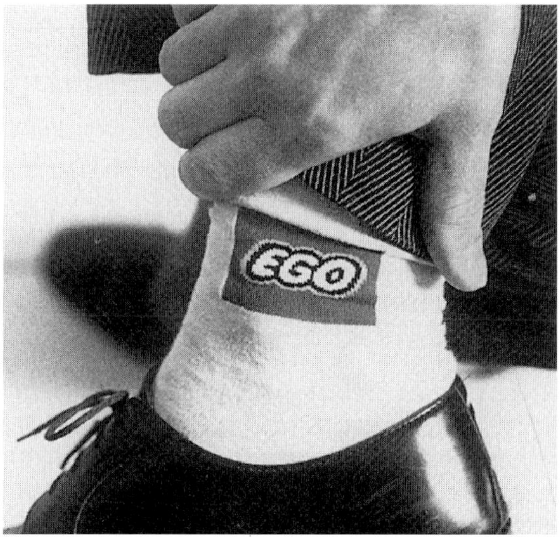

5 | Charles Darwin (1809–1882), der Begründer der modernen Evolutionstheorie, schreibt in seinem Buch *Die Abstammung des Menschen* (1871):
»Wenn der Mensch in der Kultur fortschreitet und kleine Stämme sich zu größeren Gemeinwesen vereinigen, so führt die einfachste Überlegung jeden Einzelnen schließlich zu der Überzeugung, dass er seine sozialen Instinkte und Sympathien auf alle, also auch auf die ihm persönlich unbekannten Glieder desselben Volkes auszudehnen habe. [...] Es darf nicht übersehen werden, dass [...] eine Vermehrung der Zahl gutbegabter Menschen und ein Fortschritt der Sittlichkeit doch dem ganzen Stamm eine ungeheure Überlegenheit über alle anderen Stämme verleiht.«
Welche Erklärung liefert Darwin für die Entstehung sozialen Verhaltens? Inwiefern lässt sich solches Verhalten als eine Form von Egoismus deuten?

6 | In der Soziobiologie, die das Sozialverhalten der Lebewesen untersucht, gilt alles Verhalten als von Genen gesteuert. Der sog. »Egoismus der Gene« liegt nach soziobiologischer Auffassung darin, dass das Ziel sozialen Verhaltens in der Sicherung des Fortpflanzungserfolgs liegt. Damit verbunden ist die Hypothese, dass gegenseitiges Wohlwollen in Abhängigkeit vom Verwandtschaftsgrad ab- und zunimmt: Suchen Sie Belege für diese Hypothese bei Tier und Mensch! Gibt es Beispiele, die sich nach Ihrer Meinung damit nicht erklären lassen? Versuchen Sie mit Hilfe dieser soziobiologischen Auffassung die Tatsache zu erklären, dass ein Männchen die (von einem anderen Männchen stammenden) Jungen einer Löwin tötet und danach mit ihr neue Jungen zeugt, dass also die Tötungshemmung gegenüber Artgenossen keine allgemein verbreitete Erscheinung sozialen Verhaltens im Tierreich ist.

I 5: Friedrich Engels: Alle bisherige Moral war Klassenmoral

Friedrich Engels ist vor allem als Freund und Mitarbeiter von Karl Marx und als Mitverfasser des Kommunistischen Manifests *(1848) bekannt. Doch Engels hat mit seinen Schriften* Anti-Dühring *(1878),* Ludwig Feuerbach und der Ausgang der klassischen deutschen Philosophie *(1888) und der posthum erschienenen* Dialektik der Natur *(1925) auch wichtige Eigenbeiträge zur Entwicklung des historischen und dialektischen Materialismus geleistet.*
Friedrich Engels wurde am 28. November 1820 in Wuppertal-Barmen als Sohn eines Unternehmers geboren. Nach seiner Ausbildung als Kaufmann studierte er die soziale Lage in England und brachte diese Erfahrung in die Zusammenarbeit mit Marx ein. 1850 musste er wegen seiner politischen Aktivitäten Deutschland verlassen und ging nach England ins Exil, wo er sich bei der Organisation der internationalen Arbeiterbewegung engagierte. Engels starb am 5. Juli 1895 in London.
In dem folgenden Textauszug aus dem Anti-Dühring, *einer Auseinandersetzung mit den philosophischen Positionen des Sozialisten Eugen Dühring, formuliert Engels eine von der Theorie des Klassenkampfes bestimmte Version des moralischen Relativismus.*

Wenn wir schon mit Wahrheit und Irrtum nicht weit vom Fleck kamen, so noch viel weniger mit Gut und Böse. Dieser Gegensatz bewegt sich ausschließlich auf moralischem, also auf einem der Menschengeschichte angehörigen Gebiet, und hier sind die endgültigen Wahrheiten letzter Instanz gerade am dünnsten gesät. Von Volk zu Volk, von Zeitalter zu Zeitalter haben die Vorstellungen von Gut und Böse so sehr gewechselt, dass sie einander oft geradezu widersprachen. – Aber, wird jemand einwerfen, Gut ist doch nicht Böse, und Böse nicht Gut; wenn Gut und Böse zusammengeworfen werden, so hört alle Moralität auf, und jeder kann tun und lassen, was er will. – Dies ist auch, aller Orakelhaftigkeit entkleidet, die Meinung des Herrn Dühring[1]. Aber so einfach erledigt sich die Sache doch nicht. Wenn das so einfach ginge, würde ja über Gut und Böse gar kein Streit sein, würde jeder wissen, was Gut und was Böse ist. Wie steht's aber heute? Welche Moral wird uns heute gepredigt? Da ist zuerst die christlich-feudale[2], aus frühern gläubigen Zeiten überkommen, die sich wesentlich wieder in eine katholische und protestantische teilt, wobei wieder Unterabteilungen von der jesuitisch-katholischen[3] und orthodox-protestantischen bis zur lax-aufgeklärten Moral

1 Eugen Dühring: deutscher Philosoph (1833–192 1), Antisemit, Vertreter des Materalismus und Kritiker des Marxismus.

2 christlich-feudal: die Moralvorstellungen, die auf das Christentum und gleichzeitig auf die Gesellschaft des Mittelalters zurückgehen, in der eine adlige Oberschicht von Grundbesitzern über leibeigene Bauern herrschte. Neben christlichen Werten wie Nächstenliebe und Demut standen Werte wie »Ritterlichkeit« und »Höflichkeit«.

3 jesuitisch/Jesuiten: ein 1534 von Ignatius von Loyola (1491–1556) begründeter katholischer Orden, der sich der Ausbreitung der katholischen Lehre und der Förderung der christlichen Sitten widmet. Die Jesuiten waren für ihre Gelehrsamkeit, aber auch für ihre Spitzfindigkeit bekannt.

nicht fehlen. Daneben figuriert die modern-bürgerliche und neben dieser wieder die proletarische[4] Zukunftsmoral, sodass Vergangenheit, Gegenwart und Zukunft allein in den fortgeschrittensten Ländern Europas drei große Gruppen gleichzeitig und nebeneinander geltender Moraltheorien liefern. Welche ist nun die wahre? Keine einzige, im Sinn absoluter Endgültigkeit; aber sicher wird diejenige Moral die meisten, Dauer versprechenden, Elemente besitzen, die in der Gegenwart die Umwälzung der Gegenwart, die Zukunft, vertritt, also die proletarische.

Wenn wir nun aber sehn, dass die drei Klassen der modernen Gesellschaft, die Feudalaristokratie[5], die Bourgeoisie[6] und das Proletariat jede ihre besondre Moral haben, so können wir daraus nur den Schluss ziehn, dass die Menschen, bewusst oder unbewusst, ihre sittlichen Anschauungen in letzter Instanz aus den praktischen Verhältnissen schöpfen, in denen ihre Klassenlage begründet ist – aus den ökonomischen Verhältnissen, in denen sie produzieren und austauschen.

Aber in den obigen drei Moraltheorien ist doch manches allen dreien gemeinsam – wäre dies nicht wenigstens ein Stück der ein für allemal feststehenden Moral? – Jene Moraltheorien vertreten drei verschiedene Stufen derselben geschichtlichen Entwicklung, haben also einen gemeinsamen geschichtlichen Hintergrund und schon deshalb notwendig viel Gemeinsames. Noch mehr. Für gleiche oder annähernd gleiche ökonomische Entwicklungsstufen müssen die Moraltheorien notwendig mehr oder weniger übereinstimmen. Von dem Augenblick an, wo das Privateigentum an beweglichen Sachen sich entwickelt hatte, musste allen Gesellschaften, wo dies Privateigentum galt, das Moralgebot gemeinsam sein: Du sollst nicht stehlen. Wird dies Gebot dadurch zum ewigen Moralgebot? Keineswegs. In einer Gesellschaft, wo die Motive zum Stehlen beseitigt sind, wo also auf die Dauer nur noch höchstens von Geisteskranken gestohlen werden kann, wie würde da der Moralprediger ausgelacht werden, der feierlich die ewige Wahrheit proklamieren wollte: Du sollst nicht stehlen!

Wir weisen demnach eine jede Zumutung zurück, uns irgendwelche Moraldogmatik als ewiges, endgültiges, fernerhin unwandelbares Sittengesetz aufzudrängen, unter dem Vorwand, auch die moralische Welt habe ihre bleibenden Prinzipien, die über der Geschichte und den Völkerverschiedenheiten stehn. Wir behaupten dagegen, alle bisherige Moraltheorie sei das Erzeugnis, in letzter Instanz, der jedesmaligen ökonomischen Gesellschaftslage. Und wie die Gesellschaft sich bisher in Klassengegensätzen bewegte, so war die Moral stets eine Klassenmoral; entweder rechtfertigte sie die Herrschaft und die Interessen der herrschenden Klasse, oder aber sie vertrat, sobald die unterdrückte Klasse mächtig genug wurde, die Empörung gegen diese Herrschaft und die Zukunftsinteressen der Unterdrückten. Dass dabei im Ganzen und Großen für die Moral sowohl, wie für alle andern Zweige der menschlichen Erkenntnis, ein Fortschritt zustande gekommen ist, daran wird nicht gezweifelt. Aber über die Klassenmoral sind wir noch nicht hinaus. Eine über den Klassengegensätzen und über der Erinnerung an sie stehende, wirklich menschliche Moral wird erst möglich auf einer Gesellschaftsstufe, die den Klassengegensatz nicht nur überwunden, sondern auch für die Praxis des Lebens vergessen hat.

4 proletarisch/Proletariat: nach marxistischer Lehre die Klasse der wirtschaftlich abhängigen, besitzlosen Arbeiter.

5 Feudalaristokratie: die gesellschaftliche Schicht der Adligen, deren gesellschaftliche Machtstellung auf Grundbesitz beruht.

6 Bourgeoisie: wohlhabendes Bürgertum, nach marxistischer Lehre die herrschende bürgerliche Klasse in der kapitalistischen Gesellschaft, in deren Händen sich die Produktionsmittel befinden.

I 6: Günther Patzig: Kritik des moralischen Relativismus

Günther Patzig, der am 28. September 1926 in Kiel geboren wurde und seit 1962 als Professor für Philosophie in Hamburg und Göttingen lehrte, hat vor allem Arbeiten zur Logik, Sprachphilosophie und Ethik vorgelegt. In seinem Buch mit dem programmatischen Titel Ethik ohne Metaphysik *(1971) versucht er die Konzeption einer rationalen Ethik zu entwickeln, ohne auf religiöse oder metaphysische Instanzen wie Gott oder eine sittliche Weltordnung zurückzugreifen. Er wendet sich auch, wie der folgende Textauszug zeigt, gegen den moralischen Relativismus, der die Universalität und rationale Begründbarkeit moralischer Normen bestreitet.*

Werfen wir zum Zwecke der Klarheit einen Blick auf die begrifflich wichtigsten Differenzierungen[1] innerhalb dessen, was als moralischer Relativismus auftritt! Zunächst ist der *theoretische* vom *normativen Relativismus* zu unterscheiden. Der theoretische Relativismus beschränkt sich darauf, die Verschiedenheit der sittlichen Praxis und der moralischen Ansichten in den verschiedenen Gesellschaften und bei verschiedenen Individuen hervorzuheben. Der normative Relativismus behauptet darüber hinaus, dass diese Verschiedenheit nicht nur vorhanden, sondern auch sittlich gerechtfertigt sei, weil verschiedene Gruppen, Klassen, Rassen und Individuen auch jeweils ganz verschiedene moralische Pflichten haben. So gibt es Menschen, die meinen, dass für Weiße ein anderer Verhaltenskodex[2] gelten müsse als für Farbige, für Proletarier[3] ein anderes Verhalten sittlich richtig sei als für Bürger und Kapitalisten oder dass für Deutsche andere Regeln gelten müssen als für Angehörige anderer Nationen. [...] Zuerst wenden wir uns aber dem theoretischen Relativismus zu und unterscheiden hier wieder den bloß *deskriptiven* Relativismus vom *prinzipiellen Relativismus*. Der beschreibende, deskriptive Relativismus ist vergleichsweise ungefährlich. Er stellt bloß die Verschiedenheiten der konkreten moralisch akzeptierten Verhaltensregeln und Werturteile zusammen, wie sie Völkerkunde, Soziologie und Geschichtswissenschaft ermittelt haben. [...]

Hier müssen wir einen wichtigen Unterschied zwischen der konkreten *Anwendung* bestimmter moralischer Normen und den übergreifenden moralischen *Prinzipien* machen, die den einzelnen Vorschriften und Stellungnahmen jeweils zugrunde liegen. Die Vielfalt der Situationen, in denen sich Menschen und insbesondere Gruppen von Menschen befinden und einrichten können, ist schwer überschaubar. Deshalb schließt man oft vorschnell aus der Verschiedenheit konkreter Verhaltensregeln und Stellungnahmen auf die Verschiedenheit der ihnen zugrunde liegenden allgemeinen Grundsätze und behauptet damit den *prinzipiellen Relativismus*. Die inzwischen vorliegenden Berichte über die moralischen Verhaltensregeln und ihren Zusammenhang in bestimmten ethnischen[4] Gruppen sind für die Ethik deshalb bedeutsam, weil wir aus solchen Untersuchungen lernen, dass bei gleichen zugrunde liegenden moralischen Grundsätzen doch vollkommen verschiedene »moralische Landschaften« entstehen können, je nach den aktuellen geographischen, ökonomischen und historischen Bedingungen, unter denen die Angehörigen solcher Gruppen leben. [...]

Es gibt z.B. bei mehreren Stämmen die Vorschrift, dass erwachsene Kinder ihre Eltern, wenn diese alt und schwach werden, töten sollen. Bei den *Eskimos* hat dieses Verfahren eine rationale und in der tatsächlichen Situation gelegene Begründung, dass nämlich unter

1 Differenzierungen: Unterscheidungen.

2 Verhaltenskodex: Regelwerk von Geboten und Verboten.

3 Proletarier: nach marxistischer Lehre die Klasse der wirtschaftlich abhängigen, besitzlosen Arbeiter.

4 ethnisch/Ethnie: eine durch Abstammung, Sprache und Kultur einheitliche Volksgruppe.

den harten Bedingungen des Existenzkampfes in den Gegenden, die von den Eskimos bewohnt werden, der Untergang eines altersschwachen Individuums qualvoll sein muss, verglichen mit einem schnellen Tod, den diejenigen herbeiführen, denen am meisten an einem schmerzlosen Abschluss des Lebens ihrer Eltern gelegen sein wird. Bei anderen Stämmen, z. B. den *Tschuktschen*[5], liegt demselben Verhalten nicht mehr eine unabweisbare Besonderheit der Umwelt zugrunde, sondern es sind gewisse religiöse Vorstellungen wirksam, z. B. die, dass jedermann im Totenreich in dem Zustand fortleben werde, in dem er aus diesem Leben abgeschieden ist. Auch hier besteht eine Pflicht der Kinder, dafür zu sorgen, dass ihre Eltern nicht krank und schwach sterben, was oft nur durch einen gewaltsamen Tod zu erreichen sein wird. Die *Verhaltensweisen* wirken in beiden Fällen auf uns abschreckend und fremd; jedoch liegt beide Male das *moralische Prinzip* zugrunde, dass Kinder ihren Eltern Gutes erweisen sollen und verpflichtet sind, sie vor Leid und Elend zu bewahren, soweit sie dazu imstande sind. Wir sehen also, dass hier ein moralisches Prinzip, das auch bei uns gilt, zu ganz abweichenden konkreten Regeln führt. [...]

Dieselbe Überlegung lässt sich natürlich auch auf den *Wandel moralischer Vorstellungen innerhalb einer Gesellschaft anwenden.* Als ein Großteil der Neugeborenen im ersten Jahr und eine weitere große Gruppe von Kindern im Jugendalter an Krankheiten starb, als Epidemien und Hungersnöte die erwachsene Bevölkerung dezimierten[6], war das Aufziehen von möglichst vielen Kindern eine Verpflichtung, die der wirtschaftlich hinreichend gesicherte Einzelne gegenüber der Allgemeinheit hatte. Um die Fortsetzung der Existenz dieser Gemeinschaft zu wahren, musste jeder, der dazu in der Lage war, Unbequemlichkeiten und Kosten des Aufziehens von Kindern auf sich nehmen. Die medizinischen und technischen Errungenschaften des 19. Jahrhunderts haben diese Notwendigkeit schon eingeschränkt, die des 20. Jahrhunderts haben die Gefahr einer katastrophalen Überbevölkerung in greifbare Nähe gerückt. Unter solchen Verhältnissen kann *dieselbe Rücksicht auf das Wohl der Allgemeinheit*, die früher eine moralische Prämie auf zahlreiche Nachkommenschaft setzte, heute eine Einschränkung der reproduktiven Funktion[7] anempfehlen. Das wiederum heißt nicht, dass die alte Moral aufgegeben wäre, sondern dass die Gegebenheiten, unter denen moralische Prinzipien, wie das der Rücksicht auf die Allgemeinheit und die zukünftigen Bewohner der Erde, angewandt werden sollen, eine andere Verhaltensweise als bisher geboten erscheinen lassen. [...]

Wenn so der *theoretische Relativismus* für die objektive Begründung moralischer Normen als ungefährlich erwiesen worden ist, so bedarf es noch eines Wortes über den *normativen Relativismus*, den wir in vielen Spielarten kennen. Beispiele für solchen normativen Relativismus bietet jeder radikale Nationalismus, bieten die *Rassenideologien*, die *revolutionäre Klassenmoral.* Diese Theorien geraten in einen verfänglichen Widerspruch, wenn sie den Versuch machen auch die Angehörigen anderer Gruppen nach ihrem Verhalten moralisch zu beurteilen und Verhaltensregeln für sie aufzustellen. Im Sinne eines radikalen Nationalismus hätte ein Deutscher die Interessen Deutschlands zu verfolgen und alles andere hätte ihm ganz gleichgültig zu sein; ein Anhänger des Vorherrschaftsgedankens irgendeiner Rasse muss die Vorherrschaft dieser Rasse erstreben, im Sinne einer marxistischen Moral muss der Angehörige des Proletariats auf die Weltrevolution hinarbeiten; das ist seine einzige und vornehmste moralische Verpflichtung. Will man nun auch etwas über das Verhalten derjenigen ausmachen, die nicht zu den jeweils bevorrechtigten Ausschnitten der Weltbevölkerung gehören, so muss man entweder voraussetzen, diese Übrigen seien von der Bedeutung der einen Sonderstatus beanspruchenden Gruppen überzeugt und handelten

5 Tschuktschen: altsibirisches Volk auf der Tschuktschenhalbinsel im äußersten Nordosten Russlands.
6 dezimieren: stark vermindern.
7 reproduktive Funktion (hier): das auf Erzeugung und Pflege von Nachwuchs angelegte Verhalten.

dann in ihrem Sinne (und dann wäre ja gar kein Relativismus mehr nötig), oder man muss voraussetzen, dass sie für ihre eigene Gruppe ähnliche Ansprüche stellen, und dann führt ihre Haltung notwendig zum Konflikt mit den Interessen der jeweils von dem Theoretiker einer relativistischen Ethik in den Vordergrund gerückten eigenen Gruppe. Geradezu klassisch kam dieses Dilemma in der nationalsozialistischen Ideologie zum Vorschein. Die Grundüberzeugung war diese: dass jede Rasse vor allem um ihr biologisches Schicksal kämpfen und die anderen Rassen möglichst in ihrem Lebensraum einschränken müsse. Nach der unhaltbaren Gleichsetzung der germanischen Rasse mit den Angehörigen des deutschen Volks konnte man den Nationalsozialismus als eine Weltanschauung über die Grenzen des Deutschen Reiches nur ausdehnen, indem man sich leidenschaftliche Gegner verschaffte. Wer im Ausland, wie etwa in Japan, die deutschen Interessen auf Kosten des eigenen Landes förderte, konnte eigentlich kein Nationalsozialist sein. Die für die Nationalsozialisten *nützliche* Verhaltensweise war also mit ihrer eigenen Theorie nicht als moralisch richtig zu begründen. Die offizielle marxistische Ethik leidet an einer ganz ähnlichen Schwierigkeit: keiner kann sich ja nach marxistischer Auffassung seiner Klassenzugehörigkeit und seinem Klassenstandpunkt entziehen. Trotzdem wird der Angehörige des Bürgertums auch sittlich verurteilt, wenn er versucht, sich der proletarischen Revolution entgegenzustellen. Die moralische Verurteilung erfolgt, weil der Kapitalist oder Angehörige der bürgerlichen Schichten *objektiv* dem Geschichtszweck (einer dubiosen Konstruktion) zuwider handelt. Was in Anfeuerung der Arbeiterklasse zur Tätigkeit für die Zwecke der sozialistischen Revolution als moralische Forderung sinnvoll ist, nämlich der Aufruf die Klasseninteressen zu fördern, das muss für die Angehörigen der bürgerlichen Schichten billig sein. Man verlangt also von ihnen entweder Unmögliches, und zwar nach der eigenen marxistischen Theorie Unmögliches, oder man verurteilt sie moralisch für eine Verhaltensweise, von der man in seiner eigenen Theorie ausdrücklich behauptet, dass sie unvermeidlich sei.

Ich fasse zusammen: Der *normative Relativismus* verfehlt den Sinn moralischer Urteile. Diese müssen nämlich ihrem Sinn nach Allgemeingültigkeit und Objektivität beanspruchen, können dies aber nach Auffassung des normativen Relativismus nicht widerspruchslos tun.

FORUM

Zur Texterschließung

1 | Welche Moralen werden nach Engels im modernen Europa »gepredigt«? Was spricht nach Engels für die proletarische Moral?

2 | Wie erklärt sich Engels die Gemeinsamkeiten zwischen den verschiedenen Moralvorstellungen?

3 | Worin liegt nach Engels die Relativität der verschiedenen Moralauffassungen begründet?

4 | Wann wird nach Engels eine »wirklich menschliche Moral« erst möglich sein?

5 | Erläutern Sie die von Patzig getroffene Unterscheidung zwischen theoretischem und normativem Relativismus!

6 | Warum stellt die Beschreibung der Verschiedenheit moralischer Gebote bei verschiedenen Völkern nach Patzig noch keinen Beweis dafür dar, dass auch die moralischen Prinzipien relativ sind? Ziehen Sie zur Erklärung das von Patzig diskutierte Tötungsverbot heran!

7 | Wie erklärt Patzig den Wandel moralischer Vorstellungen innerhalb einer Gesellschaft?

8 | Der normative Relativismus verstrickt sich nach Patzig in einen grundlegenden Widerspruch. Erläutern Sie diesen Widerspruch an den Beispielen des Nationalsozialismus und Marxismus!

Kann man Moral globalisieren? – Der moralische Relativismus – Zur Diskussion

1 | Herodot (ca. 490–425 v. Chr.), der griechische Geschichtsschreiber, machte als Erster auf die Verschiedenheit der Sitten verschiedener Völker aufmerksam:
»Dass alle Völker wirklich ihre Lebensart für die beste halten, dafür gibt es viele Beweise. Als z. B. Dareios König war, ließ er die Hellenen an seinem Hofe rufen und fragte, um welchen Preis sie sich bereit erklären würden, ihre toten Väter zu verspeisen. Sie erwiderten, um keinen Preis. Darauf ließ er Kallatier rufen, einen indischen Volksstamm, bei dem die Leichen der Eltern gegessen werden, und fragte in Gegenwart der Hellenen mit Hilfe eines Dolmetschers, um welchen Preis sie zugeben würden, dass man die Leichen ihrer Väter verbrenne. Sie schrien laut und sagten, er solle solche gottlosen Worte lassen. So steht es mit den Sitten der Völker, und Pindaros hat meiner Meinung nach ganz Recht, wenn er sagt, die Sitte sei aller Wesen König.«
Untersuchen Sie im Anschluss an Patzig die Frage, ob hinter diesen verschiedenen moralischen Vorstellungen tatsächlich unterschiedliche moralische Grundsätze stehen oder ob diese Grundsätze nur unterschiedlich angewandt werden. – Wo kann man heute kulturell bedingte Unterschiede im Moralverhalten beobachten? Nennen Sie Beispiele für Sitten anderer Völker und Kulturen, die Sie moralisch verwerflich finden!

2 | Versuchen Sie moralische Grundsätze zu finden, die in allen uns bekannten Gesellschaften anerkannt sind. Welche sind dies?

3 | Vertreter einer multikulturellen Gesellschaft verlangen die Achtung der Eigenart verschiedener Kulturen und interkulturelle Toleranz. Diskutieren Sie die Frage, ob der Universalismus, wie er sich z. B. in den in der Charta der UNO verankerten Menschenrechten ausdrückt, selbst Ausdruck einer bestimmten, der westlichen Kultur oder eine kulturübergreifende Position ist. Sammeln Sie Argumente für beide Ansichten!

4 | Postmoderne Philosophen fordern die moralische Gleichbehandlung verschiedener Kulturen. Diskutieren Sie die Frage, ob dies auch für Kulturen gelten kann, die diese Gleichberechtigung selbst nicht anerkennen und andere Kulturen als minderwertig ansehen!

5 | Angenommen, Sie begegnen einem Relativisten, der behauptet, da alle Moral relativ sei, sei alles erlaubt! Nehmen Sie die Position eines überzeugten Universalisten ein. Mit welchen Strategien und Argumenten würden Sie versuchen ihn von dieser Schlussfolgerung abzubringen?

6 | Von Hegel (1770–1831) stammt die Auffassung von Geschichte als dem unaufhaltsamen Fortschritt der Freiheit und Vernunft, womit auch ein Fortschritt im Moralbewusstsein der Menschen gemeint ist. Untersuchen Sie die Frage, inwiefern man diese Auffassung als moralischen Relativismus ansehen kann. Inwieweit setzt sie einen universalen Maßstab moralischen Handelns voraus?

INFOBOX

Egoismus, Altruismus, Relativismus und Universalismus in der Philosophiegeschichte

Die Gegensätze zwischen Egoismus und Altruismus einerseits und zwischen Relativismus und Universalismus andererseits begleiten die gesamte Geschichte der philosophischen Ethik. Bereits *Herodot* (ca. 490–425 v. Chr.), der Vater der wissenschaftlichen Geschichtsschreibung, stellte nüchtern die Sitten orientalischer Völker den Sitten der Griechen gegenüber und erschütterte damit die Selbstverständlichkeit der letzteren. Gleichzeitig setzte mit der Sophistik der Relativismus in der Philosophie ein. Ausgehend von der Verschiedenheit der menschlichen Sinneswahrnehmungen formulierte *Protagoras* (ca. 480–410 v. Chr.) das Prinzip des Relativismus: »Der Mensch ist das Maß aller Dinge.« Übertragen auf die Moral bedeutet dies, dass jede Gesellschaft und jede Kultur ihre eigene Moral hat und dass es daher eine für alle Menschen verbindliche Moral nicht geben kann. Auch die »Skeptiker« *Pyrrhon* (360–270 v. Chr.) und *Sextus Empiricus* (200–250) behaupteten, dass allgemeinverbindliche moralische Normen sich nicht für alle Menschen rational begründen lassen. Diesen moralischen Relativismus haben vor allem *Sokrates* (469–399 v. Chr.) und *Platon* (427–347 v. Chr.) energisch bekämpft. Mit ihnen beginnt die Geschichte des ethischen Universalismus. Beide vertraten die Überzeugung, dass es einen einheitlichen Maßstab für moralisches Handeln geben muss und dass der Sinn von Fragen wie »Was ist gut?« oder »Was ist gerecht?« gerade darauf abzielt, allgemeingültige moralische Normen als Antworten zu erhalten. Einen solchen durch Vernunft einsehbaren, allgemeingültigen Maßstab des moralisch Richtigen sah Platon in der »Idee des Guten« (→ Info II, IV).

Der Gegensatz zwischen Altruismus und Egoismus, zwischen moralischem Handeln zum Wohle anderer und der Verfolgung des individuellen Glücks, wurde in der Antike zunächst nicht als drängendes Problem empfunden. Es galt meist als selbstverständlich, dass tugendhaftes, moralisches Handeln auch dem Eigeninteresse dient. Besonders charakteristisch ist in dieser Hinsicht *Aristoteles* (384–322 v. Chr.) mit seiner Auffassung, dass der Mensch ein »Gemeinschaftswesen« ist, das zur vollen Entfaltung seiner Anlagen auf die Gesellschaft angewiesen ist. Diese Auffassung einer Harmonie von Eigeninteresse und allgemeinem Wohl wurde später z.B. von *Epikur* (341–271 v. Chr.) preisgegeben, für den Lust der alleinige Antrieb des menschlichen Handelns war. Da nach seiner Ansicht ein dem Gemeinwohl gewidmetes Leben keinen besonderen Lustgewinn mit sich bringt, empfahl er einen Rückzug ins Private, um das Leben der Lust und Freude zu führen (→ Info III, VIII). Die *Stoiker* waren demgegenüber entschiedene Gegner des Egoismus und des Relativismus. Nach ihrer Auffassung kann Glück nur durch selbstgenügsames und dem Wohl anderer dienendes Leben erreicht werden. Zugleich betonten sie ausdrücklich, dass moralische Normen für die Menschen aller Klassen und Kulturen gelten (→ Info III, IV).

Auch die *christliche Ethik* des Mittelalters, die besonderen Nachdruck auf Tugenden wie Barmherzigkeit und Nächstenliebe legte, vertrat sowohl einen Altruismus als auch einen Universalismus. Die christliche Lehre betrachtete alle Menschen als gleich. Im Neuen Testament werden ausdrücklich auch die Armen und sozialen Außenseiter einbezogen. *Thomas von Aquin* (1225–1274) billigte den egoistischen Antrieben des Menschen zwar ein gewisses Recht zu, doch betrachtete er mit Aristoteles den Menschen als ein Gesellschaftswesen, dem die Sorge um das Wohl anderer eingepflanzt ist.

Zu einem zentralen Thema der Ethik wurde der Egoismus erst in der Neuzeit, als *Thomas Hobbes* (1588–1679) den Menschen als rein egoistisches Wesen deutete, das stets nach Selbsterhaltung und Macht strebt. Auch anscheinend altruistisches Handeln ist nach Hobbes nur maskierter Egoismus. Zur Rücksichtnahme auf andere kann der Mensch nämlich nur motiviert werden, wenn ein solches Handeln zugleich in seinem eigenen Interesse liegt. Moralisches Handeln zum Wohle anderer entspringt also lediglich dem aufgeklärten Eigeninteresse. Jeder fährt auf lange Sicht eben besser dabei, wenn er sich moralischen Regeln unterwirft. Diesem Egoismus haben Moralphilosophen der Aufklärung wie *Shaftesbury* (1671–1713), *Jean-Jacques Rousseau* (1712–1778) und *David Hume* (1711–1776) ein altruistisches Menschenbild entgegengesetzt. Sie betrachteten Phänomene wie Liebe, Freundschaft, Mitleid und Dankbarkeit als Tatsachen, die die Annahme eines natürlichen Wohlwollens als zweiten Grundantrieb des Menschen rechtfertigen (→ Info III).

Dass man ein egoistisches Menschenbild und zugleich eine altruistische Ethik vertreten kann, haben *Immanuel Kant* (1724–1804) und *Arthur Schopenhauer* (1788–1860) gezeigt. Kant fand im Menschen einen ursprünglichen Hang zum Bösen und Schopenhauer begriff den Menschen als ein Wesen, das vorrangig auf die Befriedigung der eigenen Wünsche und Triebe angelegt ist. Doch wenngleich Kant und Schopenhauer den Egoismus als Grundzug der menschlichen Natur verstanden, sahen sie die Aufgabe der Moral gerade darin, dem Egoismus Grenzen zu setzen. Im Zentrum von Schopenhauers Mitleidsethik steht die Deutung des Mitleids als Überwindung des Egoismus. Im Mitleid wird nach Schopenhauer unmittelbar erlebt, dass andere Menschen, aber auch Tiere (→ Info VII), ebenso empfindungsfähige Wesen wie ich selbst sind. Und dieses Erleben der Wesensgleichheit allen Lebens wird zum Antrieb anderen uneigennützig zu helfen. Mitleid ist somit nach Schopenhauer die Quelle allen moralischen Handelns.

Den Schritt von einem egoistischen Menschenbild zur Rechtfertigung des Egoismus hat dagegen *Max Stirner* (1806–1856) getan. Nach seiner Ansicht ist die Verfolgung der eigenen Interessen auch dann moralisch legitim, wenn dabei die Interessen anderer verletzt werden. Wie bei Stirner ist auch die Rechtfertigung des Egoismus bei *Friedrich Nietzsche* (1844–1900) mit einer scharfen Kritik des Christentums verknüpft. Die christliche Moral mit ihren Tugenden der Barmherzigkeit und Nächstenliebe kritisierte er als Ausdruck einer lebensfeindlichen, unterwürfigen Haltung, wie sie Sklaven gegenüber ihren Herren einnehmen (→ Info VIII), und stellte dieser »Sklavenmoral« eine am Typ des Eroberers orientierte »Herrenmoral« gegenüber. Im Gegensatz zu Stirner vertrat Nietzsche damit eine Art von Gruppenegoismus. Indem Nietzsche damit Ausbeutung und Unterdrückung als Erscheinungsformen eines »gesunden« Egoismus rechtfertigte, ja als die »Umwertung aller Werte« ausgab, hat er dem faschistischen Denken wesentlich Vorschub geleistet. Mit ihrer Ablehnung von moralischen Maßstäben, die für alle Menschen Geltung beanspruchen können, sind Stirner und Nietzsche auch Vertreter des moralischen Relativismus.

Eine wichtige Kritik am Egoismus entwickelte im 20. Jahrhundert *Bertrand Russell* (1872–1970). Er wies darauf hin, dass es zwar richtig ist, dass Menschen stets ihre Interessen verfolgen, aber dies heiße nicht, dass diese Interessen eigennützig sein müssten. Das von mir angestrebte Wohl ist nicht immer »mein Wohl«. Auch moderne Biologen wie *Konrad Lorenz* (1903–1989) haben betont, dass der Mensch mit sozialen Instinkten ausgestattet ist, die ihn am Wohlergehen von Mitmenschen, zumindest dem der eigenen

Familie oder Gruppe, interessiert sein lassen. Darüber hinaus haben Ethiker wie *Peter Singer* (geb. 1946) zu zeigen versucht, dass es noch ein umfassenderes Wohlwollen gegenüber anderen gibt, das biologisch nicht mehr durch Gruppenegoismus erklärt werden kann. Schließlich hat der Psychologe *Lawrence Kohlberg* (1927–1987) die Theorie empirisch erhärtet, dass die moralische Entwicklung des Menschen über verschiedene Stufen verläuft, und zwar von einem durch Lohn und Strafe motivierten Verhalten über Anpassungen an soziale Erwartungen bis hin zur Anerkennung universaler Moralprinzipien. Philosophische Kritik und empirische Wissenschaften kommen somit darin überein, dass der Mensch durchaus zu altruistischem Verhalten fähig ist.

Der moralische Relativismus entstand im 19. Jahrhundert vor allem im Anschluss an die Geschichtsphilosophie *Georg Wilhelm Friedrich Hegels* (1770–1831), derzufolge die Weltgeschichte ein unaufhaltsamer Fortschritt zur Freiheit ist. Da nach Hegel aber zugleich ein Fortschritt im moralischen Bewusstsein der Menschen stattfindet, werden die moralischen Überzeugungen jeweils auf ihre Zeit und Gesellschaft relativiert. In Anknüpfung an Hegel begriffen *Karl Marx* (1818–1883) und *Friedrich Engels* (1820–1895) alle bisherigen Moralsysteme als Ausdruck des Interesses der jeweils herrschenden Klasse der Gesellschaft. Alle Moral sei also bisher stets »Klassenmoral« gewesen.

In der Ethik des 20. Jahrhunderts gab es verschiedene Anstrengungen, den moralischen Relativismus zu widerlegen. Vertreter der sog. »materialen Wertethik« wie *Nicolai Hartmann* (1882–1950) (→ Info II), aber auch Vertreter der sog. »analytischen Ethik« wie *Günther Patzig* (geb. 1926) haben auf verschiedene Weise zu zeigen versucht, dass moralische Urteile stets einen Anspruch auf Geltung für alle Menschen erheben und dass dieser Anspruch unverzichtbar ist. Die von *Karl-Otto Apel* (geb. 1922) und *Jürgen Habermas* (geb. 1929) vertretene Diskursethik erhebt ebenfalls den Anspruch universale Moralprinzipien zu begründen (→ Info IV).

Es gab im 20. Jahrhundert aber auch Anhänger des moralischen Relativismus. So haben etwa Denker der sog. »Postmoderne« wie *Paul Feyerabend* (1924–1994), insbesondere aber *Jean-Francois Lyotard* (1924–1998) und *Richard M. Rorty* (1931–2007) behauptet, dass sich eine allgemein verbindliche Moral rational nicht begründen lässt. Doch dieser Verzicht auf eine universale Moral bedeutet für sie gerade die Anerkennung und Respektierung der Eigenart und Gleichberechtigung aller Kulturen. Da der moralische Relativismus gerade die Toleranz zwischen den Kulturen fördern soll, sehen seine modernen Vertreter in ihm auch keine Untergrabung der humanitären Grundeinstellung.

Egoismus und Relativismus sind bis in die Moderne Herausforderungen der Ethik geblieben. Doch während sich in der zeitgenössischen Ethik der Konsens herausgebildet hat, dass der natürliche Egoismus des Menschen seine Fähigkeit zu moralischem Handeln nicht wirklich aufhebt, wird die Bedrohung der Moral, die vom Relativismus ausgeht, durchaus kontrovers beurteilt.

II WER WEISS, WAS GUT IST, DER HAT GUT REDEN – DIE SPRACHE DER MORAL

Einführung

Wir wissen sehr genau, was von uns verlangt wird, wenn wir einem moralischen Gebot wie »Du sollst nicht stehlen!« folgen sollen. Auch würden wir in der Regel immer zustimmen, wenn jemand einen Diebstahl als »moralisch schlechte« Handlung bezeichnet. Wissen wir aber wirklich, was Wertungen wie »moralisch gut« oder »moralisch schlecht« bedeuten? Dass wir uns nach moralischen Regeln richten, moralische Wertungen abgeben, moralische Urteile fällen und für unsere Ansichten moralische Argumente anführen, bedeutet eben nicht, dass wir damit auch schon erklären könnten, was überhaupt eine moralische Wertung, ein moralisches Urteil oder ein moralisches Argument ist.

Die Philosophie hat sich erst im 20. Jahrhundert der »Sprache der Moral« zugewandt und die Eigenart moralischer Begriffe, Urteile und Argumente als wichtige neue Thematik erschlossen. Die sog. »Metaethik« fragt u.a. danach, welche Merkmale ein moralisches Urteil von einer Tatsachenaussage oder ein moralisches Argument von einem Sachargument unterscheidet. Können moralische Wertungen aus Tatsachen, kann ein »Sollen« aus einem »Sein« abgeleitet werden? Kann man ein moralisches Urteil im selben Sinne wie eine Tatsachenbehauptung als »wahr« bezeichnen? Oder sind moralische Urteile bloß Ausdruck von Gefühlen und Einstellungen, worin die Menschen vielleicht übereinstimmen mögen, ohne dass man deswegen jedoch von »Wahrheit« oder »Falschheit« moralischer Wertungen sprechen könnte?

Die Klärung und Analyse der »Sprache der Moral« kann die Begründung moralischer Normen und Werte nicht ersetzen, aber sie schärft das Bewusstsein für die Probleme, mit denen sich eine philosophische Ethik auseinander setzen muss.

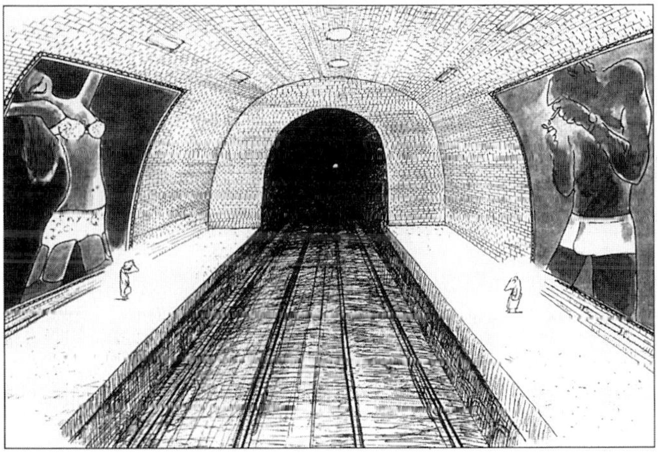

Jean-Jacques Sempé

II 1: George Edward Moore: »Gut« ist nicht definierbar

Weniger durch seine Schriften als durch seine Lehrtätigkeit hat Georg Edward Moore großen Einfluss auf die englische Philosophie seiner Zeit ausgeübt. Neben Bertrand Russell gilt Moore als Begründer der sog. »analytischen Philosophie«, die durch eine logische Analyse der Sprache philosophische Probleme zu lösen versucht. In der Erkenntnistheorie hat er die Position des Realismus, der menschliche Erkenntnis als getreues Abbild der Wirklichkeit begreift, als Bestandteil des gesunden Menschenverstandes (»common sense«) gerechtfertigt und gegen philosophische Skepsis in Schutz genommen. In seinem Werk Principia Ethica *(1903) hat er die Eigenart moralischer Begriffe und Urteile zu klären und die zweifelsfreie Gewissheit moralischer Grundprinzipien nachzuweisen versucht.*
George Edward Moore wurde am 4. November 1873 in London geboren. Er war Professor für Philosophie in London und Cambridge, wo er am 24. Oktober 1958 starb.
In seinem Text aus den Principia Ethica *begründet Moore seine These, dass das moralisch Gute nicht mit einer natürlichen Eigenschaft identifiziert werden darf.*

»Gut« ist also, sofern wir damit die Eigenschaft meinen, die wir einem Ding zuschreiben, das wir mit gut bezeichnen, im entscheidenden Sinne des Wortes keiner Definition fähig. Der entscheidende Sinn von »Definition« ist derjenige, wonach eine Definition feststellt, welches die Teile sind, die unveränderlich ein bestimmtes Ganzes bilden, und in diesem Sinne entzieht sich »gut« jeglicher Definition, da es einfach ist und keine Teile hat. Es ist einer jener zahllosen Gegenstände des Denkens, die selbst der Definition unfähig sind, weil sie die letzten Begriffe sind, mit denen alles, was definierbar *ist*, definiert werden muss. Dass es eine unbestimmte Zahl solcher Begriffe gibt, wird beim Nachdenken klar. Denn wir können lediglich durch Analyse definieren, die uns bei konsequenter Weiterführung auf etwas verweist, das einfach verschieden von allem Übrigen ist, und durch diesen letzten Unterschied die Eigenart des Ganzen, das wir definieren, erklärt. Denn jedes Ganze enthält einige Teile, die es mit anderen Ganzen gemeinsam hat. Es erhebt sich also keine grundsätzliche Schwierigkeit gegen die These, dass »gut« eine einfache und undefinierbare Eigenschaft bezeichnet. Es gibt viele andere Beispiele solcher Eigenschaften.

Nehmen Sie zum Beispiel gelb. Wir können versuchen es durch die Beschreibung seines physikalischen Äquivalents[1] zu definieren; wir können feststellen, was für Lichtschwingungen das normale Auge reizen müssen, damit wir es wahrnehmen. Aber eine kurze Überlegung genügt, um zu zeigen, dass diese Lichtschwingungen selbst nicht das sind, was wir mit gelb meinen. *Sie* sind es nicht, die wir wahrnehmen. Ja, wir hätten ihre Existenz niemals entdecken können, wenn uns nicht zuvor der offenbare qualitative Unterschied zwischen den verschiedenen Farben aufgefallen wäre. Wir können allenfalls sagen, dass diese Schwingungen das sind, was im Raum dem von uns wirklich wahrgenommenen Gelb entspricht.

Und doch ist ein solch simpler Fehler in Bezug auf »gut« weit verbreitet. Es mag sein, dass alle Dinge, die gut sind, *auch* etwas anderes sind, so wie alle Dinge, die gelb sind, eine gewisse Art der Lichtschwingung hervorrufen. Und es steht fest, dass die Ethik entdecken will, welches diese anderen Eigenschaften sind, die allen Dingen, die gut sind, zukommen. Aber viel zu viele Philosophen haben gemeint, dass sie, wenn sie diese anderen Eigenschaften nennen, tatsächlich »gut« definieren; dass diese Eigenschaften in Wirklichkeit nicht »andere« seien, sondern absolut und vollständig gleichbedeutend mit Gutheit [goodness]. Diese Ansicht möchte ich den »naturalistischen Fehlschluss« nennen [...]

1 Äquivalent: Gleichwertiges, gleichwertiger Ersatz.

Wenn jemand zwei natürliche Dinge miteinander verwechselt, indem er das eine durch das andere definiert, wenn er zum Beispiel sich selbst, der ein natürlicher Gegenstand ist, mit »Lust empfinden« oder »Lust«, ebenfalls natürlichen Gegenständen, verwechselt, so besteht kein Grund, den Fehlschluss naturalistisch zu nennen. Wenn er aber »gut«, welches nicht im selben Sinne ein natürlicher Gegenstand ist, mit irgendeinem natürlichen Gegenstand verwechselt, dann besteht Grund, von einem naturalistischen Fehlschluss zu sprechen. Dass dies in Bezug auf »gut« geschieht, erweist es als etwas ganz Besonderes, und dieser besondere Fehler verdient einen Namen, weil er so verbreitet ist. Die Gründe, warum gut nicht als natürlicher Gegenstand gelten soll, können an anderer Stelle auseinander gesetzt werden. Fürs Erste genügt folgende Bemerkung: selbst wenn es ein natürlicher Gegenstand wäre, so würde dadurch weder die Eigenart des Fehlschlusses geändert, noch seine Bedeutung im geringsten geschmälert. Alles, was ich über ihn gesagt habe, behielte seine Gültigkeit; nur seine Benennung wäre nicht so angemessen, wie sie es meiner Ansicht nach ist. Um den Namen kümmere ich mich nicht, ich kümmere mich um den Fehlschluss. Es kommt nicht darauf an, wie wir ihn nennen, vorausgesetzt, wir erkennen ihn, wenn er uns begegnet. Man kann ihm in fast jedem Buch über Ethik begegnen; trotzdem wird er nicht erkannt. Darum ist es nötig, ihn in vielfältigen Beispielen vorzuführen, und es ist zweckmäßig ihm einen Namen zu geben. Es handelt sich um einen wirklich simplen Fehlschluss. Wenn wir sagen, dass eine Apfelsine gelb ist, nehmen wir nicht an, unsere Aussage zwänge uns zu der Behauptung, »Apfelsine« bedeute nichts anderes als »gelb«, oder es könne nichts gelb sein außer einer Apfelsine. Nehmen wir an, die Apfelsine ist auch süß. Verpflichtet uns das zu behaupten, »süß« sei genau dasselbe wie »gelb«, »süß« müsse als »gelb« definiert werden? Und angenommen, man erkennt an, dass »gelb« nur »gelb« meint und sonst nichts, erschwert das irgendwie die Ansicht, dass Apfelsinen gelb sind? Gewiss nicht! Im Gegenteil, es wäre völlig sinnlos zu sagen, Apfelsinen seien gelb, wenn nicht gelb letzten Endes nur »gelb« und nichts anderes bedeutete, falls es nicht völlig undefinierbar wäre. Wir würden keinerlei klaren Begriff von Dingen, die gelb sind, bekommen, wir würden mit unserer Wissenschaft nicht weit kommen, wenn wir glauben müssten, dass alles, was gelb ist, genau dasselbe *bedeute* wie gelb. Es würde sich herausstellen, dass wir dann eine Apfelsine für dasselbe wie einen Schemel, ein Stück Papier, eine Zitrone oder sonst irgendetwas halten müssten. Wir könnten die absurdesten Dinge beweisen, aber wären wir der Wahrheit näher? Warum sollte es dann mit »gut« anders sein? Warum sollte ich – wenn gut gut ist und undefinierbar – gezwungen sein, zu bestreiten, Lust sei gut? Hindert mich etwas daran, beides zugleich für wahr zu halten? Im Gegenteil, es ist sinnlos zu sagen, dass Lust gut ist, wenn nicht gut etwas anderes ist als Lust. [...]

Meine Einwände gegen den Naturalismus[2] sind somit zunächst, dass er keinerlei, vor allem keinen stichhaltigen Grund für irgendein ethisches Prinzip bietet; und damit verfehlt er bereits die Erfüllung der Erfordernisse einer wissenschaftlichen Ethik. Sodann behaupte ich, dass er, obwohl er zu keinem ethischen Prinzip den Grund liefert, eine *Ursache* dafür ist, dass falsche Prinzipien angenommen werden – er verleitet das Denken zur Annahme ethischer Prinzipien, welche falsch sind; und darin widerspricht er jeglichem Ziel der Ethik. Wenn wir mit einer Definition von rechtem Handeln als einem dem allgemeinen Glück förderlichen Handeln ansetzen, dann ist unschwer einzusehen, dass wir sehr leicht – eingedenk, dass rechtes Handeln allgemein ein dem Guten förderliches Handeln ist – zu dem Ergebnis kommen, das Gute sei allgemeines Glück. Wenn wir dagegen ein für allemal anerkennen, dass wir unsere Ethik ohne eine Definition anfangen müssen, sind wir viel eher bereit, umsichtig zu verfahren, bevor wir irgendein ethisches Prinzip annehmen.

2 Naturalismus (hier): die Position, die moralische Begriffe und Bewertungen auf natürliche Eigenschaften zurückführt oder aus Naturtatsachen ableitet.

II 2: Nicolai Hartmann: Warum moralische Urteile objektiv sind

Nicolai Hartmann gehörte zu den einflussreichsten deutschen Philosophen der ersten Hälfte des 20. Jahrhunderts. In seinem erkenntnistheoretischen Werk Grundzüge einer Metaphysik der Erkenntnis *(1921) ging es ihm um die Rechtfertigung der Ansicht, dass die menschliche Erkenntnis ein getreues Bild der Realität darstellt. In seiner Schrift* Aufbau der realen Welt *(1940) bemühte er sich im Anschluss an die Ergebnisse der Wissenschaften um eine umfassende philosophische Weltsicht, derzufolge die Realität aus vier Schichten (Materie, Leben, Seele, Geist) besteht, wobei jede höhere in der tieferen wurzelt, ohne durch sie ganz bestimmt zu sein. Neben Max Scheler war Hartmann der Hauptvertreter der sog. »materialen Wertethik«. In seiner* Ethik *(1926) stellte er ein umfassendes System sittlicher Werte auf. Diese Werte haben, ähnlich wie mathematische Zahlen und Figuren, ein »ideales Sein«, das sich durch das Wertgefühl erfassen lässt.*
Nicolai Hartmann wurde 20. Februar 1882 in Riga geboren. Er studierte Philosophie und klassische Philologie in St. Petersburg und Marburg. Ab 1920 lehrte er als Professor für Philosophie in Marburg, Köln, Berlin und Göttingen, wo er am 9. Oktober 1950 starb.
Im folgenden Text, der aus seiner Ethik *und aus seiner* Einführung in die Philosophie *(1949) zusammengestellt ist, versucht Hartmann, in Auseinandersetzung mit dem moralischen Relativismus, die Objektivität moralischer Urteile zu begründen.*

Wertprinzipien können nur dann über uns Macht gewinnen, wenn wir ihre Berechtigung selbst einsehen, wenn sie unserem Wertgefühl gerade so, wie sie fordernd an uns herantreten, berechtigt erscheinen. Das Wertgefühl ist also die entscheidende Instanz. Belehrung allein hilft auf dem Gebiet der Moral nicht: der Mensch ist hier nur belehrbar, wenn sein eigenes Wertgefühl dem, was ihn gelehrt wird, zustimmt. Belehrung kann dem Bewusstsein nichts aufdrängen, sondern nur aus ihm heraufholen, was in ihm bereits enthalten ist. Das heißt aber: Wertprinzipien können nur a priori[1] eingesehen werden.

Veranlasst aber wird diese apriorische Einsicht durch einen aposteriorischen[2] Vorgang, nämlich dadurch, dass der Mensch im Leben auf die wertgetränkte Wirklichkeit, auf die Auswirkung der Wertprinzipien, stößt. Oftmals wird der Wert auch gerade in seinem Gegenteil, dem Unwert, erfasst. So kann z.B. einem Schüler, wenn sein Mitschüler vom Lehrer ungerecht behandelt wird, der Wert der Gerechtigkeit aufgehen. In diesem Fall ist der Unwert gegeben, der Wert aber wird erschaut.

Nicht von jedem und nicht zu jeder Zeit freilich vermag ein Wert eingesehen zu werden. Vielmehr erfordern viele Werte ein hohes Reifestadium des Menschen, um dem Wertgefühl einleuchten zu können. So etwa die Nächstenliebe. Es gehört seelische Reife dazu, den natürlichen Egoismus, der an sich auch seinen Wert hat – wenn auch nicht einen sehr hohen –, zu überwinden und für andere Menschen so da zu sein, dass man für sie nicht eine feindliche Macht, sondern einen Wert bedeutet. Auch die Zuverlässigkeit [...] ist ein hoher Wert, der dem Menschen nicht angeboren ist, sondern den er erst im Laufe der Zeit erwerben kann. Wenn der Mensch aber einmal einen Wert erfasst hat, wenn er weiß, dass Treue, Zuverlässigkiet, Gerechtigkeit usw. wertvoll sind, dann kann er diese Werte nicht mehr vergessen. Und handelt er gegen sie, so belädt er sich mit Schuld und sein Gewissen klagt ihn an. [...]

Der apriorische Charakter des Wertgefühls zeigt sich auch deutlich an dem Phänomen des Gewissens, das ja auf das Wertgefühl zurückgeht, in dem sich das Wertgefühl in einer

1 a priori (lat.): »vom Früheren her«, von vornherein, ohne Bezug zur Erfahrung.
2 a posteriori (lat.): »vom Späteren her«, im Nachhinein, durch Bezug auf Erfahrung gewonnen.

ursprünglichen Art und Weise Geltung verschafft. Diese Stimme, die da warnt und nach vollbrachter Tat richtet, verurteilt, Schuldbewusstsein hervorruft – im Gegensatz zu der empirischen Handlungsweise des Menschen und seiner natürlichen Selbstbejahung –, kann es nicht anders geben als apriorisch. Das Gewissen stellt doch eben Forderungen, zeigt Ideale auf im Gegensatz zur Erfahrung; es verlangt von uns, wir sollten anders sein, als wir bisher waren. Dass sich aber das Gewissen wie das Wertgefühl erst mit der Zeit entwickelt, ist weder Einwand dagegen, dass die Werte an sich bestehen, noch dagegen, dass sie apriorisch erfasst werden. Auch die mathematischen Verhältnisse erkennt man nicht ohne Schulung, ja, mancher begreift sie nie, und doch bestehen sie an sich und werden apriorisch erschaut. Auch die dem Nichtbegreifenkönnen der mathematischen Gesetze entsprechende Wertblindheit spricht nicht gegen, sondern eher für das Ansichsein der Werte. Die Wertblindheit ist nichts anderes als das Fehlen des Wertgefühls für bestimmte Werte. Eine solche Blindheit oder wenigstens Stumpfheit gegenüber gewissen Werten kann leicht dadurch hervorgerufen werden, dass der Mensch ein bestimmtes Vergehen häufig wiederholt. Er verdunkelt sich dadurch den Blick für den verletzten Wert. Es gibt aber auch umgekehrt ein Schärfen und Üben des Wertblicks. Das Wertgefühl kann so viele und so feine Nuancen unter den Werten feststellen, dass die Sprache gar nicht in der Lage ist, alle zu benennen. Schon Aristoteles[3] kannte solche »anonymen« Werte. [...]

Eugène Delacroix (1798–1863), Der Connétable de Bourbon von seinem Gewissen verfolgt

Es ist hiermit ebenso wie mit der mathematischen Einsicht. Nicht jeder ist ihrer fähig; nicht jeder hat den Blick, die ethische Reife, das geistige Niveau, den Sachverhalt zu sehen, wie er ist. Nichtsdestoweniger besteht die Allgemeinheit, Notwendigkeit und Objektivität des Werturteils in der Idee zu Recht. Denn diese Allgemeinheit bedeutet gar nicht, dass ein jeder der fraglichen Werteinsicht fähig sei. Sie bedeutet nur, dass, wer ihrer fähig ist, d.h. wer überhaupt geistig an ihren Sinn heranreicht, notwendig so und nicht anders empfinden und moralisch urteilen muss. Das ist im Grunde eine ganz triviale Wahrheit. Nicht jeder z.B. hat Sinn und Verständnis für den sittlichen Wert einer in der Stille vollbrachten hochherzigen Handlung oder einer feinfühlig geübten Rücksicht; wohl aber muss jeder, der Sinn für sie hat, sie als etwas Wertvolles beurteilen, muss die Person des Täters darum achten.

In diesem Sinne – dem einzig in Betracht kommenden Sinn – ist das moralische Werturteil und das hinter ihm stehende primäre moralische Wertgefühl ein streng allgemeines, notwendiges und objektives. In diesem Sinne also ist der im Werturteil sich aussprechende Wert selbst ein vom Subjekt des Urteilenden unabhängiger. Er hat ein ebenso echtes ideales Ansichsein[4] wie ein mathematisches Gesetz.

3 Aristoteles (384–322 v. Chr.): der nach Platon einflussreichste griechische Philosoph.

4 ideales Ansichsein: die auf Platon zurückgehende Annahme eines ewigen, unveränderlichen Seins jenseits der veränderlichen raum-zeitlichen Natur, das unabhängig vom menschlichen Erkennen besteht.

II 3: Alfred J. Ayer: Warum moralische Urteile subjektiv sind

Alfred Ayer im Gespräch mit Bertrand Russell (rechts)

Alfred J. Ayer (1910–1989), lange Zeit Professor für Philosophie in London und Oxford, hat mit seinem Buch Sprache, Wahrheit und Logik *(1936) die Philosophie des Wiener Kreises, den sog. »logischen Positivismus«, in England bekannt gemacht. Als logischer Positivist lehnte er philosophische Spekulation scharf ab und betrachtete Aussagen, die weder logisch-mathematisch noch empirisch-wissenschaftlich sind, schlicht als »sinnlos«. Diese Position wandte sich nicht nur gegen Metaphysik und Theologie, sondern auch gegen die traditionelle Moralphilosophie. Im Gegensatz zu den sinnvollen Aussagen der Logik, Mathematik und Erfahrungswissenschaften sind für Ayer moralische Urteile nicht beweisbar, sondern bloßer Ausdruck von Gefühlen, die keinen Anspruch auf objektive Geltung erheben können. Diese radikale metaethische Position, die auch als »Emotivismus« bezeichnet wird, formuliert Ayer in dem Auszug aus seinem Hauptwerk.*

Das Vorhandensein eines ethischen Symbols[1] in einer Proposition[2] fügt ihrem tatsächlichen Inhalt nichts hinzu. Wenn ich daher zu jemand sage »Du tatest Unrecht, als du das Geld stahlst«, dann sage ich nicht mehr aus, als ob ich einfach gesagt hätte »Du stahlst das Geld«. Indem ich hinzufüge, dass diese Handlung unrecht war, mache ich über sie keine weitere Aussage. Ich zeige damit nur meine moralische Missbilligung dieser Handlung. Es ist so, als ob ich »Du stahlst das Geld« in einem besonderen Tonfall des Entsetzens gesagt oder unter Hinzufügung einiger besonderer Ausrufezeichen geschrieben hätte. Der Tonfall oder die Ausrufezeichen fügen der Bedeutung des Satzes nichts hinzu. Sie dienen nur dem Hinweis, dass sein Ausdruck von gewissen Gefühlen des Sprechers begleitet wird.

Verallgemeinere ich nun meine obige Aussage und sage »Das Stehlen von Geld ist unrecht«, dann äußere ich einen Satz, der keine faktische Bedeutung hat, das heißt, der keine Proposition ausdrückt, die entweder wahr oder falsch sein kann. Es ist so, als ob ich geschrieben hätte »Das Stehlen von Geld!!« – wobei, durch eine entsprechende Konvention, Gestalt und Dicke der Ausrufezeichen zeigen, dass damit die Empfindung einer besonderen Art moralischer Missbilligung ausgedrückt wird. Es ist klar, dass hier nichts gesagt wird, was wahr oder falsch sein kann. Ein anderer mag mit mir nicht übereinstimmen, was die Unrechtmäßigkeit des Stehlens betrifft, in dem Sinne, dass er bezüglich des Stehlens nicht in gleicher Weise empfindet wie ich, und er kann mit mir über meine moralischen Gefühle streiten. Er kann mich aber, genaugenommen, nicht widerlegen. Denn wenn ich sage, eine bestimmte Handlungsweise sei recht oder unrecht, so mache ich damit keine Tatsachenaussage, nicht einmal eine Aussage über meinen eigenen Geisteszustand. Ich drücke nur gewisse moralische Empfindungen aus; und der Betreffende, der mir deutlich widerspricht, drückt nur seine moralischen Empfindungen aus. So liegt einfach kein Sinn in der Frage, wer von uns im Recht ist; denn keiner behauptet eine echte Proposition. […]

Wir vermögen nun einzusehen, weshalb es unmöglich ist ein Kriterium zur Bestimmung der Gültigkeit ethischer Urteile zu finden. Nicht deshalb, weil sie eine »absolute«, auf ge-

1 ethisches Symbol (hier): ein wertender oder normativer Ausdruck.

2 Proposition: Satz, Urteil, Behauptung.

3 unverifizierbar: unbeweisbar.

heimnisvolle Weise von der gewöhnlichen Sinneserfahrung unabhängige Gültigkeit haben, sondern weil sie überhaupt keine objektive Gültigkeit haben. Wenn ein Satz überhaupt keine Aussage macht, liegt offensichtlich kein Sinn in der Frage, ob das, was er sagt, wahr oder falsch ist. Und wir haben gesehen, dass Sätze, die einfach moralische Urteile ausdrücken, gar nichts sagen; sie sind bloße Ausdrucksweisen von Empfindungen und fallen als solche nicht unter die Kategorien von Wahrheit oder Falschheit. Sie sind aus demselben Grunde unverifizierbar[3], aus dem ein Schmerzensschrei oder ein Gebot unverifizierbar ist – weil sie keine echten Propositionen ausdrücken.

II 4: Richard M. Hare: Die zwei Merkmale moralischer Urteile

Richard M. Hare (1919–2002) war seit 1966 Professor für Philosophie in Oxford. Er gehört mit seinen Schriften Die Sprache der Moral *(1952),* Freiheit und Vernunft *(1963) und* Moralisches Denken *(1981) zu den klassischen Autoren der Metaethik. Nach Hare sind moralische Urteile weder bloßer Ausdruck von Gefühlen noch drücken sie evidente Prinzipien aus. Als Vertreter des sog. »Präskriptivismus« begreift er moralische Urteile vielmehr als Vorschriften oder Empfehlungen, die man im Prinzip gegenüber jedermann zu äußern bereit ist. Im folgenden Text aus dem Buch* Freiheit und Vernunft *stellt Hare die Grundmerkmale moralischer Urteile heraus.*

Es gibt im Grund nur zwei Regeln für das moralische Begründen; sie entsprechen den zwei Merkmalen moralischer Urteile, für welche ich in der ersten Hälfte dieses Buchs bereits Gründe vorbrachte, nämlich der Präskriptivität und der Universalisierbarkeit. Wenn wir uns in einem konkreten Fall in der Frage, was wir tun sollten, zu entscheiden versuchen, dann halten wir dabei (wie ich schon gesagt habe) nach einer Handlung Ausschau, auf die wir uns selbst festlegen können (Präskriptivität), von der wir aber auch zugleich bereit sind, sie als Beispiel für einen Handlungsgrundsatz zu akzeptieren, der auch für andere in ähnlichen Umständen als Vorschrift zu gelten hat (Universalisierbarkeit). Wenn wir uns irgendeinen Handlungsvorschlag ansehen und finden, dass seine Universalisierung Vorschriften ergibt, die wir nicht akzeptieren können, weisen wir diese Handlung als eine Lösung für unser moralisches Problem zurück – wenn wir die Vorschrift nicht universalisieren können, kann sie kein »sollte« werden. [...]

Ich will jetzt versuchen an Hand eines sehr einfachen (in der Tat, zu stark vereinfachten) Beispiels das bloße Gerüst derjenigen Theorie des moralischen Begründens darzulegen, die ich zu verfechten wünsche. Wie wir sehen werden, erzeugt selbst dieser sehr einfache Fall die größten Verwirrungen; und so möge man uns verzeihen, wenn wir nicht den Versuch machen, gleich mit etwas Schwierigerem anzufangen.

Das Beispiel ist nach einer wohl bekannten Parabel[1] gebaut. A schuldet B Geld, und B schuldet C Geld, und nach dem Gesetz steht es Gläubigern frei, ihre Schulden dadurch ein-

1 Parabel: lehrhafte Erzählung oder Gleichnis, das eine allgemeine Wahrheit veranschaulicht.

zutreiben, dass sie ihre Schuldner ins Gefängnis stecken. B fragt sich: »Kann ich behaupten, dass ich diese Maßnahme gegen A ergreifen sollte, um ihn dadurch zum Zahlen zu bringen?« Ohne Zweifel ist er *geneigt*, dies zu tun, oder er *will* es tun. Würde es infolgedessen keine Frage des Universalisierens von seinen Vorschriften geben, dann würde er bereitwillig der *singulären* Vorschrift zustimmen: »Lass mich A ins Gefängnis stecken.« Wenn er aber versucht diese Vorschrift in ein Moralurteil umzuwandeln und also zu sagen: »Ich *sollte* A ins Gefängnis stecken, weil er mir nicht zahlen will, was er mir schuldet«, dann wird ihm deutlich, dass das auch die Annahme des Grundsatzes einschließt: »Jeder in meiner Lage sollte seinen Schuldner ins Gefängnis stecken, wenn er nicht zahlt.« Danach bemerkt er, dass C ihm (B) gegenüber in der gleichen Lage eines Gläubigers ist, der sein Geld noch nicht zurückerhalten hat; und dass die Fälle sonst identisch sind; und dass dann, wenn jeder in dieser Lage seine Schuldner ins Gefängnis stecken sollte, somit auch C ihn (B) ins Gefängnis stecken sollte. Die moralische Vorschrift »C sollte mich ins Gefängnis stecken« anzunehmen, würde ihn darauf festlegen (da er, wie wir gesehen haben, das Wort »sollte« dabei präskriptiv gebrauchen muss), auch die singuläre Vorschrift anzunehmen: »Lass C mich ins Gefängnis stecken«; und dies zu akzeptieren ist er nicht bereit. Ist er es aber nicht, dann kann er auch nicht das ursprüngliche Urteil annehmen, dass er (B) A wegen dessen Schulden ins Gefängnis stecken sollte. Man beachte, dass diese ganze Begründung zusammenbrechen würde, wenn ›sollte‹ hier nicht universalisierbar *und präskriptiv* gebraucht würde; denn wenn es nicht präskriptiv verwendet würde, dann wäre der Schritt von »C sollte mich ins Gefängnis stecken« auf »Lass C mich ins Gefängnis stecken« nicht gültig.

[...]

Jede rationale Tätigkeit hat ihr eigenes Verfahren und dies ist das Verfahren des moralischen Denkens: Teste die moralischen Grundsätze, die sich dir anbieten, indem du auf ihre Konsequenzen schließt und dann nachsiehst, ob du *diese* akzeptieren kannst.

Es gilt jedoch: Keine Begründung *ex nihilo*[2]. Wir müssen uns folglich fragen, was wir schon in Händen haben müssen, ehe wir mit einer Begründung von der Art, von der ich eben ein einfaches Beispiel gegeben habe, anfangen können. Das erste Erfordernis ist, dass im vorliegenden Fall die relevanten Tatsachen bekannt sind; denn jede moralische Erörterung geht über irgendeine besondere Menge von Tatsachen, sei es über wirkliche oder nur über vorgestellte. Zweitens haben wir die logischen Beziehungen, die durch die Bedeutung des Wortes »sollte« zustande kommen (d. h. Präskriptivität und Universalisierbarkeit; beide sind, wie wir sahen, notwendig). Weil Moralurteile universalisierbar sein müssen, kann B nicht sagen, dass er A wegen Schulden ins Gefängnis stecken sollte, ohne sich dadurch auf die Ansicht festzulegen, dass C, der *ex hypothesi*[3] ihm selbst gegenüber in der gleichen Lage ist, auch *ihn* ins Gefängnis stecken sollte; und weil Moralurteile präskriptiv sind, würde dies im Wesentlichen heißen, dass er C vorschreibt ihn (B) ins Gefängnis zu stecken; und das zu tun, ist er nicht willens; denn er hat eine starke Neigung nicht ins Gefängnis gehen zu müssen. Diese Neigung versieht uns mit dem dritten notwendigen Bestandteil unserer Begründung: Würde B eine vollständig gefühllose Person sein, der es buchstäblich gleichgültig ist, was ihm oder irgendjemand anderem passiert, dann würde ihn die Begründung nicht berühren. Die drei von uns aufgeführten notwendigen Bestandteile sind also: (1) Tatsachen; (2) Logik; (3) Neigungen. Diese Bestandteile befähigen uns zwar nicht zu einem wertenden Schluss zu kommen, aber doch eine wertende Proposition zurückzuweisen.

2 ex nihilo (lat.): aus nichts, hier: ohne Voraussetzungen, ohne Grundlagen.

3 ex hypothesi (lat.): von der Voraussetzung her, gemäß der Hypothese.

FORUM

Zur Texterschließung

1 | Wie begründet Moore seine These, »gut« sei undefinierbar?
2 | Was versteht Moore unter dem »naturalistischen Fehlschluss«?
3 | Erläutern Sie die Fehler, die nach Moore bei der Definition der Ausdrücke »gut« und »gelb« gemacht werden können!
4 | Erläutern Sie Hartmanns Auffassung, dass Wertprinzipien sich »a priori« einsehen lassen! Welche Rolle spielt dabei das Wertgefühl?
5 | Warum sieht Hartmann in der Wandelbarkeit des Wertgefühls keinen Einwand gegen die Objektivität der Wertprinzipien?
6 | Welche Parallelen sieht Hartmann zwischen moralischen Werten und moralischen Werturteilen einerseits und mathematischen Gesetzen und mathematischen Erkenntnissen andererseits?
7 | Was ändert sich nach Ayer am Gehalt einer Aussage über menschliches Verhalten, wenn eine moralische Bewertung hinzukommt? Wie begründet Ayer seine Ansicht?
8 | Was unterscheidet nach Ayer Tatsachenaussagen von moralischen Urteilen?
9 | Wie steht Ayer zur Frage der objektiven Geltung moralischer Urteile?
10 | Wie definiert Hare Präskriptivität und Universalisierbarkeit als Merkmale moralischer Urteile?
11 | Warum sind für Hare singuläre Vorschriften keine moralischen Urteile?
12 | Wie bestimmt Hare das »Verfahren des moralischen Denkens«?
13 | Erläutern Sie die Bestandteile, auf denen ein moralisches Urteil nach Hare beruht!

Moralische Bewertungen und Urteile – Zur Diskussion

1 | Untersuchen Sie folgende Beispiele, in denen der Begriff »gut« vorkommt: »Das Essen schmeckt gut«, »Er ist heute gut drauf«, » Sie ist ein guter Mensch«, »Gegner am Boden, gutes Gefühl« (Aussage eines Boxers), »Er hat ihr zwar nicht helfen können, aber es war gut gemeint«, »Eine gute Arbeit, die einen guten Preis erzielt« – Welche dieser Verwendungen von »gut« enthalten eine moralische Wertung? In welchen Fällen wird »gut« im Sinne Moores mit einer natürlichen Eigenschaft identifiziert?
2 | Betrachten Sie folgende Ausdrücke, mit denen Personen negativ wertend gekennzeichnet werden: Rassist, Terrorist, Faschist, Opportunist, Sexist, Stümper. Welche dieser Ausdrücke enthalten eine moralische Verurteilung? Gegen welche moralische Normen haben die so Bezeichneten verstoßen?
3 | Versuchen Sie Beispiele für ein ursprünglich im Menschen verankertes Wertgefühl im Sinne Hartmanns zu finden! Finden Sie auch Beispiele von Menschen, denen ein solches Wertgefühl zu fehlen scheint! Diskutieren Sie die Frage, ob ein solches Wertgefühl angeboren oder anerzogen ist!
4 | Betrachten Sie folgende moralischen Urteile: »Behinderte im Berufsleben zu benachteiligen ist unfair«, »Korruption in der Politik kann nicht hingenommen werden«. – Diskutieren Sie die Frage, inwieweit solche Urteile »wahr« oder »falsch« sein können! Inwiefern sind sie präskriptiv und universalisierbar im Sinne Hares?
5 | Handelt es sich bei den beiden Sätzen: »Alle Menschen sind gleich« und »Die Würde des Menschen ist unantastbar« um Tatsachenaussagen oder um Normen? Begründen Sie Ihre Meinung, indem Sie versuchen, die Sätze in Sollenssätze umzuformulieren, ohne ihre Aussage zu verändern!

II 5: Karl R. Popper: Der Unterschied zwischen Naturgesetzen und normativen Gesetzen

Karl R. Popper hat mit seiner Wissenschaftstheorie und seiner politischen Philosophie weit über die Fachphilosophie hinaus in die Öffentlichkeit gewirkt. Der von ihm begründete »kritische Rationalismus« betont die Fehlbarkeit des menschlichen Erkennens und Handelns sowie die entscheidende Rolle der Kritik als Motor des wissenschaftlichen und sozialen Fortschritts. In seiner Schrift Logik der Forschung *(1934) hat er herausgestellt, dass auch naturwissenschaftliche Theorien nie definitiv bewiesen werden können, sondern stets Hypothesen bleiben, die durch Erfahrung widerlegt werden können. Das Kennzeichen wissenschaftlicher Theorien besteht somit nicht darin, beweisbar zu sein, sondern gerade umgekehrt darin, durch Erfahrung überprüfbar und widerlegbar zu sein. Widerlegbarkeit (»Falsifizierbarkeit«) ist daher nach Popper das Merkmal, durch das sich wissenschaftliche Theorien von dem Dogmatismus von Ideologien unterscheiden. In seinem zweibändigen Werk* Die offene Gesellschaft und ihre Feinde *(1945) wendet er sich entschieden gegen jede Form totalitärer Weltanschauung und begründet den Vorzug der Demokratie vor der Diktatur vor allem mit dem Argument, dass es nur in einer freien Gesellschaft für den Einzelnen gefahrlos möglich ist soziale Missstände zu kritisieren und damit sinnvolle Reformen zu ermöglichen. Sein Spätwerk* Das Ich und sein Gehirn *(1977) richtet sich gegen die materialistische Ansicht, geistige Prozesse seien im Grunde physikalische Prozesse.*
Karl R. Popper wurde am 28. Juli 1902 Wien geboren. Er machte eine Tischlerlehre, studierte Mathematik, Physik und Philosophie und arbeitete zunächst als Erzieher und Hauptschullehrer. Ab 1937 lehrte er als Universitätsdozent für Philosophie in Christchurch (Neuseeland), ab 1946 in London. Er lebte bis zu seinem Tod am 27. September 1994 in England.
In seinem Text, der aus dem Werk Die offene Gesellschaft und ihre Feinde *stammt, erläutert Popper den fundamentalen Unterschied zwischen Naturgesetzen und normativen Gesetzen.*

Eine Analyse dieser Entwicklung erfordert, wie ich glaube, das klare Erfassen einer wichtigen Unterscheidung, der Unterscheidung zwischen [a] *Naturgesetzen* (etwa den Gesetzen, die die Bewegung der Sonne, des Mondes und der Planeten, die Aufeinanderfolge der Jahreszeiten und so fort beschreiben, oder dem Gravitationsgesetz oder zum Beispiel den Gesetzen der Thermodynamik[1] auf der einen Seite und [b] *normativen Gesetzen* oder Normen – Verboten und Geboten, das heißt Regeln, die gewisse Verhaltungsweisen verbieten oder fordern – auf der anderen; Beispiele für Gesetze der letzten Art sind die Zehn Gebote, die gesetzlichen Vorschriften, die den Vorgang der Wahl von Parlamentsmitgliedern regeln, oder die Gesetze, aus denen die Verfassung von Athen besteht.

Eine Diskussion dieser Dinge wird oft nahezu unmöglich gemacht durch die Tendenz, die angegebene Unterscheidung zu verwischen. Einige weitere Bemerkungen sind daher am Platze: Ein Gesetz der Art [a] – ein Naturgesetz – beschreibt eine strikte, unveränderliche Regelmäßigkeit, die entweder tatsächlich in der Natur besteht (in diesem Fall ist das Gesetz ein wahrer Satz) oder nicht besteht (in diesem Fall ist es falsch). Wir nennen ein Naturgesetz oft eine »Hypothese«, wenn wir nicht wissen, ob es wahr oder falsch ist, und wenn wir

1 Thermodynamik: Wissenschaft, die sich mit den Beziehungen zwischen Wärme und den Bewegungen von Teilchen befasst.

auf diese unsere Unsicherheit verweisen wollen. Ein Naturgesetz ist unveränderlich; es lässt keine Ausnahmen zu. Denn wenn wir vom Eintreten eines Ereignisses überzeugt sind, das ihm widerspricht, dann sagen wir nicht, dass hier eine Ausnahme besteht, oder eine Änderung des Gesetzes, sondern wir betrachten unsere Hypothese als widerlegt, da es sich herausgestellt hat, dass die angenommene strikte Regelmäßigkeit nicht existiert, oder mit anderen Worten, dass das vermeintliche Naturgesetz nicht ein wahres Naturgesetz war, sondern ein falscher Satz. Da Naturgesetze unveränderlich sind, können sie weder übertreten noch erzwungen werden. Sie sind außerhalb menschlicher Kontrolle, obwohl sie möglicherweise von uns für technische Zwecke verwendet werden können und obwohl wir in Schwierigkeiten kommen können, wenn wir sie nicht verstehen oder wenn wir sie ignorieren.

Ganz andere Verhältnisse herrschen, wenn wir uns den Gesetzen der Art [b], den normativen Gesetzen, zuwenden. Ein normatives Gesetz, sei es nun eine gesetzliche Verfügung oder ein sittliches Gebot, kann vom Menschen durchgesetzt werden. Es kann auch geändert werden. Wir können es gut oder schlecht, richtig oder unrichtig, annehmbar oder unannehmbar nennen. Aber »wahr« oder »falsch« ist es nur in einem metaphorischen Sinn, denn es beschreibt keine Tatsache, sondern legt Richtlinien für unser Verhalten fest. Es kann übertreten werden, sobald es nur in irgendeiner Hinsicht von Bedeutung ist; und es ist überflüssig und bedeutungslos, wenn keine Möglichkeit besteht ihm entgegen zu handeln. »Verbrauche nicht mehr Geld, als du besitzt« ist ein wichtiges normatives Gesetz. Es kann eine wichtige moralische oder legale Regel sein, und dies um so mehr, als es so oft gebrochen wird. »Nimm nicht mehr Geld aus deiner Börse, als sie enthält« mag seinem Wortlaut nach ebenfalls ein normatives Gesetz sein; aber niemand wird eine solche Regel ernsthaft als einen bedeutungsvollen Bestandteil eines sittlichen oder rechtlichen Systems in Betracht ziehen, da es nicht möglich ist sie zu übertreten. Wenn ein bedeutungsvolles normatives Gesetz eingehalten wird, so ist dies immer auf menschliche Einwirkung, menschliche Handlungen und Entscheidungen zurückzuführen, gewöhnlich auf den Entschluss, Sanktionen anzuwenden zur Bestrafung oder Abschreckung derjenigen Menschen, die das Gesetz übertreten.

II 6: Dieter Birnbacher: Das Argument des »naturalistischen Fehlschlusses« und seine Konsequenzen

Der als Professor für Philosophie an der Universität Düsseldorf lehrende Dieter Birnbacher, Jahrgang 1946, ist einer der renommiertesten deutschen Moralphilosophen der Gegenwart. In seinen Büchern Verantwortung für zukünftige Generationen *(1988) und* Tun und Unterlassen *(1995), sowie in zahlreichen Publikationen in Fachzeitschriften, hat er vor allem Beiträge zur angewandten Ethik, insbesondere zur ökologischen Ethik geliefert. Der folgende Text stammt aus dem Aufsatz »›Natur‹ als Maßstab menschlichen Handelns«, der in dem von ihm selbst herausgegebenen Sammelband* Ökophilosophie *(1997) enthalten ist.*

[...] Dass ein bestimmtes Verhalten naturgemäß oder naturwidrig sei, wird leicht als eine rein deskriptive Aussage verstanden; die moralische Billigung oder Verurteilung scheint sich aus den Tatsachen ganz von selbst zu ergeben.

In anderen Worten: Indem der Naturbegriff sowohl deskriptive als auch normative Bedeutungen annehmen kann, ist er wie kein anderer prädestiniert[1], die Kluft zwischen Sein und Sollen zu überspringen bzw. die Existenz dieser Kluft zu verschleiern. Nicht zufällig ist diejenige Formulierung einer Norm die wirkungsvollste, die diese in das Gewand einer *Naturtatsache* kleidet: »Tous (sont) nés égaux et libres (Rousseau)«[2]. »All men are created equal«[3] (amerikanische Unabhängigkeitserklärung), »Die Würde des Menschen ist unantastbar« (Grundgesetz, Art. 1). Aber die Kluft zwischen Sein und Sollen, zwischen Beschreibungen und Bewertungen ist immer nur zum Schein überbrückbar. Zwar können bestimmte Beschreibungen als Gründe, Kriterien oder Argumente für eine Bewertung fungieren, aber niemals ist die logische Beziehung zwischen Deskription und Evaluation[4] so eng, dass die letztere aus noch so vielen Beschreibungen der Sache logisch folgt. Logisch ist vielmehr jede noch so große Menge zutreffender Beschreibungen mit jeder möglichen Bewertung verträglich. Diese schlichte Tatsache verbirgt sich hinter dem Argument des »naturalistischen Fehlschlusses«, das 1903 von G. E. Moore[5] entwickelt worden ist und über das »Humesche Gesetz«[6] insofern hinausgeht, als es nicht nur die logische Unableitbarkeit eines Sollens aus einem Sein, sondern auch die eines Gut- oder in anderer Hinsicht Wertvoll-Seins aus einem bloß deskriptiv charakterisierten So-Sein postuliert. Der Name »naturalistischer Fehlschluss« ist allerdings missverständlich. Moores Argument widerlegt nicht nur Versuche, normative und evaluative Aussagen aus deskriptiven Aussagen *über die Natur* abzuleiten, sondern Versuche, Wertungen aus deskriptiven Aussagen über andersartige (wirkliche oder vermeintliche) Realitäten abzuleiten, sind gleichermaßen betroffen. Auch aus einer nichtnaturalistischen Aussage wie »Gott will, dass ich x tue« (vorausgesetzt, sie wird rein deskriptiv verstanden), lässt sich nicht deduktiv ableiten, dass ich x tun soll.

Moores Kritik am Naturalismus[7] umfasst zwei Thesen: die These der *Undefinierbarkeit* des Wortes »gut« und die These der *Unableitbarkeit* von Aussagen, die »gut« enthalten, aus rein deskriptiven Aussagen. Da die erste These weder plausibel noch zur Widerlegung »naturalistischer Fehlschlüsse« notwendig ist, kann sie hier vernachlässigt werden. Um so wichtiger ist die zweite These. Moores wesentliches Argument für die Unableitbarkeitsthese ist das Argument der »offenen Frage«: Rein deskriptive Charakterisierungen einer Sache wie »lustmaximierend«, »zweckmäßig«, »angepasst«, »von allen gewollt« usw. lassen offen, ob das, was in dieser Weise charakterisiert ist, auch wirklich gut ist. Dass etwas die Lust maximiert oder zweckmäßig ist, erübrigt nicht die Frage, ob es denn deshalb auch gut sei. Die

1 prädestiniert: vorherbestimmt, geeignet sein für.

2 »Tous (sont) nés égaux et libres« (franz.): Alle Menschen werden gleich und frei geboren. Freies Zitat aus der Schrift *Vom Gesellschaftsvertrag* (1762) des schweizerisch-französischen Aufklärungsphilosophen Jean-Jacques Rousseau (1712–1778), in der es heißt: »Der Mensch wird frei geboren, aber überall liegt er in Ketten.«

3 »All men are created equal« (engl.): Alle Menschen sind gleich geschaffen.

4 Evaluation: Bewertung.

5 George E. Moore: englischer Philosoph (1873–1958), Mitbegründer der analytischen Philosophie und Metaethik.

6 »Humesches Gesetz«: die zuerst von dem schottischen Aufklärungsphilosophen David Hume (1711–1776) formulierte Einsicht, dass aus einem Sein kein Sollen abgeleitet werden kann.

7 Naturalismus (hier): die Position, die moralische Begriffe und Bewertungen auf natürliche Eigenschaften zurückführt oder aus Naturtatsachen ableitet.

Marc Chagall (1887–1985), Mose empfängt die Gesetzestafeln

Bewertung der Sache bringt ein zusätzliches Moment hinein, das in den Beschreibungen nicht enthalten war, ein Moment der Billigung und Stellungnahme.

So trivial das Argument des naturalistischen Fehlschlusses zunächst scheint, so gravierend sind seine Konsequenzen für jeden Versuch, sich zur Begründung moralischer Forderungen auf die Natur zu berufen. Wenn dieses Argument zutrifft (und ich sehe keinen Grund, warum es nicht zutreffen sollte), kommen weder wissenschaftliche (ökologische, evolutionstheoretische oder soziobilogische[8]) noch metaphysisch-naturphilosophische[9] Aussagen über die Natur als logisch hinreichende Grundlage irgendwelcher moralischer Urteile in Frage. Zur Ableitung moralischer und anderer normativer oder evaluativer Aussagen muss mindestens eine Voraussetzung herangezogen werden, die selbst wieder normativ oder evaluativ ist. In anderen Worten: Ich kann mich zur Rechtfertigung einer Bewertung niemals allein auf (reale oder vermeintliche) Tatsachen der Natur berufen. Die Natur kann niemals als alleinige »Grundlage und Maßstab ethischen Handelns« dienen. Jeder Versuch, sich durch den Rückgriff auf eine objektiv vorgegebene Natur von der Aufgabe (und der Verantwortung) einer eigenen Bewertung und Entscheidung zu entlasten, ist zum Scheitern verurteilt.

8 soziobiologisch/Soziobiologie: Wissenschaft vom Sozialverhalten der Lebewesen.

9 metaphysisch-naturphilosophisch/Metaphysik – Naturphilosophie: philosophische Disziplinen, die sich mit den grundlegenden Prinzipien der Welt und des Seins befassen: Im Unterschied zur Naturphilosophie befasst sich Metaphysik dabei auch mit den Fragen der Unsterblichkeit der Seele und der Existenz Gottes.

FORUM

Zur Texterschließung

1 | Welche Beispiele nennt Popper für Naturgesetze bzw. normative Gesetze?
2 | Durch welche allgemeinen Merkmale unterscheiden sich nach Popper Naturgesetze und normative Gesetze?
3 | Welche Beispiele gibt Birnbacher für Normen, die sich in »das Gewand einer Naturtatsache« kleiden?
4 | Welcher grundlegende Sachverhalt verbirgt sich nach Birnbacher hinter dem von Moore entwickelten Argument des naturalistischen Fehlschlusses?
5 | Erläutern Sie das von Birnbacher referierte, auf Moore zurückgehende Argument der »offenen Frage«!
6 | Welche Folgen hat nach Birnbacher die Anerkennung des Arguments des naturalistischen Fehlschlusses für die Ableitbarkeit moralischer Normen?

Tatsachen und Normen, Sein und Sollen – Zur Diskussion

1 | Im alltäglichen Leben berufen wir uns ständig auf den Begriff der Natürlichkeit, wenn es darum geht, bestimmte Verhaltensweisen von Menschen als richtig (»ganz natürlich«) oder falsch (»unnatürlich«) zu bewerten. Suchen Sie Beispiele von Verhaltensweisen, die im Alltag als natürlich gelten und moralisch gebilligt werden!
2 | In der Evolutionstheorie gilt der »Kampf ums Überleben« als der Motor des evolutionären Fortschritts, der zum »Überleben der Tüchtigsten« führt. In diesem Sinne nimmt die Evolutionstheorie eine allmähliche »Höherentwicklung« der Lebewesen an. Untersuchen Sie die Frage, inwiefern diese »Höherentwicklung« einem Naturgesetz oder einem normativen Gesetz im Sinne Poppers folgt?
3 | In welchem der folgenden Fälle wird von einem Sein auf ein Sollen geschlossen, liegt also ein naturalistischer Fehlschluss vor? Begründen Sie Ihre Meinung! –
»Der Stärkere soll herrschen, weil er durchsetzungsfähiger ist«,
»Gegebene Versprechen soll man halten, weil sonst Vertrauen verloren geht«,
»Töten ist unmoralisch, weil es gegen die natürliche Weltordnung verstößt«,
»Frauen sollten sich um die Erziehung der Kinder kümmern, weil dies in der menschlichen Geschichte immer so gewesen ist«,
»Notleidenden soll man helfen, weil dadurch das allgemeine Wohl befördert wird«.
4 | Die Erhaltung der Natur und des ökologischen Gleichgewichts gilt als grundlegendes Anliegen des Umweltschutzes. Dies bedeutet, dass Lebewesen erhaltenswert sind, auch wenn sie menschlichen Interessen nicht nutzen. Diskutieren Sie die Frage, ob etwas erhaltenswert sein soll, weil es natürlich ist! Kann die Natur bzw. die Natürlichkeit ein Kriterium des moralisch Richtigen sein?

Die Sprache der Moral – Metaethische Probleme in der Philosophiegeschichte

Während die Moralphilosophie seit jeher normative Ethik gewesen ist, sich also mit der Rechtfertigung grundlegender moralischer Normen und Werte beschäftigt hat (→ Info III, IV), ist die Analyse moralischer Begriffe, Urteile und Argumente erst im 20. Jahrhundert zu einem wichtigen Thema der Ethik geworden. Da es dabei nicht um die Klärung des moralisch Richtigen oder Falschen selbst geht, sondern das Reden, Denken und Argumentieren über moralische Fragen im Zentrum steht, nennt man diesen Bereich der Moralphilosophie auch »Metaethik« (nach griech. »meta« = nach, hinter).

Wenngleich die Metaethik eine ausgesprochen moderne Disziplin ist, finden sich in der Geschichte der Ethik auch Stellungnahmen zur Bedeutung und Struktur moralischer Äußerungen. Nach *Platon* (427–347 v. Chr.) z.B. verweist die Verwendung des Begriffs »gut« auf eine einheitliche Bedeutung und eine einheitliche Norm des moralisch Guten. Nach seiner Lehre ist die »Idee des Guten« der durch das Denken erfassbare unveränderliche Maßstab des moralisch Richtigen und Falschen (→ Info I, IV). Die Idee des Guten gehört einem von der Natur verschiedenen Bereich des Seins (»Ideenwelt«) an, der nicht durch die Sinne, sondern nur durch die Vernunft oder das Denken zu erfassen ist. In der gesamten Antike galten moralische Urteile als Ausdruck eines vom Menschen unabhängigen, objektiven Bereichs.

Auch *Thomas von Aquin* (1225–1274), der bedeutendste Philosoph des Hochmittelalters, betrachtete moralische Urteile als Ausdruck einer übersinnlichen Wirklichkeit, die dem Menschen teils durch Vernunft, teils nur durch den göttlichen Willen, wie er in den Lehren der Bibel und der Botschaft Jesu offenbart ist, zugänglich wird. Demgegenüber lehnten *Duns Scotus* (ca. 1270–1308) und *William von Ockham* (ca. 1300–1350) den Gedanken ab, »gut« deute auf eine transzendente Wirklichkeit hin, die den Maßstab des moralisch Richtigen enthalte. Das Gute ist für sie nicht in einer höheren Welt verankert, sondern es ist lediglich Ausdruck des göttlichen Willens, der auch hätte anders ausfallen können.

In der Neuzeit traten Natur und Gott als Orientierungspunkte philosophischen Denkens hinter der Orientierung am Menschen zurück. Dass moralische Normen sich nicht einfach aus der Natur des Menschen herleiten lassen, hat *David Hume* (1711–1776) durch eine Analyse der Struktur moralischer Urteile begründet. Er betonte, dass in der Beschreibung von Tatsachen, wie etwa dem menschlichen Streben nach Selbsterhaltung oder Glück, noch keineswegs enthalten ist, ob diese Tatsachen auch gut sind bzw. ob dieses Streben auch moralisch zulässig ist. Hume war damit der Erste, der den für die neuzeitliche Ethik fundamentalen Unterschied zwischen Seins- und Sollenssätzen herausgestellt hat.

Dass Sein und Sollen grundsätzlich unterschieden werden müssen und dass Tatsachen des menschlichen Wollens oder Strebens noch nicht dessen moralische Berechtigung beweisen, hat auch *Immanuel Kant* (1724–1804) gelehrt. Nach seiner Auffassung drücken moralische Urteile keinen bloß tatsächlichen, sondern einen an die Vernunft gebundenen »guten Willen« aus. Die Vernünftigkeit des Willens ist nach Kant gesichert, wenn eine moralische Norm sich für alle Menschen verallgemeinern lässt. Das Grundprinzip der Ethik Kants, der »kategorische Imperativ«, ist daher ein bloß formales Prinzip, das die

Verallgemeinerbarkeit moralischer Normen verlangt (→ Info IV). Er wird damit gleichzeitig zum Maßstab moralischer Argumentation. An ihm wird die Richtigkeit eines moralisches Urteils überprüft. Ähnlich wie Platon betrachtet Kant moralische Urteile daher als Ausdruck eines durch das Denken erfassbaren (»intelligiblen«) Reichs der Vernunft, aber anders als bei Platon oder Thomas ist dies keine vom Menschen unabhängige Wirklichkeit, sondern vielmehr die in der menschlichen Vernunft selbst gelegene Ordnung.

Demgegenüber haben die Vertreter der sog. »materialen Wertethik«, *Max Scheler* (1874–1928) und *Nicolai Hartmann* (1882–1950), in moralischen Urteilen wieder den Ausdruck eines vom Menschen unabhängigen Reichs von Werten gesehen. Werte sind zwar keine Tatsachen der natürlichen Welt, aber sie gehören, ähnlich wie bei Platon, einer übersinnlichen objektiven Welt an, zu der der Mensch durch das »Wertgefühl« einen unmittelbaren Zugang haben soll (→ Info I).

Die moderne Metaethik entstand im Rahmen der Sprachphilosophie des 20. Jahrhunderts, als man sich um eine logische Analyse der Sprache der Moral bemühte. Einer der Begründer der metaethischen Fragestellung war *George Edward Moore* (1873–1958). In seinem Hauptwerk *Principia Ethica* (1903), das die Eigenart moralischer Begriffe und Urteile zu klären versucht, vertritt er die These, dass moralische Grundnormen intuitiv einsehbar oder in sich evident sind und daher keine weitere Begründung benötigen. Außerdem bemüht er sich um den Nachweis, dass moralische Begriffe wie »gut« nicht durch natürliche Eigenschaften wie »angenehm« oder »glückbringend« definiert werden können. Eine solche unerlaubte Definition bezeichnet Moore als »naturalistischen Fehlschluss«. Im Anschluss an Moore versteht man unter einem naturalistischen Fehlschluss die unzulässige Ableitung eines Sollenssatzes aus einem Seinssatz: Aus der Tatsache, dass der Mensch irgendwelche Ziele verfolgt oder in einer bestimmten Weise handelt, folgt keineswegs, dass dieses Handeln auch moralisch richtig ist. Daher kann auch keine wissenschaftliche Beschreibung oder Erklärung der Welt von sich aus Normen oder Werte liefern.

Die u. a. von Moore vertretene Auffassung, dass moralische Urteile evidente Einsichten ausdrücken, ist in der weiteren Entwicklung der Metaethik vielfach auf scharfe Ablehnung gestoßen. Beeinflusst sind diese Auffassungen vor allem von *Ludwig Wittgenstein* (1889–1951), dem bedeutendsten Sprachphilosophen der Moderne. In seinem Frühwerk *Tractatus logico-philosophicus* (1921) entwickelte er die Theorie, dass nur solche Sätze, die Tatsachen ausdrücken, überhaupt sinn- oder gehaltvolle Sätze sind. Zu den sinnlosen Sätzen rechnete er insbesondere auch moralische Urteile. Im Anschluss an Wittgenstein hat *Alfred J. Ayer* (1911–1985) die radikale Position vertreten, dass moralische Urteile bloßer Ausdruck moralischer Gefühle sind. Nach diesem »Emotivismus« bedeutet ein moralisches Urteil wie »Töten ist falsch!« nichts anderes als der Ausruf »Töten pfui!«. Eine gemäßigtere Form dieses Emotivismus hat *Charles Leslie Stevenson* (1908–1978) vertreten. Nach seiner Ansicht kommen in moralischen Urteilen Einstellungen des Sprechers zum Ausdruck, mit denen er ähnliche Einstellungen beim Hörer zu veranlassen versucht. Noch einen Schritt weiter geht *Richard M. Hare* (1919–2002) mit der Auffassung, dass moralische Urteile Empfehlungen sind, die stets mit der Bereitschaft verknüpft sind, die vertretenen Normen zu verallgemeinern und zu begründen. Ähnlich wie Kant kommt auch Hare zu der Schlussfolgerung, dass moralische Urteile sich dadurch auszeichnen, präskriptiv, also eine Vorschrift enthaltend, und verallgemeinerbar zu sein.

Auch wenn die Metaethik mit ihrer Analyse der Sprache der Moral keine normativen Fragen der Ethik lösen kann, hat sie doch wesentlich zur Klärung ethischer Probleme, Positionen und Argumente beigetragen. Metaethische Untersuchungen sind zu unverzichtbaren Vorarbeiten der normativen Ethik geworden.

II INFOBOX

III BRINGT MORAL GLÜCK? – EUDÄMONISMUS UND UTILITARISMUS

Einführung

Jede uns bekannte Gesellschaft hat moralische Normen und Wertvorstellungen, die zwar gelegentlich kritisiert und nicht immer befolgt werden, von deren Notwendigkeit aber die Mehrheit der Menschen überzeugt ist. Doch wozu Moral überhaupt? Ist sie Selbstzweck oder erfüllt sie eine bestimmte Funktion im menschlichen Leben? Was »bringt« es uns, moralische Regeln, die uns überliefert sind und an deren Zustandekommen wir meistens keinen Anteil hatten, einzuhalten?

Auch die Philosophie hat sehr früh die Frage nach dem Zweck und dem Nutzen moralischer Normen gestellt. Viele Philosophen, von der Antike bis heute, waren der Meinung, dass man eine moralisch gute von einer moralisch schlechten Handlung durch die jeweils gute oder schlechte Wirkung unterscheiden könne, die man mit ihr erzielt. Die meist gegebene Antwort nach dem Nutzen, der Wirkung und dem Zweck moralisch guter Handlungen lautet: Moral »bringt« Glück, moralisches Handeln ist der Garant eines glücklichen Lebens. In der griechischen Philosophie z.B. war man sich in dieser These weitgehend einig, die bis heute in der Moralphilosophie diskutiert wird. Schwierig dagegen ist es, uns darüber zu verständigen, worin das Glück besteht und welche Art von Glück wir eigentlich anstreben. Ist uns ein bestimmtes Glück durch unsere Natur vorgegeben? Ist das Glückserlebnis eine Moment- oder Dauererfahrung? Liegt es im sinnlichen oder geistigen Erleben? Oder ist überhaupt nicht das Glück des Individuums, sondern das Allgemeinwohl, das Glück der gesamten Gesellschaft gemeint, wie z.B. Vertreter des Utilitarismus, der neuzeitlichen Nützlichkeitsethik, behaupten? Wie aber wird dieses Allgemeinwohl definiert? Schließt es das Glück jedes Einzelnen mit ein oder muss der Einzelne manchmal auch auf sein persönliches Glück zugunsten der Allgemeinheit verzichten? Wie ist das Verhältnis zwischen Allgemeinwohl und Gerechtigkeit? Trage ich mit jeder einzelnen meiner moralisch guten Handlungen zum Glück der Allgemeinheit bei oder nur durch die regelmäßige stetige Befolgung moralischer Regeln? Und wie lässt sich feststellen, ob durch eine Handlung das Allgemeinwohl wirklich befördert wird?

René Magritte, Die Begegnung mit dem Vergnügen, 1950

III 1: Aristoteles: Glück als letztes Ziel menschlichen Handelns

Raffael, Platon und Aristoteles, Ausschnit aus Die Schule von Athen, 1509–1511, Rom, Vatikan

Der griechische Philosoph Aristoteles gehört zu den unbestrittenen Klassikern der Philosophiegeschichte. Neben Platon gilt er als Hauptvertreter der Blütezeit der griechischen Philosophie im 4. Jahrhundert v. Chr. Aristoteles hat eine ganze Reihe wichtiger Fachbegriffe in die Philosophie eingeführt und er war der Erste, der in seinen Büchern und Vorlesungen eine Einteilung der Philosophie in verschiedene Disziplinen vornahm. Seine Metaphysik, Politik, Rhetorik, Poetik und andere seiner Schriften sind bis heute Pflichtlektüre für Philosophen. Philosophie und Wissenschaft waren für Aristoteles noch identisch. Seine Art, empirische Beobachtungen in sachlicher Analyse zu verarbeiten, hat ihn auch zum Vorbild wissenschaftlichen Denkens gemacht.
Der philosophische Grundgedanke des Aristoteles ist der, dass sich alle Dinge, einschließlich des Menschen, der Natur und des Kosmos insgesamt, nach einem ihnen innewohnenden Plan auf ein bestimmtes Ziel, griech. »telos«, hin entwickeln, in dem sie ihre Vollendung finden. Beispielhaft hierfür ist die Entwicklung einer Pflanze aus den im Keim enthaltenen Anlagen. Dieses »teleologische« Denken findet bei Aristoteles Anwendung in allen Bereichen der Philosophie. In der Ethik geht es entsprechend um die Entfaltung und Verwirklichung des Menschen im Handeln, dessen letztes Ziel (»telos«) im Glück besteht.
Aristoteles wurde 384 v. Chr. in Stagira (im heutigen nordgriechischen Mazedonien) als Sohn eines Arztes geboren. Im Alter von 18 Jahren kam er nach Athen und wurde für 20 Jahre Schüler an der berühmten Philosophenschule Platons, der Akademie. Nach Platons Tod im Jahre 347 v. Chr. verließ er die Akademie und wurde für einige Jahre Lehrer des späteren Alexander des Großen. Danach kehrte er nach Athen zurück und gründete seine eigene Schule, die, nach dem griechischen Wort »peripatoi« = Wandelgänge, als die peripatetische Schule bezeichnet wurde, vermutlich, weil Aristoteles beim Lehren in den Gängen der Schule auf und ab zu gehen liebte. Nach Alexanders Tod im Jahre 323 v. Chr. verließ Aristoteles wegen politischer Anfeindungen Athen und starb im folgenden Jahr in Euböa.
Alle uns überlieferten Schriften des Aristoteles sind Vorlesungsmitschriften, die von Schülern oder späteren Kommentatoren zusammengestellt wurden. Die beiden wichtigsten uns bekannten Werke zur Ethik sind die sogenannte Eudemische Ethik *und die* Nikomachische Ethik, *deren erstes Kapitel das Glück als letztes Ziel menschlichen Handelns einführt.*

Jedes praktische Können und jede wissenschaftliche Untersuchung, ebenso alles Handeln und Wählen strebt nach einem Gut, wie allgemein angenommen wird. Daher die richtige Bestimmung von »Gut« als »das Ziel, zu dem alles strebt«. Dabei zeigt sich aber ein Unterschied zwischen Ziel und Ziel: das eine Mal ist es das reine Tätig-sein, das andere Mal darüber hinaus das Ergebnis des Tätig-seins: das Werk. Wo es Ziele über das Tätig-sein hinaus gibt, da ist das Ergebnis naturgemäß wertvoller als das bloße Tätig-sein. Da es aber viele Formen des Handelns, des praktischen Könnens und des Wissens gibt, ergibt sich auch eine Vielzahl von Zielen: Ziel der Heilkunst ist die Gesundheit, der Schiffsbaukunst das Schiff, das Ziel der Kriegskunst: Sieg, der Wirtschaftsführung: Wohlstand. Überall nun, wo solche »Künste« einem bestimmten Bereich untergeordnet sind – so ist z. B. der Reitkunst untergeordnet das Sattlerhandwerk und andere Handwerke, die Reitzeug herstellen, während die Reitkunst ihrerseits, wie das gesamte Kriegswesen, unter der Feldherrnkunst steht, und was dergleichen Unterordnungen mehr sind –, da ist durchweg das Ziel der übergeordneten Kunst höheren Ranges als das der untergeordneten: Um des Ersteren willen wird ja das Letztere verfolgt.

Hierbei ist es gleichgültig, ob das Tätig-sein selber Ziel des Handelns ist oder etwas darüber hinaus wie bei den eben aufgezählten Künsten.

Wenn es nun wirklich für die verschiedenen Formen des Handelns ein Endziel gibt, das wir um seiner selbst willen erstreben, während das Übrige nur in Richtung auf dieses Endziel gewollt wird, und wir nicht jede Wahl im Hinblick auf ein weiteres Ziel treffen – das gibt nämlich ein Schreiten ins Endlose, somit ein leeres und sinnloses Streben –, dann ist offenbar dieses Endziel »das Gut«, und zwar das oberste Gut.

Hat nun nicht auch für die Lebensführung die Erkenntnis dieses Gutes ein entscheidendes Gewicht und können wir dann nicht wie Bogenschützen, die ihr Ziel haben, leichter das Richtige treffen? [...]

In seiner Benennung stimmen fast alle überein. »Das Glück« – so sagen die Leute, und so sagen die feineren Geister, wobei gutes Leben und gutes Handeln in eins gesetzt werden mit Glücklichsein. Aber was das Wesen des Glückes sei, darüber ist man unsicher und die Antwort der Menge lautet anders als die des Denkers. Die Menge stellt sich etwas Handgreifliches und Augenfälliges darunter vor, z. B. Lust, Wohlstand, Ehre: jeder etwas anderes. Bisweilen wechselt sogar ein und derselbe Mensch seine Meinung: Wird er krank, so sieht er das Glück in der Gesundheit, ist er arm, dann im Reichtum. [...]

Es gibt offenkundig mehrere Ziele. Manche wählen wir um weiterer Ziele willen, z. B. Geld, Flöten, überhaupt Werkzeuge. Nicht alle Ziele also sind Endziele. Das oberste Gut aber ist zweifellos ein Endziel. Daher der Schluss: Wenn es nur ein einziges wirkliches Endziel gibt, so ist dies das gesuchte Gut, wenn aber mehrere, dann unter diesen das vollkommenste. Als vollkommener aber bezeichnen wir ein Gut, das rein für sich erstrebenswert ist gegenüber dem, das Mittel zu einem anderen ist. Ferner das, was niemals im Hinblick auf ein weiteres Ziel gewählt wird gegenüber dem, was sowohl an sich als auch zu Weiterem gewählt wird. Und als vollkommen schlechthin bezeichnen wir das, was stets rein für sich gewählt wird und niemals zu einem anderen Zweck.

Als solches Gut aber gilt in hervorragendem Sinne das Glück. Denn das Glück erwählen wir uns stets um seiner selbst willen und niemals zu einem darüber hinausliegenden Zweck. Die Ehre dagegen und die Lust und die Einsicht und jegliche Tüchtigkeit wählen wir einmal um ihrer selbst willen – denn auch ohne weiteren Vorteil würden wir jeden dieser Werte für uns erwählen –, sodann aber auch um des Glückes willen, indem wir annehmen, dass sie uns zum Glück führen. Das Glück aber wählt kein Mensch um jener Werte – und überhaupt um keines weiteren Zweckes willen.

Zu demselben Ergebnis aber führt offenbar auch der Begriff der Autarkie. Denn bekanntlich genügt das oberste Gut für sich allein. Den Begriff »für sich allein genügend« wenden wir aber nicht an auf das von allen Bindungen geloste Ich, auf das Ich-beschränkte Leben, sondern auf das Leben in der Verflochtenheit mit Eltern, Kindern, der Frau, überhaupt den Freunden und Mitbürgern; denn der Mensch ist von Natur bestimmt für die Gemeinschaft. Für diese Verflochtenheit muss aber eine bestimmte Grenze gezogen werden. Denn wenn man sie ausdehnt auf Vorfahren und Nachfahren und auf die Freunde der Freunde, so kommt man ins Endlose. Doch dies ist erst später zu untersuchen. Unter dem Begriff »für sich allein genügend« verstehen wir das, was rein für sich genommen das Leben begehrenswert macht und nirgends einen Mangel offenlässt. Wir glauben, dass das Glück dieser Begriffsbestimmung entspricht und ferner, dass es erstrebenswerter ist als alle anderen Güter zusammen, also nicht auf eine Linie mit den anderen gereiht ist. Denn es ist klar: Bei einer solchen Einreihung würde sich sein Wert für uns durch das Hinzutreten auch nur des geringsten Gutes aus dieser Reihe erhöhen. Denn dieses Hinzutreten bedeutet ein Plus an Wert und das größere Gut ist jeweils erstrebenswerter. So erweist sich denn das Glück als etwas Vollendetes, für sich allein Genügendes: Es ist das Endziel des uns möglichen Handelns.

Vielleicht ist aber die Gleichsetzung von Glück und oberstem Gut nur ein Gemeinplatz und es wird eine noch deutlichere Antwort auf die Frage nach seinem Wesen gewünscht. Dem kann entsprochen werden, indem man zu erfassen sucht, welches die dem Menschen eigentümliche Leistung ist. Wie nämlich für den Flötenkünstler und den Bildhauer und für jeden Handwerker oder Künstler, kurz überall da, wo Leistung und Tätigkeit gegeben ist, eben in der Leistung, wie man annehmen darf, der Wert und das Wohlgelungene beschlossen liegt, so ist das auch beim Menschen anzunehmen, wenn es überhaupt eine ihm eigentümliche Leistung gibt. Sollte es nun bestimmte Leistungen und Tätigkeiten für den Zimmermann oder Schuster geben, für den Menschen als Menschen aber keine, sondern sollte dieser zu stumpfer Trägheit geboren sein? Sollte nicht vielmehr so wie Auge, Hand, Fuß, kurz jeder Teil des Körpers seine besondere Funktion hat, auch für den Menschen über all diese Teilfunktionen hinaus eine bestimmte Leistung anzusetzen sein? Welche nun könnte das sein? Die bloße Funktion des Lebens ist es nicht, denn die ist auch den Pflanzen eigen. Gesucht wird aber, was nur dem Menschen eigentümlich ist. Auszuscheiden hat also das Leben, soweit es Ernährung und Wachstum ist. Als Nächstes käme dann das Leben als Sinnesempfindung. Doch teilen wir auch dieses gemeinsam mit Pferd, Rind und jeglichem Lebewesen. So bleibt schließlich nur das Leben als Wirken des rationalen Seelenteils. – Dieser aber ist anzusehen teils als Gehorsam übend gegenüber dem Rationalen, teils als das rationale Element besitzend und geistige Akte vollziehend. – Da aber auch dieses (auf dem rationalen Seelenteil beruhende) Leben in doppeltem Sinn zu verstehen ist, so müssen wir uns dafür entscheiden, dass das Leben als eigenständiges Tätig-sein gemeint ist, denn dies trifft offenbar den Sinn des Begriffes »Leben« schärfer.

Wir nehmen nun an, dass die dem Menschen eigentümliche Leistung ist: ein Tätigsein der Seele gemäß dem rationalen Element oder jedenfalls nicht ohne dieses, und nehmen ferner an, dass die Leistung einer bestimmten Wesenheit und die einer bestimmten hervorragenden Wesenheit der Gattung nach dieselbe ist, z. B. die eines Kitharaspielers[1] und die eines hervorragenden Kitharaspielers und so schlechthin in allen Fällen – es wird hierbei einfach das Plus, das in der Vorzüglichkeit der Leistung liegt, zu der Leistung hinzugefügt: Leistung des Kitharaspielers ist das Spielen des Instrumentes, Leistung des hervorragenden Künstlers das vortreffliche Spielen. Ist das nun richtig und setzen wir als Aufgabe und Leistung des Menschen eine bestimmte Lebensform und als deren Inhalt ein Tätigsein und Wirken der Seele, gestützt auf ein rationales Element, als Leistung des hervorragenden Menschen dasselbe, aber in vollkommener und bedeutender Weise, und nehmen wir an, dass alles seine vollkommene Form gewinnt, wenn es sich im Sinne seines eigentümlichen Wesensvorzugs entfaltet, so gewinnen wir schließlich als Ergebnis: Das oberste dem Menschen erreichbare Gut stellt sich dar als ein Tätigsein der Seele im Sinne der ihr wesenhaften Tüchtigkeit. Gibt es aber mehrere Formen wesenhafter Tüchtigkeit, dann im Sinne der vorzüglichsten und vollendetsten.

Beizufügen ist noch: »in einem vollen Menschenleben«. Denn eine Schwalbe macht noch keinen Frühling und auch nicht ein Tag. So macht auch nicht ein Tag oder eine kleine Zeitspanne den Menschen glücklich und selig. Dies also sei eine erste Skizze des obersten Gutes.

1 Kithara: altgriechisches Saiteninstrument, Form der Leier (Lyra).

III 2: Epikur: Glück als Schmerzfreiheit und Seelenruhe

Epikur war der Begründer einer der bekanntesten, aber auch verfemtesten Philosophenschulen der Antike. Er steht am Beginn der hellenistischen Philosophie, als die kleinen griechischen Stadtstaaten ihre Eigenständigkeit und Bedeutung verloren und die Menschen nach neuer Orientierung für ihre Lebensführung verlangten. Anders als die Lehren Platons oder Aristoteles' richtet sich Epikurs Philosophie mehr an den Privatmann als an den engagierten Polisbürger.
Epikur war Materialist und Sensualist. Er vertrat die These, dass die Welt aus dem Zusammenprall von Atomen entstanden ist und dass die sinnliche Erfahrung Quelle aller Erkenntnis ist. Auch in seiner Ethik war die sinnliche Erfahrung das entscheidende Prinzip. Seine Lehre, dass tugendhaftes Handeln »hedone«, d.h. Lust oder Freude hervorbringen müsse, hat ihm, seinen Anhängern und allen später so genannten »Epikureern« den Vorwurf eingebracht, einen unmoralischen Lebenswandel zu propagieren und praktizieren. Dass Epikur in Wahrheit einen sehr bescheidenen und zurückgezogenen Lebenswandel lehrte und führte, blieb dabei unbeachtet.
Epikur wurde 341 v.Chr. auf der Insel Samos als Sohn attischer Siedler geboren. Er wurde von Lehrern der verschiedensten Schulen in die Philosophie eingeführt, wobei besonders die Lehre des Materialisten Demokrit großen Einfluss auf ihn ausübte. Als eigenständiger Philosophiedozent lehrte er ab 310 v.Chr. auf der Insel Lesbos, später in Lampsakos am Hellespont und seit 306 v.Chr. in Athen. Dort gründete er seine eigene Schule, die er »kepos«, d.h. der »Garten« nannte, in der er eine Gemeinschaft von Schülern in einer entspannten, »antiautoritären« Atmosphäre um sich sammelte. Auch Frauen waren, in jener Zeit höchst ungewöhnlich, in Epikurs Schule zugelassen. Epikur starb 271 v.Chr. in Athen. Von Epikurs Werken sind nur wenige Lehrbriefe und Fragmente erhalten, unter ihnen der Brief an Menoikeus, *in dem er, wie im Textauszug ersichtlich, seine Vorstellungen von einer glücklichen Lebensführung erläutert.*

All unser Tun zielt ja doch darauf ab, weder Schmerzen des Leibes zu erleiden noch Störung des Seelenfriedens zu erfahren. Wenn uns dies einmal zuteil geworden ist, dann legt sich der ganze Aufruhr unserer Seele. Das lebende Wesen braucht sich gleichsam nicht mehr umzusehen nach dem, was ihm fehlen könnte, und braucht nichts weiteres zu suchen, womit es der Seele und des Leibes Wohlbefinden erst vollkommen machen sollte. Denn dann nur haben wir Verlangen nach Freude[1], wenn wir die Freude schmerzlich vermissen. Wenn wir aber keinen Schmerz haben, bedürfen wir der Freude nicht mehr.

Und aus diesem Grunde behaupte ich, dass die Freude der Anfang und das Ziel des glücklichen Lebens ist. Denn sie habe ich als das erste und uns angeborene Gut erkannt; von ihr gehen wir aus, wenn wir etwas wählen oder meiden, und auf sie gehen wir zurück, wenn wir sie gleichsam Maßstab unseres Empfindens sein lassen und danach jedes Gut beurteilen. Und gerade weil sie unser erstes und angeborenes Gut ist, wählen wir auch nicht jede Freude, sondern übergehen zuweilen viele Freuden, wenn sich aus ihnen für uns eine größere Widerwärtigkeit als Folge ergäbe; und umgekehrt halten wir viele Schmerzen für wertvoller als Freuden, wenn für uns auf lange Schmerzenszeit eine umso größere Freude folgt. Jede Freude ist also ein Gut, weil das ja ihr ureigenstes Wesen ausmacht, doch nicht

1 Freude: Übersetzung des griechischen Begriffs »hedone« = Freude, Vergnügen, Lust. Wird in anderen Übersetzungen Epikurs auch mit »Lust« wiedergegeben.

jede ist schon deshalb erstrebenswert; gleicherweise ist jeder Schmerz wohl ein Übel, aber nicht jedem Schmerz muss man deshalb ausweichen.

Es ist demnach unsere Aufgabe, alles Zuträgliche und Abträgliche richtig zu unterscheiden, abzuwägen und danach zu beurteilen. Zu gewissen Zeiten bedienen wir uns nämlich des Guten wie eines Übels und wiederum des Übels wie eines Gutes.

Auch die Selbstgenügsamkeit halte ich für ein großes Gut, doch nicht, damit wir uns unter allen Umständen an wenigem genügen lassen, sondern damit wir uns mit wenigem zu begnügen vermögen, wenn wir nicht viel haben; wir sind überzeugt, dass den höchsten Genuss an großem Aufwand die Menschen haben, die seiner am wenigsten bedürfen, und dass alles Natürliche sehr leicht, das Überflüssige und Sinnlose aber schwer zu beschaffen ist. Einfache Suppen bereiten den gleichen Genuss wie ein üppiges Mahl, wenn erst einmal das Entbehren nicht mehr als Schmerz empfunden wird; Brot und Wasser bereiten den höchsten Genuss für jemand, der sie zu sich nimmt, wenn er Hunger und Durst hat. Die Gewöhnung an einfache und nicht üppige Lebensweise bringt auch völlige Gesundheit und macht den Menschen den drängenden Anforderungen des Lebens gegenüber unverzagt; sie verleiht uns, wenn wir uns nach längerer Zeit vor üppige Schüsseln setzen, einen größeren Genuss an ihnen und nimmt uns die Furcht vor dem blinden Geschick.

Wenn ich nun erkläre, dass die Freude das Ziel des Lebens ist, dann meine ich damit nicht die Lüste der Schlemmer noch die Lüste, die im Genießen selbst liegen, wie gewisse Leute glauben, die meine Lehre nicht verstehen, sie ablehnen oder böswillig auslegen. Ich verstehe unter Freude: keine körperlichen Schmerzen leiden und in der Seele Frieden haben. Denn nicht häufige Trinkgelage und festliches Schmausen, auch nicht der Verkehr mit schönen Knaben und Frauen, noch der Genuss von leckeren Fischen und was sonst eine üppige Tafel bietet, schafft ein freudvolles Leben; Freude schafft vielmehr nüchternes Überlegen, das die Ursachen alles Verlangens und Meidens aufspürt und den leeren Glauben austreibt, aus dem die größte Verirrung der Seelen entspringt.

Anfang und höchstes Gut bei alledem ist die Vernunft. Deshalb ist die Vernunft sogar wertvoller als das Philosophieren. In ihr wurzeln alle übrigen Tugenden. Sie ist es, die lehrt, dass man nicht freudvoll leben kann, ohne vernünftig, anständig und gerecht zu leben, aber auch nicht vernünftig, anständig und gerecht, ohne freudvoll zu leben.

Denn von Natur aus sind die Tugenden mit einem freudvollen Leben verbunden und ein freudvolles Leben ist von ihnen nicht zu trennen.

Max Ernst, Seelenfrieden, 1929

FORUM

Zur Texterschließung

1 | Was versteht Aristoteles unter dem »Endziel« des Handelns?
2 | Warum muss nach Aristoteles das Glück als ein solches Endziel gelten?
3 | Welches ist nach Aristoteles die speziell dem Menschen eigentümliche Tätigkeit und Lebensform und welche Beziehung besteht zwischen dieser Tätigkeit und dem Handlungsziel des Glücks?
4 | Erläutern Sie Epikurs These, dass Freude zwar Anfang und Ziel eines glücklichen Lebens ist, dass wir aber deswegen nicht jedem Schmerz ausweichen sollen!
5 | Wie unterscheidet sich Epikurs Begriff der Freude vom sinnlichen Lebensgenuss bzw. vom »Lustgewinn«?
6 | Welche Rolle spielt die Vernunft in Epikurs Ethik?

Die antike Glücksethik – Zur Diskussion

1 | Vergleichen Sie Aristoteles' Handlungsziel des Glücks als der Verwirklichung der dem Menschen eigentümlichen Anlagen und Fähigkeiten mit der modernen Forderung nach Selbstverwirklichung! Welche Gemeinsamkeiten, welche Unterschiede sehen Sie?
2 | Welche Beziehung gibt es Ihrer Meinung nach zwischen der Verwirklichung von Glück und moralischem Handeln? Wie lassen sich Ihrer Meinung nach moralische Regeln wie das Verbot zu töten aus der Lehre vom Glück als höchstem Gut ableiten?
3 | Die antike Glücksethik ging davon aus, dass die Verfolgung des persönlichen Glücks nicht im Widerspruch steht zum allgemeinen Wohl. Suchen Sie Beispiele, die diese Auffassung bestätigen und die ihr widersprechen!
4 | Der Gräzist Michael Erler hat die Aktualität der Lehre Epikurs u.a. folgendermaßen beschrieben: »Epikur als Philosoph des Maßes, der einem Leben ohne Grenzen Grenzen setzen will – dies passt zu neueren Entwicklungen. Was vor einiger Zeit verpönt war, wird zunehmend als Erkenntnis ernst genommen: Freiheit muss nicht grenzenlos sein. Epikur plädiert also für eine reflektierte Genussfähigkeit. Natürliches Begehren – nur dessen Befriedigung dient dem Glück – ist von künstlich geschaffenen Bedürfnissen zu trennen, deren Erfüllung zu kleineren Glücksmomenten verhelfen mag, nicht aber zu einem dauerhaft gelungenen Leben ... Skeptische Distanz zu den Bedürfnissen, die sich aus Werbung, Mode und Prestige speisen – eine aufgeklärte Lebenshaltung eben: Sie bedingt den Genuss. Grenze, Maß und Reduktion sind Konditionen jener Seelenruhe, die Epikur vorlebte ...« – Finden Sie Beispiele für natürliche und künstlich geschaffene Bedürfnisse in Ihrer gesellschaftlichen Umwelt! Gesetzt den Fall, Sie wollten Ihr Leben nach den Grundsätzen des Epikur einrichten: Was müssten Sie in Ihrem Leben verändern? Auf welche Konsumgüter müssten Sie verzichten? Welche Auswirkungen hätte Ihrer Meinung nach die von Epikur vorgeschlagene Lebensform für eine neue »ökologische« Moral, d.h. für unser Verhalten gegenüber der Natur, gegenüber Tieren und gegenüber den von uns produzierten Gütern?

III 3: John Stuart Mill: Nützlichkeit als Prinzip des größten Glücks

John Stuart Mill war einer der einflussreichsten und vielseitigsten Philosophen des 19. Jahrhunderts. Aber auch als Wirtschaftstheoretiker und Historiker machte er sich einen Namen. Als engagierter Bürgerrechtler und Publizist im viktorianischen England setzte er sich u. a. für die Frauenemanzipation und das Frauenwahlrecht ein.
Mill gilt als Mitbegründer mehrerer bedeutender Richtungen in der modernen Philosophie. Als Positivist strebte er nach einem streng wissenschaftlichen Weltbild und verlangte daher, dass alles menschliche Wissen sich durch das den Sinnen unmittelbar Gegebene (das »Positive«) begründen lassen muss. Als einer der Väter des modernen Liberalismus sah er die Hauptaufgabe des Staates im Schutz der individuellen Freiheit. In der Geschichte der Ethik gilt Mill neben Bentham als klassischer Vertreter des Utilitarismus, der die Aufgabe der Moral darin sah, das Glück der Gesellschaft, d. h. das Allgemeinwohl zu befördern.
John Stuart Mill wurde am 20. Mai 1806 als Sohn des Historikers und politischen Publizisten James Mill geboren. Sein ehrgeiziger Vater erzog ihn als »Wunderkind« und ließ ihn bereits in ganz jungen Jahren klassische Sprachen, Mathematik, Geschichte und später Nationalökonomie, Naturwissenschaften und Rechtswissenschaften lernen. Von 1823 bis 1858 stand Mill im Dienst der Ostindischen Handelsgesellschaft. Für kurze Zeit, von 1865 bis 1868 war er Abgeordneter im britischen Unterhaus. Mill starb am 7. Mai 1873 in Avignon.
Seine wichtigsten Schriften sind System der Logik (1843), Grundsätze der politischen Ökonomie (1848), Über Freiheit (1859), Utilitarismus (1863) *und* Die Unterdrückung der Frauen (1863). *Im Auszug aus der Schrift* Utilitarismus *beschäftigt sich Mill mit den Einwänden, die gegen das Nützlichkeitsprinzip in der Ethik vorgebracht wurden.*

Die Auffassung, für die die Nützlichkeit oder das Prinzip des größten Glücks die Grundlage der Moral ist, besagt, dass Handlungen insoweit und in dem Maße moralisch richtig sind, als sie die Tendenz haben, Glück zu befördern, und insoweit moralisch falsch, als sie die Tendenz haben, das Gegenteil von Glück zu bewirken. Unter »Glück« ist dabei Lust (pleasure) und das Freisein von Unlust (pain), unter »Unglück« Unlust und das Fehlen von Lust verstanden. Damit die von dieser Theorie aufgestellte Norm deutlich wird, muss freilich noch einiges mehr gesagt werden, insbesondere darüber, was die Begriffe Lust und Unlust einschließen sollen und inwieweit dies von der Theorie offen gelassen wird. Aber solche zusätzlichen Erklärungen ändern nichts an der Lebensauffassung, auf der diese Theorie der Moral wesentlich beruht: dass Lust und das Freisein von Unlust die einzigen Dinge sind, die als Endzwecke wünschenswert sind, und dass alle anderen wünschenswerten Dinge (die nach utilitaristischer Auffassung ebenso vielfältig sind wie nach jeder anderen) entweder deshalb wünschenswert sind, weil sie selbst lustvoll sind oder weil sie Mittel sind zur Beförderung von Lust und zur Vermeidung von Unlust.

Eine solche Lebensauffassung stößt bei vielen Menschen, darunter manchen, deren Fühlen und Trachten im höchsten Maße achtenswert ist, auf eingewurzelte Abneigung. Der Gedanke, dass das Leben (wie sie sagen) keinen höheren Zweck habe als die Lust, kein besseres und edleres Ziel des Wollens und Strebens, erscheint ihnen im äußersten Grade niedrig und gemein; als eine Ansicht, die nur der Schweine würdig wäre, mit denen die Anhänger Epikurs[1] ja schon sehr früh verächtlich gleichgesetzt wurden; und zeitgenössische

1 Epikur/Epikureer: Epikur (ca. 341–271 v. Chr.), Begründer der antiken Philosophenschule der Epikureer, die Lust bzw. Freude zum Hauptantrieb und Ziel menschlichen Handelns erklärten.

Dampfmaschine in einer Destillerie, Holzstich, 1860
Die Dampfmaschine prägte das 19. Jahrhundert. Es erblickte in ihr den Motor des allgemeinen Fortschritts dank ihres nutzbringenden Einsatzes in vielen Wirtschaftsbereichen.

Vertreter der Lehre werden gelegentlich zum Gegenstand nicht weniger höflicher Vergleiche vonseiten ihrer deutschen, französischen und englischen Gegner.

Auf Angriffe dieser Art haben die Epikureer stets geantwortet, dass nicht sie, sondern ihre Ankläger es sind, die die menschliche Natur in entwürdigendem Lichte erscheinen lassen, da die Anklage ja unterstellt, dass Menschen keiner anderen Lust fähig sind als der, deren auch Schweine fähig sind. Träfe diese Unterstellung zu, wäre sie nicht zu widerlegen, aber sie wäre dann auch keine Beleidigung mehr. Denn wenn die Quellen der Lust für Menschen und für Schweine genau dieselben wären, müsste die Lebensregel, die für die einen gut genug ist, auch für die anderen gut genug sein. Nur deswegen wird ja die Gleichsetzung des epikureischen Lebens mit dem tierischen als entwürdigend empfunden, weil die Lust des Tiers der menschlichen Vorstellung von Glück nicht gerecht wird. Die Menschen haben höhere Fähigkeiten als bloß tierische Gelüste und vermögen, sobald sie dieser einmal bewusst geworden sind, nur darin ihr Glück zu sehen, worin deren Betätigung eingeschlossen ist. Ich möchte damit nicht behaupten, dass den Epikureern bei der Ableitung von Konsequenzen aus dem utilitaristischen Prinzip keine Fehler unterlaufen wären – im Gegenteil, keine solche Ableitung kann angemessen sein, die nicht viele stoische[2] und christliche Elemente einbezieht. Aber wir kennen keine epikureische Lebensauffassung, die nicht den Freuden des Verstandes, der Empfindung und Vorstellungskraft sowie des sittlichen Gefühls einen weit höheren Wert zuschreibt als denen der bloßen Sinnlichkeit. Es ist allerdings einzuräumen, dass die utilitaristischen Autoren die Überlegenheit der geistigen über die körperlichen Freuden im Wesentlichen nur in der größeren Dauerhaftigkeit, Verlässlichkeit, Unaufwendigkeit usw. der ersteren gesehen haben, also eher in ihren äußeren Vorteilen als in ihrer inneren Beschaffenheit. In allen diesen Punkten haben die Utilitaristen ihren Standpunkt überzeugend begründet. Aber sie hatten auch diesen anderen und sozusagen höheren Grund geltend machen können, ohne sich selbst untreu zu werden. Die Anerkennung der Tatsache, dass einige *Arten* der Freude wünschenswerter und wertvoller sind als andere, ist mit dem Nützlichkeitsprinzip durchaus vereinbar. Es wäre unsinnig anzunehmen, dass der Wert einer Freude ausschließlich von der Quantität abhängen sollte, wo doch in der Wertbestimmung aller anderen Dinge neben der Quantität auch die Qualität Berücksichtigung findet.

2 stoisch/Stoiker: eine der bedeutendsten antiken Philosophenschulen, für die tugendhaftes Handeln in der Beherrschung der Affekte durch die Vernunft bestand.

Fragt man mich nun, was ich meine, wenn ich von der unterschiedlichen Qualität von Freuden spreche, und was eine Freude – bloß als Freude, unabhängig von ihrem größeren Betrag – wertvoller als eine andere macht, so gibt es nur eine mögliche Antwort: von zwei Freuden ist diejenige die wünschenswertere, die von allen oder nahezu allen, die beide erfahren haben, ungeachtet des Gefühls, eine von beiden aus moralischen Gründen vorziehen zu müssen, entschieden bevorzugt wird. Wird die eine von zwei Freuden von denen, die beide kennen und beurteilen können, so weit über die andere gestellt, dass sie sie auch dann noch vorziehen, wenn sie wissen, dass sie größere Unzufriedenheit verursacht, und sie gegen noch so viele andere Freuden, die sie erfahren könnten, nicht eintauschen möchten, sind wir berechtigt, jener Freude eine höhere Qualität zuzuschreiben, die die Quantität so weit übertrifft, dass diese im Vergleich nur gering ins Gewicht fällt. [...]

Fragen nach Zwecken sind (mit anderen Worten) Fragen danach, welche Dinge wünschenswert sind. Die utilitaristische Lehre sagt, dass Glück wünschenswert ist, dass es das Einzige ist, das als Zweck wünschenswert ist, und dass alles andere nur als Mittel zu diesem Zweck wünschenswert ist. Welchen Kriterien muss diese Lehre genügen – welche Bedingungen muss sie erfüllen –, um ihrem Anspruch, zu überzeugen, gerecht zu werden?

Der einzige Beweis dafür, dass ein Gegenstand sichtbar (visible) ist, ist, dass man ihn tatsächlich sieht. Der einzige Beweis dafür, dass ein Ton hörbar (audible) ist, ist, dass man ihn hört. Und dasselbe gilt für die anderen Quellen unserer Erfahrung. Ebenso wird der einzige Beweis dafür, dass etwas wünschenswert (desirable) ist, der sein, dass die Menschen es tatsächlich wünschen. Wäre der Zweck, den sich die utilitaristische Theorie setzt, nicht schon in Theorie und Praxis als Zweck anerkannt, könnte einen nichts davon überzeugen, dass dies der Zweck ist. Dafür, dass das allgemeine Glück wünschenswert ist, lässt sich kein anderer Grund angeben, als dass jeder sein eigenes Glück erstrebt, insoweit er es für erreichbar hält. Da dieses jedoch eine Tatsache ist, haben wir damit nicht nur den ganzen Beweis, den der Fall zulässt, sondern alles, was überhaupt als Beweisgrund dafür verlangt werden kann, dass Glück ein Gut ist: nämlich dass das Glück jedes Einzelnen für diesen ein Gut ist und dass daher das allgemeine Glück ein Gut für die Gesamtheit der Menschen ist. Damit hat das Glück seinen Anspruch begründet *eines* der Zwecke des Handelns und folglich eines der Kriterien der Moral zu sein.

Damit ist allerdings noch nicht bewiesen, dass es das einzige Kriterium ist. Offenbar müsste, derselben Regel entsprechend, dazu nicht nur gezeigt werden, dass die Menschen Glück wollen, sondern auch, dass sie niemals etwas anderes wollen. Nun liegt es aber auf der Hand, dass die Menschen vieles wollen, was dem gewöhnlichen Sprachgebrauch nach von Glück eindeutig verschieden ist. So streben sie z. B. nach Tugend und dem Freisein von Lastern ebenso aufrichtig wie nach Lust und dem Freisein von Schmerz. Der Wunsch nach Tugend findet sich zwar nicht so allgemein wie der Wunsch nach Glück, aber dass es ihn gibt, ist eine unbestreitbare Tatsache. Und daraus meinen die Gegner des utilitaristischen Prinzips schließen zu können, dass es außer dem Glück noch weitere Zwecke des menschlichen Handelns gibt und dass Glück nicht der Maßstab von Billigung und Missbilligung schlechthin sein kann.

Aber bestreitet der Utilitarismus etwa, dass die Menschen nach Tugend streben, oder behauptet er etwa, dass Tugend nicht erstrebenswert sei? Im Gegenteil. Er behauptet nicht nur, dass Tugend erstrebenswert ist, sondern dass sie uneigennützig, um ihrer selbst willen erstrebt werden sollte. Was auch immer die Auffassung der Utilitaristen über die Entstehungsbedingungen [original conditions. Hg.] der Tugend sein mag, ob sie auch meinen (wie es der Fall ist), dass Handlungen und Charaktereigenschaften nur deshalb tugendhaft sind, weil sie einem anderen Zweck als der Tugend selbst dienen – dies zugestanden und angenommen, dass aufgrund solcher Erwägungen entschieden worden ist, was tugendhaft *ist*, so setzen die Utilitaristen die Tugend nicht nur an die Spitze der Dinge, die als Mittel zu jenem letzten Zweck gut sind, sondern erkennen es auch als eine psychologische Tatsache an, dass sie für den Einzelnen ein an sich selbst und ohne äußeren Zweck wertvolles Gut werden kann, und behaupten sogar, dass sich das menschliche Bewusstsein nicht im richtigen – dem Nützlichkeitsprinzip gemäßen, dem allgemeinen Glück am förderlichsten – Zustand befindet, wenn es die Tugend nicht in dieser Weise liebt – als etwas, das um seiner selbst willen erstrebenswert ist, selbst wenn sie im einzelnen Fall nicht die wünschenswerten Folgen haben sollte, die sie der Tendenz nach hat und deretwegen sie als Tugend gilt. Diese Auffassung stellt in keiner Weise eine Abweichung vom Prinzip des Glücks dar. Die Bestandteile des Glücks sind sehr verschiedenartig und jeder einzelne Bestandteil ist um seiner selbst willen erstrebenswert und nicht nur insofern, als sich die Gesamtsumme durch ihn erhöht. Das Nützlichkeitsprinzip ist nicht so zu verstehen, als ob eine bestimmte Freude wie z. B. die Musik oder ein bestimmtes Freisein von Schmerz wie die Gesundheit als Mittel zu einem umfassenden Etwas, genannt Glück, betrachtet werden soll und deshalb erstrebenswert ist. Vielmehr werden sie an sich selbst und um ihrer selbst willen erstrebt und sind an sich selbst und um ihrer selbst willen erstrebenswert. Sie sind nicht nur Mittel zum Zweck, sie sind auch Teile des Zwecks. Nach utilitaristischer Auffassung ist die Tugend zwar nicht ursprünglich, von Natur aus, Teil des Zwecks, aber sie kann dazu werden; und bei denen, die die Tugend ohne eigennützige Motive lieben, ist sie dazu geworden und wird von ihnen nicht als Mittel zum Glück, sondern als Teil des Glücks erstrebt und geschätzt.

III 4: John J. C. Smart: Zwei Formen des Utilitarismus

John J. C. Smart wurde 1920 geboren und lehrte zwischen 1950 und 1972 Philosophie an der Universität Adelaide in Südaustralien. Ein Schwerpunkt seiner Arbeit lag in der Wissenschaftstheorie, über die er mehrere Bücher schrieb. Er gehörte aber auch zu den prominenteren Teilnehmern der Diskussion über die Weiterentwicklung des Utilitarismus, die Mitte des 20. Jahrhunderts in den angelsächsischen Ländern stattfand und zur Unterscheidung zwischen Handlungs- und Regelutiliarismus (→ Info III) führte. Ein wichtiger Beitrag zu dieser Diskussion war Smarts Aufsatz Extremer und eingeschränkter Utilitarismus, *der im englischen Original 1956 erschien und aus dem der folgende Textauszug stammt.*

I. Utilitarismus ist die Lehre, dass die Richtigkeit von Handlungen anhand ihrer Konsequenzen zu beurteilen sei. Was verstehen wir hier unter »Handlungen«? Meinen wir einzelne Handlungen oder meinen wir Klassen von Handlungen? Entsprechend der Weise, in der wir das Wort »Handlungen« interpretieren, erhalten wir zwei verschiedene Theorien, denen beiden die Bezeichnung »utilitaristisch« zukommt.

(1) Sofern wir mit »Handlungen« einzelne, individuelle Handlungen meinen, kommen wir zu jener Art von Lehre, wie sie Bentham[1], Sidgwick[2] und Moore[3] vertreten haben. Ihr zufol-

1 Bentham: Jeremy Bentham (1748–1832), englischer Philosoph der Aufklärung und Begründer des Utilitarismus.

2 Sidgwick: Henry Sidgwick (1838–1900), englischer Philosoph, Vertreter des Utilitarismus.

3 Moore: George Edward Moore (1873–1958), englischer Moralphilosoph und Mitbegründer der sprachanalytischen Philosophie.

ge prüfen wir individuelle Handlungen anhand ihrer Konsequenzen; allgemeine Regeln, wie »Versprechen sind einzuhalten«, sind nichts als Faustregeln, die wir nur deswegen anwenden, um nicht bei jedem Schritt jeweils die wahrscheinlichen Konsequenzen unserer Handlungen abschätzen zu müssen. Ob es im besonderen Fall richtig oder falsch ist ein Versprechen einzuhalten, hängt allein davon ab, ob die Konsequenzen aus der Einhaltung bzw. aus dem Bruch des Versprechens bei dieser besonderen Gelegenheit gut oder schlecht sind. Natürlich werden, wenn das Versprechen gebrochen wird, die Konsequenzen zum Teil – und zwar zu einem Teil, dem wir üblicherweise entscheidende Bedeutung beimessen – derart sein, dass der Glaube an die Institution »Versprechen« erschüttert wird. Wenn allerdings das Gute, das aus dem Bruch der Regel folgt, *in toto*[4] größer ist als das Gute, das aus ihrer Einhaltung folgt, dann müssen wir die Regel brechen, ungeachtet dessen, ob das Gute, das aus der Einhaltung der Regel durch *jedermann* folgt, größer bzw. nicht größer ist als das Gute, das aus ihrem Bruch durch jedermann folgt. Um es kurz zu sagen: Regeln spielen keine Rolle – außer *per accidens*[5] als Faustregeln und als *de facto*[6] soziale Institutionen, mit denen der Utilitarist zu rechnen hat, wenn er Konsequenzen beurteilt. Ich werde diese Lehre »extremen Utilitarismus« nennen.

(2) Neuerdings ist eine bescheidenere Form des Utilitarismus Mode geworden. [Ihre Vertreter] meinen oder scheinen der Meinung zu sein, dass Moralregeln mehr seien als Faustregeln. Generell: Die Richtigkeit einer Handlung ist *nicht* zu prüfen, indem man ihre Konsequenzen abschätzt, sondern nur indem man überlegt, ob sie unter eine bestimmte Regel fällt oder nicht. Ob die Regel als eine annehmbare Moralregel anzusehen ist, muss freilich aufgrund einer Erwägung der Konsequenzen entschieden werden, die aus der Annahme der Regel folgen. Allgemein gesprochen sind also Handlungen anhand von Regeln und Regeln anhand von Konsequenzen zu prüfen. Nur in den folgenden Fällen müssen wir eine individuelle Handlung direkt anhand ihrer Konsequenzen prüfen: (a) Wenn die Handlung unter zwei verschiedene Regeln fällt, von denen die eine sie vorschreibt und die andere sie verbietet, und (b) wenn es für den gegebenen Fall überhaupt keine maßgebende Regel gibt. Ich werde diese Lehre »eingeschränkten Utilitarismus« nennen.

II. Moralregeln sind für einen extremen Utilitaristen Faustregeln. In praxi[7] wird er sein Verhalten zumeist unter Berufung auf die Regeln der Common-sense-Moralität[8] bestimmen (»lüge nicht«, »brich keine Versprechen« usw.). Dies nicht, weil in den Regeln selbst etwas Sakrosanktes[9] ist, sondern weil er argumentieren kann, dass er wahrscheinlich sehr häufig extrem utilitaristisch handeln wird, auch wenn er nicht als Utilitarist denkt. Zunächst: Häufig muss schnell gehandelt werden. Man stelle sich einen Mann vor, der jemanden ertrinken sieht. Er springt ins Wasser und rettet ihn. Zeit, die Angelegenheit zu durchdenken, besteht nicht; aber gemeinhin würde ein extremer Utilitarist, wenn er die Angelegenheit durchdächte, eben diesen Gang der Handlung anraten. Wäre der Ertrinkende jedoch 1938 in einem Fluss in der Nähe von Berchtesgaden am Ertrinken gewesen und hätte er die wohlbekannte schwarze Stirnlocke und den Schnurrbart Adolf Hitlers, dann würde ein extremer Utilitarist, wenn er die Zeit hätte, die Wahrscheinlichkeit errechnen, dass der Mann der üble Diktator

4 in toto (lat.): im Ganzen.
5 per accidens (lat.): durch Zufall.
6 de facto (lat.): in Wirklichkeit, tatsächlich.
7 in praxi (lat.): in der Praxis, im Einzelfall.
8 Common-sense-Moralität: moralische Vorschriften, die vom alltäglichen, gesunden Menschenverstand akzeptiert werden.
9 sakrosankt: absolut heilig, unangreifbar.

sei, und würde ihn, wäre die Wahrscheinlichkeit groß genug, aus extrem utilitaristischen Gründen ertrinken lassen. Der Retter hat freilich keine Zeit. Er vertraut seinen instinktiven Gefühlen, taucht in das Wasser und rettet den Mann. Und dies Vertrauen auf Instinkte und Moralregeln kann mit extrem utilitaristischen Gründen gerechtfertigt werden. Ferner: Ein extremer Utilitarist, der wüsste, dass der Ertrinkende Hitler ist, würde den Retter dennoch loben – nicht verurteilen. Denn wenn er den Mann lobt, dann bestärkt er eine mutige und wohltätige Geisteshandlung und im Allgemeinen ist diese Haltung von großem positiven Nutzen. (Das nächste Mal ist es vielleicht Winston Churchill[10], den der Mann rettet!) [...]

Der extreme Utilitarist sieht Moralregeln also als Faustregeln und als soziologische Fakten an, die zu berücksichtigen sind, wie auch Fakten anderer Art zu berücksichtigen sind, wenn man entscheidet, was zu tun ist. Aber an sich rechtfertigen sie eine Handlung nicht.

III. Für den eingeschränkten Utilitaristen bedeuten Moralregeln mehr als Faustregeln, um die Berechnung von Konsequenzen abzukürzen. Er argumentiert, dass im Allgemeinen Konsequenzen überhaupt nicht wichtig seien, um zu unterscheiden, was in einem Einzelfall zu tun ist. Generell seien sie nur für die Entscheidung relevant, welche Regeln in einzelnen Fällen gute Gründe für eine bestimmte Handlungsweise abgeben. Möglicherweise ist diese Lehre eine gute Beschreibung der Art, in der der moderne, nicht reflektierende Engländer des 20. Jahrhunderts nicht selten über Moralität denkt; aber als Beschreibung eines möglichst rationalen Denkens über Moralität ist sie sicherlich absurd. Angenommen, es gibt eine Regel R, und in neunundneunzig Prozent aller Fälle werden die bestmöglichen Ergebnisse in Übereinstimmung mit R erreicht. R ist dann zweifellos eine nützliche Faustregel; wenn wir keine Zeit haben oder nicht unparteiisch genug sind, die Konsequenzen einer Handlung zu veranschlagen, dann hat die Absicht, R entsprechend zu handeln, die außerordentlich gut begründete Aussicht, richtig zu sein. Aber ist nicht die Annahme absurd, wir sollten auch dann die Regel einhalten, wenn wir die Konsequenzen herausgearbeitet *haben*, von der Unparteilichkeit unserer Überlegungen vollkommen überzeugt sind und *wissen*, dass in diesem Fall der Bruch von R bessere Ergebnisse zeitigen wird als die Einhaltung von R? Heißt es nicht R zu einer Art von Fetisch[11] machen, wenn wir R auch dann einhalten, wenn ihr Bruch z. B. vermeidbares Elend verhüten wird? Ist das nicht so etwas wie abergläubischer Regelkult (psychologisch leicht erklärbar) und nicht das rationale Denken eines Philosophen? [...]

Ich schließe daraus: Wenn es eine Regel R gibt, die einzuhalten im Allgemeinen optimal ist, die zu brechen aber unter besonderen Umständen das optimale Verhalten darstellt, dann sollten wir unter diesen Umständen in jedem Fall R brechen. Allerdings müssen wir, ehe wir zu dem Schluss kommen, R zu brechen sei richtig, alle Folgen des Bruches von R bedenken, die weniger offenkundig sind – etwa dass der allgemeine Glaube an die Moralordnung erschüttert wird. Tatsächlich werden wir den Schluss, R zu brechen, selten ziehen. Nach der extrem utilitaristischen Ansicht sind Moralregeln nur Faustregeln, aber sie sind keine schlechten Faustregeln. *Wenn* wir jedoch zu dem Schluss kommen, wir sollten die Regel brechen, und wenn wir die Möglichkeit, uns täuschen und voreingenommen sein zu können, in Anschlag gebracht haben – welcher gute Grund bleibt dann noch, die Regel einzuhalten?

10 Churchill: Winston Churchill (1874–1965), englischer Staatsmann und Schriftsteller, hatte während des Zweiten Weltkriegs als britischer Premierminister maßgeblichen Anteil an dem Sieg der Alliierten über Nazi-Deutschland.

11 Fetisch: ein mit magischer Kraft versehener, unberührbarer Gegenstand.

III 5: Otfried Höffe: Der Gegensatz von Utilitarismus und Gerechtigkeit

Otfried Höffe, Jahrgang 1943, ist seit 1992 Professor für Philosophie in Tübingen. Er ist sowohl als Autor als auch als Herausgeber durch zahlreiche Veröffentlichungen zur Ethik, zur Rechtsphilosophie und zur politischen Philosophie hervorgetreten. So gab er z. B. ein Lexikon der Ethik (1997) *und ein* Lesebuch der Ethik (1998) *heraus. Als eines seiner wichtigsten Werke gilt das 1992 erschienene Buch* Politische Gerechtigkeit.
Der folgende Auszug ist der Einleitung der von Höffe herausgegebenen Textsammlung Einführung in die utilitaristische Ethik (1975) *entnommen, die eine Auseinandersetzung mit den Grenzen des Utilitarismus enthält.*

Der Anspruch des zeitgenössischen Utilitarismus, unsere gewöhnlichen Moralvorstellungen rational und kohärent[1] zu rekonstruieren[2], ist nicht vereinbar mit unseren Gerechtigkeitsvorstellungen. Insbesondere gibt es Prinzipien der distributiven Gerechtigkeit[3], Prinzipien der Verteilung von öffentlichen Gütern, von Rechten und Pflichten, von Vor- und Nachteilen gemeinsamer Handlungen, die uns als moralisch richtig einleuchten und die zugleich mit dem Prinzip der Nützlichkeit in Konflikt stehen. Wenn von zwei möglichen Handlungen, die den gleichen kollektiven Gesamtnutzen hervorbringen, die eine den Nutzen auf eine kleine Zahl von Personen, die andere ihn auf viele oder alle verteilt, so sind utilitaristisch gesehen beide Handlungen gleichwertig. Nach unseren Gerechtigkeitsüberzeugungen würden wir dagegen die eine als ungerecht verurteilen und nur die andere als gerecht hervorheben. [...]

Das Ziel, der maximale Gesamtnutzen aller Betroffenen, lässt sich sehr wohl mit der rechtlichen und/oder ökonomischen Unterdrückung von Minderheiten oder einzelnen Personen vereinbaren. Eine Sklaven- oder eine Feudalgesellschaft[4] und auch ein Polizei- oder ein Militärstaat wären nicht nur erlaubt, sondern sogar sittlich geboten, sofern sie nur so organisiert sind, dass sie zwar extreme Eingriffe in den Freiheitsraum einzelner Bürger, überdies extreme ökonomische und soziale Ungleichheiten mit sich führen, gleichwohl (mit Bentham[5]) einen maximalen Gesamt- oder (mit Brandt[6]) einen maximalen Pro-Kopf-Nutzen garantieren. Nach unserem sittlichen Bewusstsein fordert aber die Idee der Gerechtigkeit für jede einzelne Person eine Unverletzlichkeit, die selbst durch das maximale Wohlergehen aller anderen nicht beiseite gesetzt werden darf. Aus diesem Grund hat Sidgwick[7] das Prinzip der Fairness als Korrektiv-Prinzip[8] zum Utilitarismus eingeführt und hat Rawls[9] sein

1 kohärent: in sich stimmig.
2 rekonstruieren: wiederherstellen, in seiner ursprünglichen Gestalt sichtbar machen.
3 distributive Gerechtigkeit: Verteilungsgerechtigkeit.
4 Feudalgesellschaft: eine vor allem im Mittelalter verbreitete Gesellschaftsform, in der eine adlige Oberschicht von Grundbesitzern die Herrschaft über leibeigene Bauern ausübt.
5 Bentham: Jeremy Bentham (1748–1832), englischer Philosoph der Aufklärung und Begründer des Utilitarismus.
6 Brandt: Richard Booker Brandt (1910–1997), amerikanischer Moralphilosoph und Vertreter des Utilitarismus.
7 Sidgwick: Henry Sidgwick (1838–1900): englischer Philosoph und Vertreter des Utilitarismus.
8 Korrektiv-Prinzip: ein Prinzip, das die Schwächen eines anderen Prinzips ausgleichen soll.
9 Rawls: John Rawls (1921–2002), amerikanischer Moralphilosoph, Vertreter des Liberalismus und einer deontologischen Ethik.

anfängliches Wohlwollen gegenüber dem Utilitarismus zurückgenommen, um eine Theorie der Gerechtigkeit zu entwickeln, deren Grundbegriff gerade die Fairness ist.

Für sich allein genommen, ohne die Gerechtigkeit als Korrektiv, stellt der Utilitarismus eine Art von Kollektivegoismus dar, dem eine Unterdrückung oder Benachteiligung von Minderheiten, selbst eine Verletzung unveräußerlicher Menschenrechte erlaubt ist – sofern sie sich mit einer größeren Besserstellung der Mehrheit verbindet und die kollektive Glücksbilanz verbessert. Der Handlungsutilitarismus erlaubt es sogar, in Krisensituationen einen Unschuldigen zu töten, falls dadurch das soziale Wohlergehen befördert werde.

Der Gegensatz von Utilitarismus und dem Prinzip der Gerechtigkeit bzw. der Fairness ist aber keineswegs so krass, wie er zunächst erscheint. Nur in einer oberflächlichen Überlegung sind Nützlichkeitserwägungen von Verteilungsproblemen gänzlich unabhängig. Eine solche Überlegung geht zum Beispiel davon aus, dass es 100 Einheiten von Freude gibt, die auf 100 Personen verteilt werden sollen, wobei viele Verteilungsmodi existieren, die alle zu demselben kollektiven Gesamtnutzen führen. Sicherlich ist es für den kollektiven Gesamtnutzen gleichgültig, ob man jeder Person eine Einheit, jeder zehnten zehn Einheiten oder einer Person alle 100 Einheiten von Freude und den anderen 99 Personen nichts zukommen lässt. Jedoch kommen nicht die Einheiten von Freude selbst zur Verteilung, sondern Dinge, die Freude machen, zum Beispiel bestimmte Konsumgüter. Wenn man nun 100 Äpfel auf 100 Personen verteilen soll, so ist der kollektive Gesamtnutzen sehr wohl davon abhängig, ob man jedem einen Apfel, jedem zehnten zehn oder einem alle 100 Äpfel gibt. Denn nach dem Gesetz des abnehmenden Grenznutzens – einer Folge der begrenzten Kapazität von Bedürfnissen und Interessen – wird das Verspeisen des ersten Apfels mehr Freude machen als das des dritten oder vierten; und entsprechend dem Hunger, Obstmangel etc. wird der fünfte, zehnte oder zwanzigste Apfel zur Qual.

Der Gegensatz von Utilitarismus und Gerechtigkeit mildert sich also bei näherer Betrachtung ab. Unter bestimmten empirischen Annahmen, namentlich dem Gesetz des abnehmenden Grenznutzens, folgt aus dem Utilitarismus sogar eine strenge Gleichbehandlung (jedem dieselbe Menge, also genau einen Apfel). Bestehen bleibt jedoch, dass nach dem Utilitarismus das Leid der einen gegen das Wohlergehen der anderen verrechnet werden darf, ohne dass man den Beteiligten einen Ausgleich anbieten müsste. So kehrt bei Gerechtigkeit und kollektivem Wohlergehen der Utilitarismus die Rangfolgen um, die wir für moralisch richtig halten. Während der Utilitarismus aber nur Entscheidungen gleichen Kollektivwohls, also *wohlfahrts*indifferente[10] Alternativen, für Gerechtigkeitserwägungen freigibt, erscheint uns die genaue Umkehrung als eher richtig: nur Entscheidungen, die gleicherweise gerecht sind, also *gerechtigkeits*indifferente[11] Alternativen, zusätzlich dem Kriterium des maximalen kollektiven Wohls zu überlassen. Utilitaristen halten sich gern zugute, dass sie einem moralischen Rigorismus[12] entgehen, der gewisse moralische Verbindlichkeiten als unter allen Umständen gültig erklärt. Im Fall der Gerechtigkeit und der Menschenrechte scheint aber der sonst gern verfemte moralische Rigorismus uns allein sachgemäß zu sein. Wer einen Unschuldigen tötet, begeht – aus welchen Gründen auch immer er handelt –, ein eklatantes[13] Unrecht.

10 wohlfahrtsindifferent: ohne Belang für das Ziel des allgemeinen Wohls.
11 gerechtigkeitsindifferent: ohne Belang für das Ziel der Gerechtigkeit.
12 moralischer Rigorismus: Einstellung, die eine strikte und unbedingte Einhaltung moralischer Regeln fordert.
13 eklatant: auffällig, offenkundig.

FORUM

Zur Texterschließung

1 | Wie begegnet Mill dem Einwand, dass das Handlungsziel des Glücks im Sinne von Lust den Menschen auf eine Stufe mit den Schweinen stellt?

2 | Welchen »Beweis« führt Mill für die These an, dass Glück ein Gut für die Gesamtheit der Menschen ist?

3 | Wie sieht Mill die Beziehung zwischen Glück und dem, was man normalerweise Tugend nennt?

4 | Welches sind nach Smart die grundsätzlichen Unterschiede zwischen dem »extremen« und dem »eingeschränkten« Utilitarismus?

5 | Wie verhält sich nach Smart der »extreme« Utilitarist gegenüber moralischen Regeln? Wie wirkt sich dies in der Praxis aus? Nennen Sie Beispiele aus dem Text!

6 | Mit welchen Argumenten ergreift Smart Partei für den »extremen« Utilitarismus?

7 | Wie ist Höffes These zu verstehen, der Utilitarismus sei eine Form des »Kollektivegoismus«?

8 | Erläutern Sie anhand Höffes Beispiel der 100 Äpfel, wie sich utilitaristische und Gerechtigkeitsprinzipien in der Praxis einander annähern können!

9 | Erklären Sie Höffes Forderung, nur »gerechtigkeitsindifferente« Fragen dürften dem Gesichtspunkt des allgemeinen Wohls unterworfen werden!

Der neuzeitliche Utilitarismus – Zur Diskussion

1 | In der amerikanischen Verfassung ist das Recht des Einzelnen verankert, sein eigenes Glück zu verfolgen. Inwieweit lässt sich dieser Verfassungsgrundsatz mit dem Utilitarismus Mills begründen?

2 | Diskutieren Sie Mills Begriff des »allgemeinen Glücks« als einem »Gut für die Gesamtheit der Menschen«! Inwiefern ist Ihrer Meinung nach dieses Glück nur die Summe des Glücks der Einzelnen oder ist es etwas, was von den Einzelnen auch Opfer und Versicht auf persönliches Glücksstreben verlangt? Versuchen Sie den Begriff des »allgemeinen Glücks« im Sinne von Allgemeinwohl näher zu beschreiben!

3 | Immanuel Kant (1724–1804) hat in seinem Aufsatz »Über ein vermeintes Recht aus Menschenliebe zu lügen« (1797; siehe Treffpunkt Phil. Bd. 1, S. 99) die Auffassung vertreten, eine Lüge sei unter allen Umständen unmoralisch. Dabei führt er das Beispiel eines Mannes an, der einen unschuldig Verfolgten versteckt und mit der Frage der Verfolger nach dem Verbleib des Gesuchten konfrontiert wird. Wie würde sich ein Vertreter des Handlungsutilitarismus (»extremer Utilitarismus«) und wie ein Vertreter des Regelutilitarismus (»eingeschränkter Utilitarismus«) verhalten?
Welche Position würden Sie selbst einnehmen und wie würden Sie sie begründen? Versuchen Sie in kritischer Auseinandersetzung mit Smart Argumente für und gegen die Deutung der moralischen Norm »Du sollst nicht lügen« als einer Faustregel zu finden!

4 | In den westlichen Gesellschaften der 80er und 90er Jahre hat sich der Begriff der »Zweidrittel-Gesellschaft« eingebürgert, mit dem eine Entwicklung beschrieben wird, in der zwei Drittel der Bevölkerung von Wachstum und Wohlstand profitieren, während ein Drittel zunehmend verarmt. Beurteilen Sie diese Entwicklung nach utilitaristischen und nach Gerechtigkeitsgrundsätzen! Inwieweit oder inwieweit nicht unterstützt das Beispiel die Kritik Höffes am Utilitarismus?

INFOBOX

Die teleologische Ethik und ihre Geschichte

Ob das Streben nach Glück überhaupt etwas mit moralischem Handeln zu tun hat, ist unter heutigen Philosophen höchst umstritten. Für die Philosophie der Antike dagegen war es selbstverständlich, dass tugendhaftes Handeln auf ein Ziel (griech. »telos«) bezogen ist. Die meisten Philosophen sahen dieses »telos« im Glück, ja sie glaubten, dass wahres Glück überhaupt erst durch ein tugendhaftes Leben erreicht werden kann. Alle bedeutenden Strömungen der antiken Ethik gehören deshalb zur teleologischen Ethik, der neben der deontologischen Ethik (→ Info IV) verbreitetsten Form der normativen Ethik in der Philosophiegeschichte.

Als Eudämonismus (abgeleitet vom griechischen Begriff »eudaimonia« = Glück) vertritt sie die Lehre, dass das Ziel des moralischen Handelns im Hervorbringen und Erreichen von Glück besteht. Doch der griechische Begriff »eudaimonia« meint nicht genau dasselbe wie der deutsche Begriff »Glück«, den wir oft mit Wohlleben oder mit rauschhaft positiven Empfindungen verbinden. Er meint nicht ein momentanes Empfindungsglück, sondern ein Erfüllungsglück, ein dauernder, erworbener Zustand der psychischen und geistigen Stabilität. Es ist ein Zustand, der häufig mit dem Begriff »Seelenruhe« bezeichnet wird und das Wissen darüber einschließt, welche Güter und Werte wichtig und welche unwichtig sind. »Eudaimonia« verwirklicht zu haben, heißt mehr als nur »Glück gehabt zu haben«. Es bedeutet, dass das Leben als Ganzes gelungen und erfüllt ist. Der Eudämonismus begründet wie die spätere neuzeitliche Glücksethik moralisches Handeln damit, dass es dazu dient, unbezweifelbar wichtige Güter oder Zwecke hervorzubringen. Genau damit steht er in einem grundsätzlichen Gegensatz zur deontologischen Ethik (→ Info IV).

Da Glück als ein dauerhafter Zustand verstanden wurde, der durch Tugend erreichbar ist, beschäftigte sich die antike Ethik weniger mit Regeln und Normen und legte stattdessen besonderes Gewicht auf die Erziehung und Einübung von Tugenden. Die antike Glücksethik war daher immer auch Tugendethik. Von den vier »Kardinaltugenden«, wie sie zuerst von *Platon* (427–347 v.Chr.) gelehrt wurden, galt Gerechtigkeit als oberste Tugend, die aber zugleich Weisheit, Tapferkeit und Besonnenheit umfasste (→ Info VIII). Die Tugenden wurden in den antiken Philosophenschulen aber nicht nur theoretisch vermittelt, sondern es wurde auch versucht ein glückliches Leben zu praktizieren. Der antike Eudämonismus ist damit nicht nur Moralphilosophie, sondern auch Weisheitslehre, eine »Philosophie der Lebenskunst« (→ Info VIII). Der moralisch richtig handelnde Mensch ist gleichzeitig der weise Mensch.

Große Unterschiede gab es jedoch in der Antike in der Definition des Glücks und in der konkreten Beschreibung einer tugendhaften Lebensform. *Aristoteles* (384–322 v.Chr.) entwickelt in der *Nikomachischen Ethik* zwei Glücksvorstellungen: eine, so könnte man sagen, für den Alltagsgebrauch und eine zweite für einige auserwählte Wenige. Im Alltagsleben empfiehlt er ein Leben, das Extreme in jeder Hinsicht vermeidet und sich für die vernünftige Mitte entscheidet. Tugend, so lautet eine berühmte Definition des Aristoteles, ist eine »Mitte für uns«. Was das näherhin heißen soll, kann man z.B. an der Kardinaltugend der Tapferkeit illustrieren. Wahre Tapferkeit ist als die »Mitte« zwischen Feigheit und gedankenloser Tollkühnheit zu verstehen. Tugend besteht danach im Einklang mit dem gesunden Menschenverstand im Vermeiden jeden Übermaßes (→ Info VIII). Das wahre und höchste Glück findet der Mensch nach Aristoteles jedoch nur in einer geistig und kontemplativ bestimmten Lebensform. Der Mensch als Vernunftwesen verwirklicht sich nur dann, wenn sein Leben ganz der Tätigkeit der Vernunft gewidmet ist. Deshalb ist auch »sophia«, Weisheit, für Aristoteles die höchste Tugend. Eine solche philosophische Lebensform ist aber nur denjenigen möglich, die von aller körperlichen Arbeit befreit sind.

Eine ganz andere Lebensform und eine ganz andere Definition von Glück wird von *Epikur* (341–271 v. Chr.) und der von ihm begründeten Schule gelehrt. Für Epikur besteht das Glück in der »hedone«, ein Begriff, der manchmal mit »Lust« und manchmal mit »Freude« übersetzt wird. Er entspricht am ehesten dem englischen Begriff »pleasure«. Epikurs Eudämonismus ist deshalb ein Hedonismus. Ein tugendhaftes Leben besteht nach Epikur darin, Freude und Lust zu fördern. In seinen *Briefen an Menoikeus* erläutert Epikur, dass damit jedoch ein zurückgezogenes, sehr gemäßigtes und vernunftgeleitetes Leben gemeint ist, in dem der Mensch auf allen Luxus und alle nicht notwendigen Güter verzichtet. Eine der Lebensregeln des Epikur lautete: »Lebe im Verborgenen« (→ Info I, VIII). Nicht zufällig nennt Epikur den Zustand des Glücks und der Seelenruhe »ataraxia«, wörtl. ein Zustand frei von Bewegung und Unruhe.

Eine eindeutige Abkehr vom Hedonismus vollzogen die Stoiker. Gegründet wurde die Stoa von dem aus Zypern stammenden Philosophen *Zenon* (ca. 333–262 v. Chr.) und in römischer Zeit fortgeführt von Philosophen wie *Seneca* (ca. 4–65), *Epiktet* (55–138) und *Marc Aurel* (121–180). Für die Stoa lag Glück und Seelenruhe in der »apatheia«, wörtl., in der Befreiung von »pathologischen«, affektbestimmten Einflüssen des Handelns. Was damit gemeint ist, lässt sich am Beispiel der Sucht erläutern. Wenn jemand nicht mehr Herr über seine Bedürfnisse ist, sondern sich von ihnen beherrschen lässt, wenn Affekte die Vernunft beherrschen statt von ihr beherrscht zu werden, verliert der Mensch seine moralische Selbstbestimmung und verfehlt den Zustand des Glücks. Affekte sind für die Stoiker unmäßige und überzogene Triebe. Tugendhaftes Handeln, das zur »apatheia« führt, besteht deshalb in der Kontrolle der Vernunft über die Affekte. Kein Schmerz, keine Freude darf mich also »übermannen«. Auch wenn bei den Stoikern die vernünftige Beherrschung der Affekte als Weg zum Glück im Zentrum stand, kannten sie jedoch auch moralische Pflichten, die den eigennützigen Interessen des Individuums Grenzen setzen. Obgleich sie Vertreter des Eudämonismus waren, haben sie doch auch Anstöße zu einer deontologischen Ethik gegeben (→ Info I, IV).

Mit dem zunehmenden Einfluss des Christentums verlor der Eudämonismus sein Gewicht in der philosophischen Ethik. Zwar schrieb der frühchristliche Philosoph *Augustinus* (354–430) noch ganz in der Tradition der Antike eine Abhandlung mit dem Titel *De beata vita* (»Vom glücklichen Leben«), in der Glück als Ziel eines tugendhaften Lebens genannt wird. Aber sowohl die Vernunft als leitendes Prinzip des Handelns als auch die vier Kardinaltugenden haben keinen eigenständigen Wert mehr, wenn sie nicht im Dienst des Glaubens stehen. Wichtiger als weltliche Tugenden sind die neuen religiösen Tugenden Glaube, Liebe, Hoffnung; das wahre Glück ist nicht mehr in der Seelenruhe, sondern im Glauben, in der Vereinigung mit Gott zu finden (→ Info VIII). Eine gewisse Aufwertung erfährt das weltliche Glück im Hochmittelalter in der Ethik des scholastischen Philosophen *Thomas von Aquin* (1225–1274). Zwar setzt Thomas wie Augustinus die religiösen Tugenden über die weltlichen, doch als Schüler des Aristoteles erkennt er auch den Wert der weltlichen Tugenden an, die zu einer »natürlichen«, wenn auch unvollkommenen Glückseligkeit führen.

Renaissancephilosophen wie *Erasmus von Rotterdam* (1469–1536) oder *Thomas Morus* (1478–1535) machten sich wieder ganz die antike Lehre vom Glück als dem natürlichen Ziel menschlichen Handelns zu eigen, verteidigten diese Position aber mit dem religiösen Argument, Gott habe den Menschen zum irdischen Glück bestimmt.

Dass Tugend und Glück, moralisches Handeln und Handeln im Interesse der eigenen, natürlichen Bedürfnisse untrennbar miteinander verbunden sind, war auch die gängige Meinung der Philosophie der Aufklärung. In der Ethik des deutschen Aufklärers *Christian Wolff* (1679–1754) werden moralische Anstrengungen und Glückstreben als Teil des natürlichen Vollkommenheitsstrebens des Menschen gesehen (→ Info IV). Diese Vollkommenheit bezieht sich aber nicht nur auf das Individuum. In der Aufklärung wird das Glück des Individuums mit dem Glück der Gesellschaft bzw. der gesamten Gattung verknüpft. Der Eudämonismus der Antike wird also zu einem »Sozialeudämonismus«. Besonders ausgeprägt ist dieser Sozialeudämonismus in der britischen Aufklärung. Für *Anthony Ashley Cooper, Earl of Shaftesbury* (1671–1713) ist die Natur des Menschen auf Harmonie mit der Gesellschaft angelegt. Im moralischen Handeln werden diese Anlagen zur Geltung gebracht. Es befördert das Glück des Individuums, indem es den Hang zur Geselligkeit und zum allgemeinen gesellschaftlichen Wohl befördert. Auch die beiden schottischen Aufklärer *Francis Hutcheson* (1694–1774) und *David Hume* (1711–1777) gehen von einer angeborenen menschlichen Anlage und Neigung zum moralischen Handeln aus, die sich z.B. im Wohlwollen (»benevolence«) ausdrückt und die im Dienst des natürlichen menschlichen Glücksstrebens steht (→ Info I).

Gemeinsam ist den britischen Aufklärern die Überzeugung, dass Tugenden und moralisches Handeln sich dadurch rechtfertigen lassen, dass sie bestimmte Konsequenzen hervorbringen, nämlich Glück und allgemeines Wohlergehen. Mit seiner radikalen Kritik an der teleologischen Ethik hat der deutsche Aufklärer *Immanuel Kant* (1724–1804) nicht nur die deontologische Ethik zu einem Höhepunkt geführt (→ Info IV), sondern auch dazu beigetragen, dass die teleologische Ethik selbst eine neue Entwicklung nahm. Als neben der deontologischen Ethik bedeutendste Richtung der modernen Moralphilosophie entstand der moderne Utilitarismus als neue Form des Sozialeudämonismus. In ihm stehen nicht mehr Tugenden, sondern vielmehr, wie in der Ethik Kants, Regeln und Normen im Mittelpunkt. Als ihr Begründer gilt *Jeremy Bentham* (1748–1832) mit seiner Schrift *Einführung in die Prinzipien der Moral und der Gesetzgebung* (1789). Der Begriff »Utilitarismus« ist von dem lateinischen Wort »utile« = nützlich abgeleitet. Die Utilitaristen gehen, anders als Kant, von einem letzten Zweck moralischer Handlungen aus, nämlich dem Allgemeinwohl. Nützlich ist das, was dem Interesse der Gemeinschaft dient, die als Summe der Einzelinteressen aufgefasst wird. Das höchste moralische Gut besteht nach Bentham in dem Glück der größtmöglichen Anzahl von Menschen. Dieses Glück bemisst sich nach der Quantität der Lust bzw. Freude, die es enthält. Das Nützlichkeitsprinzip wird als Kriterium dafür angesehen, ob eine Handlung moralisch gut oder schlecht ist, aber auch als Kriterium zur Beurteilung und Befolgung moralischer Regeln.

Der wichtigste Nachfolger Benthams als Vertreter des klassischen Utilitarismus war *John Stuart Mill* (1806–1873). Auch Mill gründete seine Ethik auf das Glück als dem natürlichen Ziel menschlichen Handelns. In seinem Werk *Utilitarismus* (1863) versuchte er den Nachweis zu führen, dass das Streben nach individuellem Glück auch stets zum allgemeinen Wohl führt und dass deshalb persönliches Glück und allgemeines Glück im Grunde miteinander übereinstimmen. Um sich gegen den Vorwurf, Glück sei identisch mit einfacher sinnlicher Lust, zu wehren, unterschied er zwischen qualitativ höherwertigem und qualitativ minderwertigem Glück. Dabei griff er auch auf traditionelle antike Vorstellungen zurück, indem er z.B. einem geistig bestimmten Glück einen höheren Wert zumaß. Auch zwischen dem normalerweise praktizierten moralischen Handeln und dem utilitaristischen Nützlichkeitskalkül sah er keinen Widerspruch.

Auch der dritte »klassische« Utilitarist, *Henry Sidgwick* (1838–1900), ist der Meinung, dass das Nützlichkeitsprinzip der Utilitaristen dem »common sense«, dem normalen moralischen Menschenverstand entspricht. In seinem Hauptwerk, *Die Methoden der Ethik* (1874), behauptet er sogar, dass zwischen dem utilitaristischen Grundprinzip »Maximiere das allgemeine Wohl« und dem kategorischen Imperativ Kants (→ Info IV) Übereinstimmung besteht.

Im 20. Jahrhundert hat sich der Utilitarismus fortentwickelt und ist zur einflussreichsten ethischen Theorie in den angelsächsischen Ländern geworden. Dabei wurde auch Kritik am klassischen Utilitarismus des 19. Jahrhunderts geübt. Warum, so fragte man sich z.B., soll ich, wenn ich utilitaristische Grundsätze ernst nehme, meine Schulden zurückzahlen, wenn dies weder mein persönliches Glück fördert noch von allgemeinem Nutzen ist? Im Rahmen dieser Diskussion führten Utilitaristen des 20. Jahrhunderts wie *Richard B. Brandt* (1910–1997) oder *John J. C. Smart* (geb. 1920) die Unterscheidung zwischen einem extremen Utilitarismus, dem sogenannten »Handlungsutilitarimus«, und einem eingeschränkten Utilitarismus, dem »Regelutilitarismus«, ein. Für den Handlungsutilitaristen ist der Nutzen jeder einzelnen Handlung bestimmend. Eine moralische Regel kann also nur den Wert einer Faustregel haben. Für den Regelutilitaristen ist dagegen nicht die einzelne Handlung, sondern die konsequente Befolgung von Regeln entscheidend. Nur dadurch ist der längerfristige allgemeine Nutzen erreichbar, der sich oft nur dann ergibt, wenn man den Nutzen im Einzelfall zurückstellt und man über längere Zeit eine Regel konsequent befolgt. Smart selbst neigt dabei dem Handlungsutilitarismus zu, Brandt ist, wie die meisten Utilitaristen heute, ein Vertreter des Regelutilitarismus.

Wie der klassische Utilitarismus so glaubt auch der sogenannte »Kommunitarismus«, dass sich moralisches Handeln am Glück und am Wohl von Gemeinschaften (»communities«) orientieren muss. Aber im Gegensatz zum Utilitarismus wird die Rolle von Tugenden, insbesondere von Gemeinschaftstugenden, wie z.B. dem Patriotismus, wieder aufgewertet. Nicht nur der Staat, sondern auch kleinere soziale Verbände wie die Familie oder die Gemeinde zählen zu den für den moralisch Handelnden wichtigen Gemeinschaften. Es gibt, wie einer der prominentesten Kommunitarier, *Michael Walzer* (geb. 1935) dies in seinem Hauptwerk nannte, verschiedene *Sphären der Gerechtigkeit* (1983). Andere bekannte Vertreter dieser Position sind *Alasdair MacIntyre* (geb. 1929), *Charles Taylor* (geb. 1931) und *Martha C. Nussbaum* (geb. 1947). Nussbaum beruft sich auf die Tugendlehre des Aristoteles und begreift Glück und das gute Leben als natürliche Handlungsziele. Nussbaum vertritt zwar keinen strengen Relativismus (→ Info I), glaubt aber, dass dieses Glück je nach Gemeinschaft und Kultur unterschiedlich definiert werden muss. Der Kommunitarismus als eine neuere Richtung der teleologischen Ethik ist eine Reaktion auf die Individualisierung und die zunehmende Anonymität der modernen westlichen Gesellschaften, indem er versucht, auf die wichtige Funktion von Gruppenmoral und Gruppenloyalitäten im menschlichen Leben hinzuweisen.

IV AUF DER SUCHE NACH DER »GOLDENEN REGEL« – PFLICHTETHIK, KATEGORISCHER IMPERATIV UND DISKURSETHIK

Einführung

Zuweilen beobachten wir Menschen, die sich moralisch korrekt oder sogar verdienstvoll verhalten, von denen wir aber wissen, dass ihre eigentliche Absicht dabei eine ganz andere ist. Sie haben bei ihrem Handeln ihren eigenen Vorteil vor Augen, sie handeln moralisch aus Eigennutz. Karitative Organisationen zu unterstützen verdient sicher moralische Anerkennung. Wie ist es aber, wenn diese Unterstützung dazu dient, fragwürdig erworbenes Geld zu waschen oder Steuern zu sparen? Wir haben ein ungutes Gefühl, wenn hinter einer Handlung keine »moralische Gesinnung« oder kein »guter Wille« steht. Es scheint ganz so, als ob es richtige und falsche Gründe für moralisches Handeln gibt. Ein Handeln, das sich vornehmlich am eigenen Nutzen ausrichtet, scheint mit einer »moralischen Gesinnung« nicht vereinbar zu sein.

Andererseits scheinen aber auch bestimmte Tugenden wie Mitleid oder Hilfsbereitschaft keine Gewähr dafür zu bieten, dass wir immer das moralisch Richtige tun. Handeln wir z. B. moralisch, wenn wir einem an Entzug leidenden Drogensüchtigen aus Mitleid zu seinem »Stoff« verhelfen?

Dass das moralisch Gute einer Handlung nicht in persönlichen Interessen, in »moralischen Gefühlen«, aber auch nicht im Erfolg oder Nutzen liegt, ist der Kerngedanke der so genannten »deontologischen« Ethik. Eine deontologische Ethik versucht die Auffassung, dass moralische Regeln aus Pflicht – also auch dann, wenn dies meinen persönlichen Wünschen und Interessen entgegenläuft – befolgt werden müssen, zu rechtfertigen, ohne auf Handlungsziele und -zwecke Bezug zu nehmen. Gesucht wird ein Maßstab, an dem wir messen können, ob und wann unser Handeln moralisch ist, d.h. wir wollen wissen, was die »Pflicht« jeweils von uns fordert.

Ein solcher Maßstab ist uns in einer populären Form in der so genannten *Goldenen Regel* gegeben: »Was du nicht willst, dass man dir tu, das füg auch keinem andern zu!«

Die Suche nach einer »Goldenen Regel«, nach einem moralischen »Grundgesetz« hat auch die Geschichte der deontologischen Ethik bestimmt. Kants kategorischer Imperativ ist das berühmteste Beispiel dafür.

Doch kann moralisches Handeln wirklich ganz auf den Gedanken des Zwecks und des Nutzens verzichten? Bedeutet ein Handeln aus Pflicht, dass ich kein positives Interesse an dem Inhalt der Handlung nehmen darf? Kann Handeln aus Pflicht nicht auch zu einem leeren formalen Ritus werden, den andere für schlechte Zwecke ausnutzen können? Finden wir Hinweise auf letzte moralische Maßstäbe etwa in den akzeptierten Spielregeln einer vernünftigen, auf Verständigung ausgerichteten Argumentation, wie dies die »Diskursethik« behauptet?

IV 1: Immanuel Kant: a) Guter Wille und Pflichtethik
b) Hypothetischer und kategorischer Imperativ

Die Bedeutung Immanuel Kants für die Geschichte der Philosophie wird häufig mit der der beiden großen griechischen Philosophen Platon und Aristoteles verglichen. Als Vertreter der Aufklärung setzte er sein Vertrauen in die menschliche Vernunft und die Mündigkeit des Menschen. Seine Grundanschauung fasste er in der Aufforderung: »Sapere aude!« (Wage es, dich deines eigenen Verstandes zu bedienen) zusammen. Sowohl in der theoretischen als auch in der praktischen Philosophie leitete Kant eine grundlegende Neuorientierung ein. In der Erkenntnistheorie vollzog Kant die von ihm selbst so genannte »kopernikanische Wende«, dass die vom Menschen erfahrene Welt bloße »Erscheinung« ist und daher nicht mit der Wirklichkeit selbst (»Ding an sich«) identifiziert werden darf.
In der Ethik vollzog Kant eine völlige Abkehr von dem Gedanken, moralisches Handeln diene dem menschlichen Glück oder dem »guten Leben«. Indem er die These aufstellte, dass nur der gute Wille, die Gesinnung, für die moralische Qualität einer Handlung entscheidend sei und dass bei einem Konflikt zwischen Neigung und Pflicht die Pflicht immer den Vorrang habe, wurde er zum Hauptvertreter der Pflichtethik. Die oberste Grundregel moralischen Handelns formulierte er im so genannten kategorischen Imperativ.

Emil Doerstling, Kant mit Freunden bei Tisch, um 1900

Kants erkenntnistheoretisches Hauptwerk ist die Kritik der reinen Vernunft *(1781). In der darauf folgenden* Kritik der praktischen Vernunft *(1788) entwickelte er seine Ethik, deren Grundsätze er bereits 1785 in der* Grundlegung zur Metaphysik der Sitten *in geraffter Form dargelegt hatte. Die dritte »Kritik«, die* Kritik der Urteilskraft *(1790), ist der Naturphilosophie und Ästhetik gewidmet.*
Immanuel Kant wurde am 22.4.1724 im damals preußischen Königsberg geboren und verbrachte sein gesamtes Leben in seiner Heimatstadt. Einer Handwerkerfamilie entstammend, wurde er nach einem Studium der Mathematik, Naturwissenschaften und Philosophie und nach einer längeren Wartezeit als Privatdozent 1770 zum Professor für Philosophie an der Universität Königsberg ernannt. Nach einem äußerlich ereignislosen Leben, das ganz der philosophischen Arbeit gewidmet war, starb Kant hoch angesehen am 12.2.1804.
In den folgenden ausgewählten Abschnitten aus der Grundlegung zur Metaphysik der Sitten *entwickelt Kant seine Argumente für eine Pflichtethik und für die Geltung des kategorischen Imperativs.*

a) Guter Wille und Pflichtethik

Es ist überall nichts in der Welt, ja überhaupt auch außer derselben zu denken möglich, was ohne Einschränkung für gut könnte gehalten werden, als allein ein guter Wille. Verstand, Witz, Urteilskraft und wie die *Talente* des Geistes sonst heißen mögen, oder Mut, Entschlossenheit, Beharrlichkeit im Vorsatze, als Eigenschaften des *Temperaments*, sind ohne Zweifel in mancher Absicht gut und wünschenswert; aber sie können auch äußerst böse und schädlich werden, wenn der Wille, der von diesen Naturgaben Gebrauch machen soll und dessen eigentümliche Beschaffenheit darum *Charakter* heißt, nicht gut ist. Mit den

Glücksgaben ist es ebenso bewandt. Macht, Reichtum, Ehre, selbst Gesundheit und das ganze Wohlbefinden und Zufriedenheit mit seinem Zustande, unter dem Namen der *Glückseligkeit*, machen Mut und hierdurch öfters auch Übermut, wo nicht ein guter Wille da ist, der den Einfluss derselben aufs Gemüt und hiermit auch das ganze Prinzip zu handeln berichtige und allgemein-zweckmäßig mache; ohne zu erwähnen, dass ein vernünftiger und unparteiischer Zuschauer sogar am Anblicke eines ununterbrochenen Wohlergehens eines Wesens, das kein Zug eines reinen und guten Willens ziert, nimmermehr ein Wohlgefallen haben kann, und so der gute Wille die unerlässliche Bedingung selbst der Würdigkeit, glücklich zu sein, auszumachen scheint. [...]

Der gute Wille ist nicht durch das, was er bewirkt oder ausrichtet, nicht durch seine Tauglichkeit zur Erreichung irgendeines vorgesetzten Zweckes, sondern allein durch das Wollen, d.i. an sich gut und, für sich selbst betrachtet, ohne Vergleich weit höher zu schätzen als alles, was durch ihn zu Gunsten irgendeiner Neigung, ja wenn man will der Summe aller Neigungen, nur immer zustande gebracht werden könnte. Wenngleich durch eine besondere Ungunst des Schicksals, oder durch kärgliche Ausstattung einer stiefmütterlichen Natur es diesem Willen gänzlich an Vermögen fehlte, seine Absicht durchzusetzen; wenn bei seiner größten Bestrebung dennoch nichts von ihm ausgerichtet würde, und nur der gute Wille (freilich nicht etwa als ein bloßer Wunsch, sondern als die Aufbietung aller Mittel, soweit sie in unserer Gewalt sind) übrig bliebe: so würde er wie ein Juwel doch für sich selbst glänzen als etwas, das seinen vollen Wert in sich selbst hat. Die Nützlichkeit oder Fruchtlosigkeit kann diesem Werte weder etwas zusetzen noch abnehmen. [...]

Um aber den Begriff eines an sich selbst hochzuschätzenden und ohne weitere Absicht guten Willens, so wie er schon dem natürlichen gesunden Verstande beiwohnt und nicht sowohl gelehrt als vielmehr nur aufgeklärt zu werden bedarf, diesen Begriff, der in der Schätzung des ganzen Wertes unserer Handlungen immer obenan steht und die Bedingung alles Übrigen ausmacht, zu entwickeln: wollen wir den Begriff der *Pflicht* vor uns nehmen, der den eines guten Willens, obzwar unter gewissen subjektiven Einschränkungen und Hindernissen, enthält, die aber doch, weit gefehlt, dass sie ihn verstecken und unkenntlich machen sollten, ihn vielmehr durch Abstechung heben und desto heller hervorscheinen lassen. [...]

Eine Handlung aus Pflicht hat ihren moralischen Wert *nicht in der Absicht*, welche dadurch erreicht werden soll, sondern in der Maxime[1], nach der sie beschlossen wird, hängt also nicht von der Wirklichkeit des Gegenstandes der Handlung ab, sondern bloß von dem *Prinzip des Wollens*, nach welchem die Handlung unangesehen aller Gegenstände des Begehrungsvermögens geschehen ist. Dass die Absichten, die wir bei Handlungen haben mögen, und ihre Wirkungen, als Zwecke und Triebfedern des Willens, den Handlungen keinen unbedingten und moralischen Wert erteilen können, ist aus dem Vorigen klar. Worin kann also dieser Wert liegen, wenn er nicht im Willen in Beziehung auf deren verhoffte Wirkung bestehen soll? Er kann nirgend anders liegen *als im Prinzip des Willens*, unangesehen der Zwecke, die durch solche Handlung bewirkt werden können; denn der Wille ist mitten inne zwischen seinem Prinzip *a priori*[2], welches formell ist, und zwischen seiner Triebfeder *a posteriori*[3], welche materiell ist, gleichsam auf einem Scheidewege, und da er doch irgend wodurch muss bestimmt werden, so wird er durch das formelle[4] Prinzip des Wollens

1 Maxime: persönlicher Handlungsgrundsatz.
2 a priori (lat.): »vom Früheren her«, nicht der Erfahrung, sondern ausschließlich der Vernunft entnommen.
3 a posteriori (lat.): »vom Späteren her«, der sinnlichen Wahrnehmung und der Erfahrung entnommen.
4 formell/materiell (hier): durch die Form/inhaltlich bestimmt.

überhaupt bestimmt werden müssen, wenn eine Handlung aus Pflicht geschieht, da ihm alles materielle[4] Prinzip entzogen worden. [...]

Es liegt also der moralische Wert der Handlung nicht in der Wirkung, die daraus erwartet wird, also auch nicht in irgendeinem Prinzip der Handlung, welches seinen Bewegungsgrund von dieser erwarteten Wirkung zu entlehnen bedarf. Denn alle diese Wirkungen (Annehmlichkeit seines Zustandes, ja gar Beförderung fremder Glückseligkeit) konnten auch durch andere Ursachen zustande gebracht werden, und es brauchte also dazu nicht des Willens eines vernünftigen Wesens[5], worin gleichwohl das höchste und unbedingte Gute allein angetroffen werden kann. Es kann daher nichts anderes als die *Vorstellung des Gesetzes* an sich selbst, *die freilich nur im vernünftigen Wesen stattfindet*, sofern sie, nicht aber die verhoffte Wirkung, der Bestimmungsgrund des Willens ist, das so vorzügliche Gute, welches wir sittlich nennen, ausmachen, welches in der Person selbst schon gegenwärtig ist, die danach handelt, nicht aber allererst aus der Wirkung erwartet werden darf.

Was kann das aber wohl für ein Gesetz sein, dessen Vorstellung, auch ohne auf die daraus erwartete Wirkung Rücksicht zu nehmen, den Willen bestimmen muss, damit dieser schlechterdings und ohne Einschränkung gut heißen könne? Da ich den Willen aller Antriebe beraubt habe, die ihm aus der Befolgung irgendeines Gesetzes entspringen könnten, so bleibt nichts als die allgemeine Gesetzmäßigkeit der Handlungen überhaupt übrig, welche allein dem Willen zum Prinzip dienen soll, d.i. ich soll niemals anders verfahren als so, *dass ich auch wollen könne, meine Maxime solle ein allgemeines Gesetz werden.* Hier ist nun die bloße Gesetzmäßigkeit überhaupt (ohne irgendein auf gewisse Handlungen bestimmtes Gesetz zum Grunde zu legen), das, was dem Willen zum Prinzip dient und ihm auch dazu dienen muss, wenn Pflicht nicht überall ein leerer Wahn und chimärischer[6] Begriff sein soll; hiermit stimmt die gemeine Menschenvernunft in ihrer praktischen Beurteilung auch vollkommen überein und hat das gedachte Prinzip jederzeit vor Augen.

Die Frage sei z.B.: darf ich, wenn ich im Gedränge bin, nicht ein Versprechen tun in der Absicht es nicht zu halten? Ich mache hier leicht den Unterschied, den die Bedeutung der Frage haben kann, ob es klüglich oder ob es pflichtmäßig sei ein falsches Versprechen zu tun. Das erstere kann ohne Zweifel öfters stattfinden. Zwar sehe ich wohl, dass es nicht genug sei, mich vermittelst dieser Ausflucht aus einer gegenwärtigen Verlegenheit zu ziehen, sondern wohl überlegt werden müsse, ob mir aus dieser Lüge nicht hinterher viel größere Ungelegenheit entspringen könne, als die sind, von denen ich mich jetzt befreie, und da die Folgen bei aller meiner vermeinten *Schlauigkeit* nicht so leicht vorauszusehen sind, dass nicht ein einmal verlorenes Zutrauen mir weit nachteiliger werden könnte als alles Übel, das ich jetzt zu vermeiden gedenke; ob es nicht *klüglicher* gehandelt

Jacques-Louis David, Der Schwur der Horatier, 1784

5 »vernünftiges Wesen«: der Mensch, insofern er sich als von der Vernunft bestimmtes Wesen versteht.
6 chimärisch: phantastisch, eingebildet.

sei, hierbei nach einer allgemeinen Maxime zu verfahren und es sich zur Gewohnheit zu machen, nichts zu versprechen als in der Absicht es zu halten. Allein es leuchtet mir hier bald ein, dass eine solche Maxime doch immer nur die besorglichen Folgen zum Grunde habe. Nun ist es doch etwas ganz anderes, aus Pflicht wahrhaft zu sein, als aus Besorgnis der nachteiligen Folgen: indem im ersten Falle der Begriff der Handlung an sich selbst schon ein Gesetz für mich enthält, im zweiten ich mich allererst anderwärtsher umsehen muss, welche Wirkungen für mich wohl damit verbunden sein möchten. Denn wenn ich von dem Prinzip der Pflicht abweiche, so ist es ganz gewiss böse; werde ich aber meiner Maxime der Klugheit abtrünnig, so kann das mir doch manchmal sehr vorteilhaft sein, wiewohl es freilich sicherer ist, bei ihr zu bleiben. Um indessen mich in Ansehung der Beantwortung dieser Aufgabe, ob ein lügenhaftes Versprechen pflichtmäßig sei, auf die allerkürzeste und doch untrügliche Art zu belehren, so frage ich mich selbst: Würde ich wohl damit zufrieden sein, dass meine Maxime (mich durch ein unwahres Versprechen aus Verlegenheit zu ziehen) als ein allgemeines Gesetz (sowohl für mich als andere) gelten solle? Und würde ich wohl zu mir sagen können: es mag jedermann ein unwahres Versprechen tun, wenn er sich in Verlegenheit befindet, daraus er sich auf andere Art nicht ziehen kann? So werde ich bald inne, dass ich zwar die Lüge, aber ein allgemeines Gesetz zu lügen gar nicht wollen könne; denn nach einem solchen würde es eigentlich gar kein Versprechen geben, weil es vergeblich wäre, meinen Willen in Ansehung meiner künftigen Handlungen anderen vorzugeben, die diesem Vorgehen doch nicht glauben oder, wenn sie es übereilterweise täten, mich doch mit gleicher Münze bezahlen würden; mithin meine Maxime, sobald sie zum allgemeinen Gesetze gemacht würde, sich selbst zerstören müsse.

Was ich also zu tun habe, damit mein Wollen sittlich gut sei, dazu brauche ich gar keine weit ausholende Scharfsinnigkeit. Unerfahren in Ansehung des Weltlaufs, unfähig auf alle sich ereignenden Vorfälle desselben gefasst zu sein, frage ich mich nur: Kannst du auch wollen, dass deine Maxime ein allgemeines Gesetz werde? Wo nicht, so ist sie verwerflich, und das zwar nicht um eines dir oder auch anderen daraus bevorstehenden Nachteils willen, sondern weil sie nicht als Prinzip in eine mögliche allgemeine Gesetzgebung passen kann. [...]

b) Hypothetischer und kategorischer Imperativ

Alle *Imperativen* nun gebieten entweder *hypothetisch*[7] oder *kategorisch*[8]. Jene stellen die praktische Notwendigkeit einer möglichen Handlung als Mittel zu etwas anderem, was man will (oder doch möglich ist, dass man es wolle), zu gelangen vor. Der kategorische Imperativ würde der sein, welcher eine Handlung als für sich selbst, ohne Beziehung auf einen anderen Zweck, als objektiv-notwendig vorstellte.

Weil jedes praktische Gesetz eine mögliche Handlung als gut und darum für ein durch Vernunft praktisch bestimmbares Subjekt als notwendig vorstellt, so sind alle Imperativen Formeln der Bestimmung der Handlung, die nach dem Prinzip eines in irgendeiner Art guten Willens notwendig ist. Wenn nun die Handlung bloß *wozu anders* als Mittel gut sein würde, so ist der Imperativ *hypothetisch*; wird sie als *an sich* gut vorgestellt, mithin als notwendig in einem an sich der Vernunft gemäßen Willen, als Prinzip desselben, so ist er *kategorisch.*

Der Imperativ sagt also, welche durch mich mögliche Handlung gut wäre, und stellt die praktische Regel in Verhältnis auf einen Willen vor, der darum nicht sofort eine Handlung tut, weil sie gut ist, teils weil das Subjekt nicht immer weiß, dass sie gut sei, teils weil, wenn es dieses auch wüsste, die Maximen desselben doch den objektiven Prinzipien einer praktischen Vernunft zuwider sein könnten.

Der hypothetische Imperativ sagt also nur, dass die Handlung zu irgendeiner *möglichen* oder *wirklichen* Absicht gut sei. Im ersten Falle ist er ein problematisch[9]-, im zweiten *assertorisch*[10]-praktisches Prinzip. Der kategorische Imperativ, der die Handlung ohne Beziehung auf irgendeine Absicht, d.i. auch ohne irgendeinen anderen Zweck, für sich als objektiv notwendig erklärt, gilt als ein *apodiktisch*[11]-praktisches Prinzip. […]

Das Wollen nach diesen dreierlei Prinzipien wird auch durch die *Ungleichheit* der Nötigung des Willens deutlich unterschieden. Um diese nun auch merklich zu machen, glaube ich, dass man sie in ihrer Ordnung am angemessensten so benennen würde, wenn man sagte: sie wären entweder *Regeln* der Geschicklichkeit, oder *Ratschläge* der Klugheit, oder *Gebote (Gesetze)* der Sittlichkeit. Denn nur das *Gesetz* führt den Begriff einer *unbedingten* und zwar objektiven und mithin allgemein gültigen *Notwendigkeit* bei sich, und Gebote sind Gesetze, denen gehorcht, d.i. auch wider Neigung Folge geleistet werden muss. Die *Ratgebung* enthält zwar Notwendigkeit, die aber bloß unter subjektiver zufälliger Bedingung, ob dieser oder jener Mensch dieses oder jenes zu seiner Glückseligkeit zähle, gelten kann; dagegen der kategorische Imperativ durch keine Bedingung eingeschränkt wird, und als absolut-, obgleich praktisch-notwendig ganz eigentlich ein Gebot heißen kann. […]

Der kategorische Imperativ ist also ein einziger und zwar dieser: *Handle nur nach derjenigen Maxime, durch die du zugleich wollen kannst, dass sie ein allgemeines Gesetz werde.*

7 hypothetisch (hier): unter der Bedingung eines vorgegebenen Zwecks.
8 kategorisch: unbedingt, in jedem Fall.
9 problematisch (hier): möglich, auf einen noch zu definierenden Zweck bezogen.
10 assertorisch (hier): behauptend, auf einen wirklich vorhandenen und gegebenen Zweck bezogen.
11 apodiktisch: unumstößlich, notwendig.

IV 2: Alasdair MacIntyre: Der kategorische Imperativ als unzureichendes Prüfverfahren

Alasdair MacIntyre wurde 1929 in Irland geboren. Er lehrte Philosophie und Soziologie an verschiedenen britischen Universitäten, bevor er 1979 in die USA auswanderte. Dort arbeitete er ebenfalls an mehreren Universitäten, zunächst als Dozent für Geistesgeschichte (»history of ideas«) und seit 1988 als Professor der Philosophie. MacIntyre wird dem so genannten »Kommunitarismus« zugerechnet, einer von Nordamerika ausgehenden Richtung der praktischen Philosophie, die einen radikalen Individualismus ablehnt und stattdessen die Bedeutung gesellschaftlicher Gemeinschaften (»communities«) und die Bedeutung von Gemeinschaftstugenden betont. Von seinen zahlreichen Büchern sind im Deutschen u. a. seine Geschichte der Ethik im Überblick *(1966) und* Der Verlust der Tugend. Zur moralischen Krise der Gegenwart *(1981) erschienen.*
Seine Kritik am kategorischen Imperativ ist dem Kapitel über Kant aus der Geschichte der Ethik *entnommen.*

Die Lehre vom kategorischen Imperativ gibt mir ein Prüfverfahren an die Hand, vorgeschlagene Maximen[1] zurückzuweisen; sie sagt mir nicht, woher ich die Maximen nehmen soll, die die Notwendigkeit für ein Prüfverfahren allererst nahelegen. Folglich verhält sich Kants[2] Lehre parasitär[3] zu einer schon existierenden Moral, innerhalb derer sie uns erlaubt, die Spreu vom Weizen zu trennen, oder genauer, innerhalb derer sie uns erlauben würde, die Spreu vom Weizen zu trennen, falls das Prüfverfahren, das sie zur Verfügung stellt, zuverlässig wäre. Aber es ist in Wirklichkeit nicht zuverlässig, auch nach seinen eigenen Begriffen nicht. Denn die kantische Prüfung einer wahren moralischen Vorschrift besteht darin, dass ich sie auf konsistente[4] Weise verallgemeinern kann. Nun kann aber mit genügendem Einfallsreichtum fast jede Vorschrift auf konsistente Weise verallgemeinert werden. Denn ich brauche nur die vorgeschlagene Handlung so zu charakterisieren, dass die Maxime mir zu tun erlaubt, was ich will, andere aber davon abhält zu tun, was die Maxime, falls sie universalisiert wäre, aufheben würde. Kant fragt, ob ich auf konsistente Weise die Maxime universalisieren kann, meine Versprechen nach Belieben zu brechen. Stellen wir uns einmal vor, er habe untersucht, ob ich die Maxime »Ich darf mein Versprechen nur brechen, wenn ...« auf konsistente Weise universalisieren kann. Die Lücke wird durch eine beschreibende Darstellung gefüllt, die so konzipiert ist, dass sie sich auf meine gegenwärtigen Umstände anwenden lässt, aber auf nur wenige andere, und auf keine von der Art, dass es mir Unannehmlichkeiten bereitete, wenn jemand anders dieser Maxime folgte. [...]

Daraus folgt, dass praktisch das Prüfverfahren des kategorischen Imperativs nur denjenigen Restriktionen auferlegt, die mit Einfallsreichtum nur unzureichend gesegnet sind. Das dürfte kaum das sein, was Kant hatte erreichen wollen.

Die inhaltsleere logische Formalität des Prüfverfahrens des kategorischen Imperativs hat selbst eine gesellschaftliche Bedeutung. Weil der kantische Begriff der Pflicht so formal ist, dass man ihm fast jeden Inhalt geben kann, ist er dazu geeignet, eine Sanktion und ein Motiv für die bestimmten Pflichten abzugeben, die eine bestimmte gesellschaftliche und

1 Maxime: persönlicher Handlungsgrundsatz.
2 Kant: Immanuel Kant (1724–1804), bedeutendster deutscher Philosoph der Aufklärung, entwickelte die Lehre vom kategorischen Imperativ als oberstem Moralprinzip.
3 parasitär: schmarotzerhaft, nur in Abhängigkeit existenzfähig.
4 konsistent: logisch stimmig, widerspruchsfrei.

moralische Tradition vorgibt. Weil diese den Begriff der Pflicht von den Begriffen der Ziele, Zwecke und Bedürfnisse löst, legt sie nahe, dass, sobald eine vorgeschlagene Handlungsweise gegeben ist, ich mich fragen kann, ob ich, wenn ich in derselben Weise handle, auf konsistente Weise wollen kann, dass man allgemein so handle, und dass ich nicht mehr fragen darf, welche Ziele oder Zwecke diese Handlung verfolgt. Jeder, der nach dem kantischen Begriff der Pflicht erzogen wurde, ist, so gesehen, zu einem leichtgängigen Konformismus[5] gegenüber Autoritäten erzogen worden.

Nichts könnte selbstverständlich weiter von den Absichten oder dem Geist Kants entfernt sein. Er will das moralische Individuum als einen Standpunkt oder ein Kriterium ausweisen, das über und außerhalb jeder gesellschaftlichen Ordnung steht. Er sympathisiert mit der Französischen Revolution. Er hasst Unterwürfigkeit und schätzt geistige Unabhängigkeit. Nach seinem Dafürhalten ist Paternalismus[6] die schlimmste Form des Despotismus. Aber die Konsequenzen seiner Lehre geben zumindest in der deutschen Geschichte zu der Vermutung Anlass, dass der Versuch, einen moralischen Standpunkt zu finden, der von der gesellschaftlichen Ordnung völlig unabhängig ist, die Suche nach einer Illusion ist, einer Illusion, die den Einzelnen in viel stärkerem Maße zum konformistischen Diener einer gesellschaftlichen Ordnung macht als die Moral derjenigen, die sich die Unmöglichkeit eines Verhaltenskodex[7] eingestehen, der nicht wenigstens zu einem gewissen Grad die Bedürfnisse von Menschen in bestimmten gesellschaftlichen Umständen zum Ausdruck bringt.

5 Konformismus: Haltung der Anpassung.
6 Paternalismus: System der Bevormundung.
7 Verhaltenskodex: Regelwerk, in dem Verhaltensvorschriften festgelegt sind.

FORUM

Zur Texterschließung

1 | Was zeichnet nach Kant den guten Willen in moralischer Hinsicht gegenüber dem Charakter oder dem menschlichen Glücksstreben aus?

2 | Was versteht Kant unter einer »Handlung aus Pflicht«? Wie hängt nach Kant der Begriff der Pflicht mit dem des guten Willens zusammen?

3 | Erläutern Sie den von Kant getroffenen Unterschied zwischen der hypothetischen und kategorischen Geltung von Imperativen.

4 | Versuchen Sie, den Inhalt des kategorischen Imperativs mit Ihren eigenen Worten zu formulieren.

5 | Wie begründet MacIntyre seine Behauptung, das Prüfverfahren des kategorischen Imperativs sei eine »inhaltsleere, logische Formalität«?

6 | Versuchen Sie MacIntyres Beispiel, »Ich darf mein Versprechen brechen, wenn …«, so zu Ende zu formulieren, dass es mit dem kategorischen Imperativ übereinstimmt.

7 | Erläutern Sie die These MacIntyres, dass jeder, der nach dem kantischen Begriff der Pflicht erzogen wurde, zu einem »leichtgängigen Konformismus« erzogen wurde. Mit welchen Argumenten lehnt MacIntyre Kants Versuch ab, einen moralischen Standpunkt zu finden, der von der gesellschaftlichen Ordnung völlig unabhängig ist?

Pflicht, Gesinnung und Verantwortung – Zur Diskussion

1 | Welche Rolle spielt der Begriff der Pflicht in Ihrem Elternhaus, in der Schule oder in Ihrem sonstigen Lebensumkreis? Wird er im Sinne Kants oder anders verwendet?

2 | Viele Deutsche, die an den Verbrechen der Nazis zwischen 1933 und 1945 mitgewirkt haben, haben ihr damaliges Handeln später mit dem Satz gerechtfertigt: »Ich habe nur meine Pflicht getan«, d.h. sie beriefen sich darauf, die damals geltenden Gesetze und Befehle ausgeführt zu haben.
Steht diese Rechtfertigung Ihrer Meinung nach im Widerspruch zum Pflichtbegriff Kants oder ist dies, im Sinne MacIntyres, eine mögliche Konsequenz daraus, dass »der kantische Pflichtbegriff so formal ist, dass man ihm fast jeden Inhalt geben kann«?

3 | Inwiefern oder inwiefern nicht ist die Existenz der *Goldenen Regel*, die in verschiedenen Formulierungen in vielen Kulturen als moralische Grundregel akzeptiert wird, ein Argument gegen den moralischen Relativismus (vgl. I 5–6)? Diskutieren Sie die Vereinbarkeit oder Unvereinbarkeit der *Goldenen Regel* mit dem theoretischen und dem normativen Relativismus (vgl. I 6).

4 | Diskutieren Sie die Frage, ob Kants kategorischer Imperativ dazu taugt, zwischen gerechten und ungerechten Gesetzen zu unterscheiden. Wie muss z.B. ein Gesetz, das andere Ethnien oder Rassen diskriminiert (Beispiele: die Rassengesetze der Nazis, die Apartheid im früheren Südafrika), im Licht des kategorischen Imperativs beurteilt werden. Ziehen Sie dabei auch die anderen Formeln des kategorischen Imperativs zu Rate.

FORMELN DES KATEGORISCHEN IMPERATIVS
Kant hat in der *Grundlegung zur Metaphysik der Sitten* neben der Hauptformel des kategorischen Imperativs drei weitere Formeln genannt, die nach seiner Ansicht aus der Grundformel ableitbar sind: die »Naturgesetzformel« (a), die »Menschheitszweckformel« (b) und die »Autonomieformel« (c). Sie lauten:
a) Handle so, als ob die Maxime deiner Handlung durch deinen Willen zum allgemeinen Naturgesetz werden sollte.
b) Handle so, dass du die Menschheit, sowohl in deiner Person als in der Person eines jeden anderen, jederzeit zugleich als Zweck, niemals bloß als Mittel brauchst.
c) (Moralisches Handeln besteht darin), keine Handlung nach einer anderen Maxime zu tun, als so, ... dass der Wille durch seine Maxime sich selbst zugleich als allgemein gesetzgebend betrachten könne.

5 | Für Kant ist die Moralfähigkeit eines Wesens Ausdruck seiner Vernunftbestimmtheit, seiner Freiheit und Autonomie. Diese Eigenschaften bündeln sich im Begriff der Person. Der Mensch ist Person in dem Sinne, dass er mehr ist als ein bloßes Naturwesen, dass er nicht bloßes Mittel zum Zweck, sondern Selbstzweck ist.
Diskutieren Sie erstens die Frage, inwieweit Behinderte oder psychisch Kranke im kantischen Sinne als moralfähig angesehen werden können, und zweitens, ob und wie man aus Kants Ethik moralische Verpflichtungen gegenüber Tieren ableiten kann.

6 | Für Kant ist allein die Gesinnung, die sich in der positiven Haltung zum obersten Prinzip der Moral, dem kategorischen Imperativ, ausdrückt, Kriterium und Merkmal moralischen Handelns. Demgegenüber unterscheidet der Soziologe und Philosoph Max Weber (1864–1920) zwischen einer so genannten »Gesinnungsethik« und einer »Verantwortungsethik«, in der auch die möglichen Folgen einer Handlung mitbedacht werden.
Stellen Sie sich dazu folgende Konfliktsituation vor: Durch einen Akt illegaler Informationsbeschaffung, der mit einem Bruch bestehender Verträge verbunden wäre, könnte man einen drohenden Krieg verhindern.
Welches Verhalten fordert hier der kategorische Imperativ, welches Verhalten wäre im Sinne der Verantwortungsethik Webers? Wie würden Sie selbst in einem solchen Falle entscheiden? Begründen Sie Ihre Meinung.
In welcher Weise lässt sich Webers Begriff der »Verantwortungsethik« mit den Grundgedanken einer teleologischen Ethik, insbesondere mit denen des Utilitarismus (vgl. III), verbinden?

7 | In seinem Werk »Das Prinzip Verantwortung« (1979), das sich als »Versuch einer Ethik für die technologische Zivilisation« versteht, hat Hans Jonas (1903–1993) einen neuen, ökologischen Imperativ formuliert:
»›Handle so, dass die Wirkungen deiner Handlung verträglich sind mit der Permanenz echten Lebens auf Erden‹; oder negativ ausgedrückt: ›Handle so, dass die Wirkungen deiner Handlung nicht zerstörerisch sind für die künftige Möglichkeit solchen Lebens‹.«
Inwiefern ergänzt dieser Imperativ den kategorischen Imperativ Kants? Diskutieren Sie die Frage, ob beide Imperative miteinander in Widerspruch geraten können!

IV 3: Wolfgang Kuhlmann: Die Ethik der Kommunikation als Letztbegründung moralischer Normen

Wolfgang Kuhlmann, geb. 1939, gehörte lange Zeit zum Mitarbeiterkreis von Karl-Otto Apel, dem neben Jürgen Habermas wichtigsten Vertreter der Diskursethik. Er arbeitet am Forum für Philosophie in Bad Homburg. Zu seinen wichtigsten Veröffentlichungen gehört Reflexive Letztbegründung. Untersuchungen zur Transzendentalpragmatik (1984).
Der folgende Textauszug ist einem Beitrag entnommen, den Kuhlmann unter dem Titel »Ethik der Kommunikation« 1980 für den Band Funk-Kolleg Praktische Philosophie / Ethik *verfasst hat.*

Der Ausdruck »Ethik der Kommunikation« kann auf zwei Weisen verstanden werden. Einmal lässt er sich verstehen als Titel einer Spezialdisziplin der Ethik, einer regionalen Ethik analog etwa zu »Ethik der Medizin«. In diesem Fall wird mit dem Ausdruck »Kommunikation« auf einen bestimmten Bereich menschlichen Handelns Bezug genommen, als Bereich, der durch ethische Normen (über deren Herkunft wir hier nichts erfahren) reguliert werden kann oder soll. Kommunikatives Handeln selbst wird dann betrachtet als Handeln, das, wie jedes andere menschliche Handeln auch, immer schon sinnvoll auf seine Konformität mit geltenden oder als geltend unterstellten Normen hin befragt und bewertet werden kann. Es kommt in Betracht als Gegenstand moralischer Beurteilung.

Der Ausdruck »Ethik der Kommunikation« kann aber auch so verstanden werden, dass mit dem Prädikat »Kommunikation« nicht der besondere Anwendungsbereich einer speziellen Ethik, sondern vielmehr der Ursprungsort ethischer Normen angegeben werden soll. Bei dieser Lesart geht es nicht um Probleme der Anwendung ethischer Normen auf einen besonderen Bereich menschlicher Praxis, sondern um das Problem der Begründung ethischer Normen überhaupt. Entsprechend kommt hier kommunikatives Handeln ins Spiel nicht als bestimmte, anderen gleich geordnete Art des ethisch zu regulierenden und zu bewertenden Handelns, sondern vielmehr als etwas, das in einer noch zu erläuternden Weise für jedermann schlechthin verpflichtende Normen impliziert. [...]

Wenn wir uns um die Letztbegründung ethischer Normen bemühen, also um eine rationale, für jedermann verbindlich begründete Antwort auf die Frage: »Was sollen wir tun?«, dann finden wir uns zunächst in einer aussichtslosen Situation. Denn das, was gefordert zu sein scheint, nämlich bestimmte letzte Normen so zu begründen, dass wir methodisch auf einen jenseits diesen letzten Normen liegenden Grund ihrer Geltung zurückgehen, das ist unmöglich. Wir können weder auf Fakten zurückgehen, um diese Normen zu begründen, noch auf andere Normen. Wir können das Erste nicht, weil aus dem Sein nun einmal kein Sollen folgt, und wir können das Zweite nicht, weil dann die Normen, auf die wir zur Begründung rekurrieren[1] würden, ihrerseits die letzten und damit die philosophisch zu begründenden Normen wären. Was auch immer wir als Begründungsbasis in Anspruch nehmen, wir müssen uns seiner als tragfähiger Basis eigens versichern und d.h. von einer anderen Begründungsbasis aus begründen. [...]

Zu den Bedingungen der Möglichkeit sinnvoller Argumentation gehört zunächst die Existenz einer Argumentations- oder Kommunikationsgemeinschaft, der wir immer schon als Mitglied angehören und auf die wir immer schon qua Argumentierende[2] Bezug nehmen. In der These, dass Argumentation nicht sinnvoll als Handlung eines grundsätzlich einsamen

1 rekurrieren: zurückgreifen, zurückkommen, Bezug nehmen.
2 qua Argumentierende (lat.): als Argumentierende.

Subjekts gedacht werden kann, liegt der entscheidende Unterschied zwischen der sprachphilosophisch transformierten[3] Transzendentalphilosophie[4], der Transzendentalpragmatik[5] und dem klassischen Vorbild für dieses Begründungsmodell, der kantischen Transzendentalphilosophie[4]. Man kann die These vielleicht am einfachsten und kürzesten durch den Hinweis plausibel machen, dass die zu allen sinnvollen Argumenten erhobenen Geltungsansprüche nicht gegenüber *einem* irgendwie ausgezeichneten Subjekt (z.B. dem faktisch Argumentierenden selbst) erhoben werden, sondern grundsätzlich gegenüber jedermann. Die Formel: »Ich behaupte hiermit, dass x sich so und so verhält«, kann nicht anders verstanden werden als: »Ich behaupte hiermit gegen jedermann, dass x sich so und so verhält, und erkläre mich bereit, meine Behauptung auch gegen jedermann zu verteidigen.« Irgendwelche Einschränkungen hinsichtlich des Kreises derer, gegenüber denen der Geltungsanspruch erhoben wird, wären in Wahrheit Einschränkungen des Wahrheitsanspruchs selbst und tangierten sofort den Status der Äußerung als Behauptung. Mit der Anerkennung dieser Voraussetzung wird zugleich anerkannt, dass Argumentation an Kommunikation gebunden ist, dass Argumentation eine bestimmte Form der Kommunikation darstellt, und wir erhalten damit das Recht, von der hier vorzutragenden Konzeption als von einer Ethik der Kommunikation zu reden.

Zu den Bedingungen der Möglichkeit sinnvoller Argumentation bzw. Kommunikation gehört weiter, dass in der Argumentationsgemeinschaft bestimmte ethische Normen anerkannt werden. Das Ziel sinnvoller Argumentation – die Gewinnung von intersubjektiv[6] gültigen Aussagen bzw. in praktischen Diskursen[7] die Etablierung von intersubjektiv verbindlichen Normen – ist von vornherein nicht erreichbar, d.h. die gemeinsame Anstrengung wird sinnlos, wenn nicht von den Argumentierenden anerkannt wird, dass sie weder sich selbst noch andere belügen, noch sich selbst oder anderen die Argumentation verweigern, oder die Anerkennung gerechtfertigter Argumente ablehnen dürfen. Es ist ferner erforderlich, dass sich die Argumentierenden wechselseitig als wahrheits- und zurechnungsfähige, gleichberechtigte, aufrichtige Subjekte, kurz: als Personen im emphatischen Sinne[8] des Wortes anerkennen. Schließlich muss gelten, dass die Argumentation weder hinsichtlich der zu behandelnden Themen noch hinsichtlich der möglichen Teilnehmer irgendwelchen grundsätzlichen Einschränkungen unterliegen darf. [...]

Von diesen Normen, auf die ich inhaltlich hier nicht weiter eingehen möchte, gilt nur zunächst: Wir haben sie, insofern wir uns argumentierend um die Begründung ethischer Normen bemühen, immer schon notwendig anerkannt und sind nicht imstande, sie sinnvoll, d.h. ohne sie zugleich anzuerkennen und so uns selbst zu widersprechen, in ihrer Geltung zu bestreiten. Von ihnen gilt aber auch, dass wir sie nicht sinnvoll, ohne sie schon als gültig

3 sprachphilosophisch transformiert: mit den Begriffen und Methoden der Sprachphilosophie neu formuliert.

4 Transzendentalphilosophie/kantische Transzendentalphilosophie: abgeleitet von lat. »transcendere« übersteigen, über etwas hinausreichen: der von Immanuel Kant (1724–1804) begründete philosophische Ansatz, der nach den Bedingungen menschlicher Erkenntnis fragt, die »a priori«, d.h. vor aller Erfahrung als gültig vorausgesetzt werden.

5 Transzendentalpragmatik: ein von Karl-Otto Apel (geb. 1922), einem Hauptvertreter der Diskursethik, geprägter Begriff, der den transzendentalen Ansatz Kants (s.o.) mit einer »Pragmatik«, einer Lehre des Handelns, verbindet, indem er nach den Grundnormen fragt, die wir in unserem Handeln, insbesondere in unserer Kommunikation miteinander, immer schon voraussetzen.

6 intersubjektiv: alle Subjekte betreffend und umfassend

7 praktischer Diskurs: Diskurs, in dem es um die Rechtfertigung von Normen des Handelns geht.

8 im emphatischen Sinn: im eigentlichen, betonten Wortsinn.

vorauszusetzen, also ohne petitio principii[9], durch Rekurs auf einen Grund ihrer Geltung begründen können. Damit findet jetzt der zweite, bisher vernachlässigte Aspekt der Aporie[10], mit der wir angefangen hatten, seine Auflösung. Es hatte sich als unmöglich herausgestellt, letzte Normen durch Rückgang auf einen Grund ihrer Geltung, durch Rekurs auf eine Legitimationsquelle[11] zu begründen. Die Geltung letzter Normen kann nicht – wie bei näherer Betrachtung sofort klar wird – auf eine jenseits ihrer selbst liegende Quelle der Geltung zurückgeführt werden. Denn sofern sie letzte Normen sind, sind sie selbst die letzte Quelle der Geltung und können als solche – wie sich auch im Rahmen der transzendentalpragmatischen Konzeption gezeigt hat – nur *aufgedeckt*, reflexiv[12] einsichtig gemacht werden, aufgedeckt als dasjenige, das wir qua Argumentierende als Basis aller Geltung und Geltungsrechtfertigung immer schon notwendig anerkannt haben.

Nach dem bisher Vorgetragenen liegt es auf der Hand zu fragen: Wie kann man überhaupt sinnvoll redend in der Kommunikation gegen die ethischen Normen *verstoßen*, wenn gilt, wir müssen die Normen immer schon anerkannt haben, um überhaupt sinnvoll argumentieren und kommunizieren zu können? Nur unter der Voraussetzung aber, dass es möglich ist, in der Kommunikation gegen ethische Normen zu verstoßen, ist die Frage nach einer Ethik der Kommunikation im Sinne von Ethik *für* die Kommunikation sinnvoll. Wie also kann man jetzt noch verstehen, dass wir doch offenbar in der Lage sind, zu lügen oder zu täuschen, und dies manchmal sogar sehr geschickt? Wir können uns hier nicht so helfen, dass wir Lügen einfach als sinnlose, grundsätzlich missglückende Rede qualifizieren.

Ich denke, in folgender Analyse werden beide prima facie[13] einander widersprechenden Aspekte miteinander vereinbar: Wenn wir jemanden belügen, dann kommunizieren wir in gewisser Weise mit ihm, aber in gewisser Weise auch wieder nicht. Jedenfalls spielt der Belogene für uns nicht ausschließlich die Rolle eines Kommunikationspartners, *mit* dem wir uns über etwas verständigen, sondern er hat für uns zugleich auch den Status eines manipulierbaren Objekts, *über* das wir uns – um überhaupt zweckrational mit ihm umgehen zu können – mit anderen Subjekten [...] verständigen. In dieser Kommunikation mit anderen über den Belogenen sind die normativen Bedingungen unverzerrter Rede, ist die Ethik der Kommunikation notwendig immer schon vorausgesetzt, solange wir rational – und d.h. hier nur: zweckrational[14] – in Beziehung auf den Belogenen handeln. D.h. die Aspekte werden vereinbar dadurch, dass wir bei Lügen, Täuschungen und Manipulation zwei Dimensionen der kommunikativen Beziehung unterscheiden und auch unterscheiden müssen, auf die sich die unvereinbar erscheinenden Aspekte so verteilen lassen, dass wenigstens die Möglichkeit von dergleichen wie Lüge, Manipulation etc. konsistent[15] gedacht werden kann.

Wie kann man als argumentierendes Subjekt immer schon die normativen Voraussetzungen sinnvoller Kommunikation anerkannt haben und dennoch die Frage nach einer Ethik für die Kommunikation stellen, eine Frage, die nur unter der Voraussetzung sinnvoll ist, dass es einen Spielraum von möglichen Normensystemen gibt, die von Kommunizierenden anerkannt werden könnten, unter denen es also das Richtige zu finden gilt, eine Frage, die also voraussetzt, dass nicht jedermann, der kommuniziert, *die* Ethik der Rede immer schon notwendig als verbindlich anerkannt hat.

9 petitio principii (lat.): Erschleichung des Beweisgrundes.
10 Aporie: unauflösbarer Widerspruch, unlösbares Problem.
11 Legitimationsquelle: der letzte Ursprung oder Grund, durch den eine Sache, Handlung oder Norm gerechtfertigt ist.
12 reflexiv: rückbezüglich, in nachträglicher gedanklicher Vergewisserung.
13 prima facie (lat.): vom ersten Anschein her, auf den ersten Blick.
14 zweckrational: konsequent und logisch im Hinblick auf einen vorgegebenen Zweck.
15 konsistent: logisch stimmig, widerspruchsfrei.

Die Diskursteilnehmer

Die Schwierigkeit hängt an einer Äquivokation[16] im Begriff »Anerkennen«. Außerhalb der Philosophie verwenden wir das Wort überwiegend so, dass gilt: Wer etwas anerkannt hat, der hat explizit anerkannt und weiß in aller Regel, dass und was er anerkannt hat. Im Rahmen der Philosophie jedoch wird der Ausdruck sehr oft gebraucht, um auf etwas Bezug zu nehmen, das nur so rekonstruiert werden kann, als hätte es einen Akt der Anerkennung zu einem unbestimmten Zeitpunkt gegeben. So wird z. B. davon geredet, dass wir die Existenz der Ideen, die Bedingungen der Möglichkeit von Erfahrung oder die Regeln einer elementaren Logik *immer schon* anerkannt haben. Gleichwohl aber bedarf es einer besonderen Leistung der Erinnerung, der Anamnesis[17], der kritischen Rekonstruktion, um das schon Anerkannte allererst explizit in Besitz zu nehmen bzw. das know how in das know that umzuwandeln. Nun kann einmal der Fall eintreten, dass bestimmte Bereiche dessen, was wir vortheoretisch[18] wissen, noch gar nicht rekonstruiert sind, zum anderen ist auch nicht auszuschließen, dass eine faktische Rekonstruktion fehlerhaft ist. Werden diese Möglichkeiten eingeräumt, dann lässt sich ohne Schwierigkeiten denken, dass jemand etwas, das er schon immer anerkannt hat, auf der Ebene des expliziten know that bestreitet.

16 Äquivokation: Mehrdeutigkeit.

17 Anamnesis (griech.): Erinnerung, bei Platon (427–347 v. Chr.) im Sinne der Wiedererinnerung der Seele an Erkenntnisse aus einem früheren Dasein.

18 vortheoretisch: vor dem Zustand einer begrifflichen und theoretischen Klärung.

IV 4: Karl-Heinz Ilting: Sprachliche Konventionen begründen keine moralischen Normen

Karl-Heinz Ilting wurde 1926 in Düsseldorf geboren. Von 1966 bis zu seinem Tod 1984 lehrte er Philosophie an der Universität des Saarlandes in Saarbrücken. Bekannt wurde er vor allem durch die von ihm neu herausgegebenen Vorlesungen Hegels zur Rechtsphilosophie. In der Tradition der Ethik Hobbes' und Kants war Ilting in den 70er Jahren aber auch entscheidend daran beteiligt, dass die Frage nach der Begründung moralischer Normen in der deutschen Philosophie wieder aufgenommen und neu diskutiert wurde. Seine wichtigsten Veröffentlichungen zur Ethik sind Naturrecht und Sittlichkeit (1983) *und die posthum erschienene Aufsatzsammlung* Grundlegung der praktischen Philosophie (1994). *In einem der darin enthaltenen und hier auszugsweise abgedruckten Beiträge »Der Geltungsgrund moralischer Normen« setzt sich Ilting kritisch mit den Thesen der Diskursethik auseinander.*

In einer an Problemlösung orientierten Argumentationsgemeinschaft haben die Teilnehmer, wenn sie als solche zugelassen sind, einander nicht als gleichberechtigte Diskussionspartner, sondern eben nur als Teilnehmer anerkannt. [Sie haben] einander aber auch nicht als zurechnungsfähige (d.h. moralisch verantwortlich handelnde) Individuen anerkannt. Man braucht nicht erst daran zu denken, dass u.U. auch ein Computer Mitglied einer Argumentationsgemeinschaft sein könnte, um sich davon zu überzeugen, dass die Teilnehmer an einer gemeinsamen Bemühung um rationale Problemlösung als solche keine moralisch zurechenbaren Handlungen ausführen. Wie ein Computer – falsch programmiert oder fehlerhaft konstruiert – versagen kann, so können auch Diskussionspartner Fehler machen. Wenn sie etwa zur Klärung ihres Sprachgebrauchs und zur Abkürzung ihrer Diskussion terminologische Vereinbarungen treffen, so handelt es sich nicht etwa um ein allseitig moralisch bindendes Versprechen, sondern um eine im Blick auf die gemeinsame Bemühung getroffene Konvention, deren Einhaltung vom Handlungszweck her erforderlich ist, also wieder um einen hypothetisch-problematischen Imperativ[1]. Bei einem ein- oder wechselseitigen Versprechen wird eine Verhaltenserwartung begründet, die u.U. auch gegen die Interessen dessen, der sich gebunden hat, geltend gemacht werden kann; bei einer sprachlichen Konvention innerhalb einer Argumentationsgemeinschaft stört ihre Verletzung die gemeinsame Bemühung, zumal wenn sie unbemerkt bleibt, so dass der Betreffende, wissentlich oder nicht, sich selbst Steine in den Weg legt. [...]

Ein Versprechen nötigt einen u.U., bei divergierenden Handlungszwecken zu tun, was man (nicht mehr) möchte; eine sprachliche Konvention kann, im Blick auf den unverändert gemeinsamen Handlungszweck, abgeändert werden, da divergierende Interessen in diesem Fall nicht im Spiel sind. Sobald jemand Veranlassung hätte, einen Diskussionsteilnehmer mit moralischen Argumenten zur Beibehaltung sprachlicher Konventionen zu nötigen, wäre die Sachlichkeit einer gemeinsamen Bemühung um Problemlösung längst verloren gegangen. Wer in sachlicher Argumentation willentlich sprachliche Konventionen verletzt, handelt nicht moralisch verwerflich, sondern er beträgt sich wie jemand, der mit Bedacht beim Autofahren zugleich auf das Gaspedal und auf die Bremse tritt. Damit lässt sich auch der Eindruck der Absurdität bestätigen und aufklären, der am Anfang dieser Erörterung stand: Wer

1 hypothetisch-problematischer Imperativ: im Sinne Immanuel Kants (1724–1804) eine Norm, die nicht unbedingt, in jedem Falle, sondern nur unter der Voraussetzung eines vorher definierten Zwecks gilt.

ohne Wissen und Wollen die Regeln zweckrationalen Handelns verletzt, handelt *unvernünftig*, wer dies gar vorsätzlich tut, handelt *absurd*. Wer indes eine verbindliche Norm verletzt, er mag dabei zweckrational vorgehen oder nicht, handelt verwerflich.

Die impliziten Voraussetzungen einer rationalen Argumentation sind in der Bemühung um ein gemeinsames Handlungsziel begründet; sie enthalten folglich keine moralisch verbindlichen Normen, sondern lediglich zweckrational[2] bedingte, problematisch-hypothetische Imperative. Etwas ganz anderes, nämlich Verbindlichkeit, kommt erst dann ins Spiel, wenn nach dem Stellenwert des Handlungsziels selbst und der Beteiligung an der gemeinsamen Bemühung im Lebenszusammenhang der Individuen gefragt wird. Wenn sie etwa auf der Grundlage eines Werkvertrags Aufgaben einer Problemlösung übernommen haben und einer von ihnen, sei es aus Bequemlichkeit oder aus Gleichgültigkeit, den in der Aufgabe begründeten (problematisch-hypothetischen) Imperativen nicht oder nur unzureichend nachkommt, so kann ihm dies allerdings auch moralisch vorgeworfen werden. Der Vorwurf stützt sich alsdann aber nicht auf die Unzweckmäßigkeit seines Verhaltens, sondern auf die Tatsache, dass er sich durch seine Beteiligung moralisch und rechtlich gebunden hat.

Die These, »dass schon die ... in jeder Problemerörterung vorausgesetzte *rationale Argumentation* die Geltung universaler ethischer Normen voraussetzt«, ist damit widerlegt, weil diese Voraussetzungen sich allesamt als problematisch-hypothetische Imperative erwiesen haben – wie es nach diesem Ansatz eines Begründungsversuchs ja auch gar nicht anders sein konnte. Formal betrachtet liegt der für dieses Scheitern entscheidende Fehler in der Verwechslung der Verbindlichkeit moralischer Normen (eines kategorischen Imperativs[3]) mit der Zweckrationalität von »Regeln der Geschicklichkeit« (problematisch-hypothetischen Imperativen). Blickt man hingegen auf die Begründungsbasis dieses Versuchs, so kann man sein Scheitern auf einen intellektualistischen Fehlschluss[4] zurückführen: Statt die Verbindlichkeit moralischer Normen aus den Bedingungen moralisch verantwortlichen Handelns abzuleiten, stützt sich dieser Versuch auf die Bedingungen rationaler Argumentation, mithin auf Bedingungen unseres Verstandesgebrauchs. Solche Versuche sind bekanntlich so alt wie die Geschichte der Bemühungen um eine Begründung der Ethik selbst.

Friederike Ziegler, Der intellektualistische Fehlschluss – Sokrates und das Teufelchen im Kopf, 1999

2 zweckrational: konsequent und folgerichtig im Hinblick auf einen vorgegebenen Zweck.

3 kategorischer Imperativ: im Sinne Immanuel Kants (1724–1804) die unbedingt, in jedem Fall geltende moralische Grundnorm, an der sich alle anderen moralischen Normen messen lassen müssen.

4 intellektualistischer Fehlschluss, eine Form des »naturalistischen Fehlschlusses« (vgl. Info II), bei dem unberechtigterweise aus dem Bestehen von Vernunftprinzipien, in diesem Falle aus anerkannten Regeln der Argumentation, die Geltung einer moralischen Norm abgeleitet wird.

FORUM

Zur Texterschließung

1 | In welchem Sinne verwendet Kuhlmann den Ausdruck »Ethik der Kommunikation«?
2 | Welches ist nach Kuhlmann die »Aporie«, d.h. die aussichtslose Situation, in der sich jemand befindet, der sich um eine Letztbegründung moralischer Normen bemüht?
3 | Welche beiden Bedingungen der Möglichkeit sinnvoller Argumentation nennt Kuhlmann? Klären Sie gemeinsam mit Ihrem Lehrer, von welchem Philosophen Kuhlmann die Wendung »Bedingung der Möglichkeit« entlehnt? In welche Tradition stellt er sich damit und wo wird diese Tradition im Text ausdrücklich erwähnt?
4 | Auf welche beiden Einwände gegen eine »Ethik der Kommunikation« antwortet Kuhlmann am Ende des Textes?
5 | Welche grundsätzlichen Unterschiede sieht Ilting zwischen einem moralischen Versprechen und der Vereinbarung sprachlicher Konventionen?
6 | Warum enthalten nach Ilting die Voraussetzungen einer rationalen Argumentation keine moralisch verbindlichen Normen?

Kann man Moral »ausdiskutieren«? – Zur Diskussion

1 | Jürgen Habermas (geb. 1929), der zweite Hauptvertreter der Diskursethik, formuliert die Grundsätze seiner Position folgendermaßen:
»In der Diskursethik tritt an die Stelle des kategorischen Imperativs das Verfahren der moralischen Argumentation. Sie stellt den Grundsatz ›D‹ auf:
- dass nur diejenigen Normen Geltung beanspruchen dürfen, die die Zustimmung aller Betroffenen als Teilnehmer eines praktischen Diskurses finden können. Zugleich wird der kategorische Imperativ zu einem Universalisierungsgrundsatz ›U‹ herabgestuft, der in praktischen Diskursen die Rolle einer Argumentationsregel übernimmt:
- bei gültigen Normen müssen Ergebnisse und Nebenfolgen, die sich voraussichtlich aus einer allgemeinen Befolgung für die Befriedigung der Interessen eines jeden ergeben, von allen zwanglos akzeptiert werden können.«
(J. Habermas, Erläuterungen zur Diskursethik, Frankfurt/M. 1991, S. 12).

Diskutieren Sie, daran anlehnend, die Unterschiede zwischen der Diskursethik und der Ethik Kants unter Berücksichtigung folgender Gesichtspunkte:
- Worin besteht der wichtigste Unterschied zwischen dem Verfahren der moralischen Argumentation und dem Prüfungsverfahren, das Kant mit dem kategorischen Imperativ vorschlägt?
  Wie wirkt sich dieser Unterschied Ihrer Meinung nach für den Einzelnen aus, wenn er im Alltag über einen moralischen Konflikt zu entscheiden hat? Welche Überlegungen muss er im Sinne Habermas' und welche Überlegungen im Sinne Kants anstellen?
  Diskutieren Sie den Fall einer Schülerin, die vor der Frage steht, entweder ihre Schwangerschaft zu verheimlichen (also gegen das Verbot zu lügen zu verstoßen) oder den Rauswurf aus ihrem Elternhaus zu riskieren.
- Inwieweit geht die Berücksichtigung von »Ergebnissen und Nebenfolgen«, die bei Habermas die mögliche Geltung einer Norm beeinflussen, über die kantische Ethik hinaus? Inwieweit nähert sich Habermas mit dieser Forderung einem utilitaristischen Ansatz (→ III) an und in welchen Punkten unterscheidet er sich noch

grundsätzlich davon? Inwieweit ist eine solche Einbeziehung möglicher Folgen Ihrer Meinung nach berechtigt? Inwieweit ist sie in der Praxis durchführbar?

2 | Vertreter der Diskursethik behaupten, dass wir uns in moralischen Argumentationen auf eine »ideale« Sprechsituation oder Kommunikationsgemeinschaft beziehen müssen, in der jeder gleichberechtigt ist und in der es keinerlei Druck, Hierarchie oder Herrschaftsausübung gibt. Die Regeln dieser idealen Kommunikationsgemeinschaft würden zwar nicht immer befolgt, müssten aber nowendigerweise vorausgesetzt werden.
Versuchen Sie mit einer ausgewählten Gruppe von Schülern die Situation einer solchen idealen Kommunikationsgemeinschaft zu simulieren. Diskutieren Sie über die Berechtigung des moralischen Urteils »Abtreibungen sind moralisch verwerflich, weil sie das Grundrecht des Kindes auf Leben verletzen«. Wenden Sie dabei Habermas' Grundsatz ›D‹ und den Universalisierungsgrundsatz ›U‹ an. Diskutieren Sie dabei die gemeinsam gemachten Diskussionserfahrungen. Welche Regeln haben Sie dabei vorausgesetzt? Ziehen Sie Rückschlüsse auf das Diskursmodell!

3 | Nennen Sie Beispiele aus Ihrem Alltagsleben und Beispiele aus der Öffentlichkeit für einen Diskurs, bei dem alle Teilnehmer von dem jeweils anderen vermuten, dass sie nicht wahrheitsgemäß argumentieren, sondern taktischen Interessen folgen!

Jürgen Habermas in einer Diskussion mit Studenten

IV INFOBOX

Die deontologische Ethik und ihre Geschichte

Die deontologische Ethik ist zusammen mit der teleologischen Ethik (→ Info III) die wichtigste Richtung der normativen Ethik. Der Begriff »deontologisch« ist von dem griechischen Wort »deon« = Pflicht abgeleitet, weswegen die deontologische Ethik häufig auch als »Pflichtethik« bezeichnet wird. Im Gegensatz zum Utilitarismus vertritt sie die These, dass eine Handlung nicht durch ihre guten oder schlechten Folgen moralisch gut oder schlecht ist. Eine Lüge z.B. bleibt auch dann eine moralisch schlechte Handlung, wenn sie positive Folgen hat. Handlungen sind also bereits in sich moralisch gut oder schlecht, und zwar je nachdem, ob sie einem feststehenden obersten Moralprinzip entsprechen oder nicht. Für jeden, der moralisch handeln will, ist es daher, unabhängig von einem persönlichen Nutzen, Pflicht, sich für diejenigen Handlungen zu entscheiden, die diesem Prinzip entsprechen.

In einer ausgearbeiteten Form gibt es eine deontologische Ethik erst seit dem 17. Jahrhundert. Doch Ansätze dazu kann man bereits in der Philosophie der Antike finden. In seinem Hauptwerk *Politeia* nennt der griechische Philosoph *Platon* (427–347 v.Chr.) die sogenannte »Idee des Guten« als höchsten Maßstab für Gerechtigkeit und moralisches Handeln. Es ist ein Maßstab, der objektiv, unabhängig vom menschlichen Willen gilt und keiner Veränderung unterworfen ist. Zugänglich ist er nur durch die Vernunft, durch eine Art geistiger Schau (→ Info I, II).

Auch für die römisch-hellenistische Philosophenschule der Stoiker gibt es einen solchen objektiven Maßstab moralischen Handelns. Er liegt im »logos«, in einer kosmischen Vernunft, an der auch das Vernunftwesen Mensch seinen Anteil hat. Zwar halten die Stoiker, wie andere römisch-hellenistische Philosophenschulen auch, an der Idee des Glücks als dem Ziel moralischer Handlungen fest. Doch dieses Glück liegt in einem als naturgemäß verstandenen tugendhaften Handeln, das seinen Wert in sich selbst hat und nicht in den Folgen oder dem erreichten Nutzen (→ Info I, III). Ein solches pflichtgemäßes, der Vernunft angemessenes Handeln nannten die Stoiker »kathekon«. Die Stoiker waren auch die Ersten, die den Begriff eines »Naturrechts« geprägt haben, eines übergeordneten, im »logos« begründeten Rechts also, das die Grundlage für alle konkreten Moral- und Rechtsvorschriften abgibt.

Eine besondere Rolle für die spätere Entwicklung der deontologischen Ethik spielte auch der römische Philosoph *Cicero* (106–43 v.Chr.), der sowohl von Platon als auch von den Stoikern beeinflusst war. Dadurch, dass er in seinem Werk *De officiis* (Vom pflichtgemäßen Handeln) ausdrücklich zwischen moralischem und nützlichem Handeln unterschied, übte er insbesondere großen Einfluss auf die spätere Pflichtethik Kants aus. »Officium«, das pflichtgemäße Handeln, ist Ciceros Übersetzung für das stoische »kathekon«. Begründet wird »officium« durch das Ideal des »honestum«, des Angemessenen, Guten und Schönen, das sich an Platons Idee des Guten anlehnt.

Auch in der mittelalterlichen Philosophie, vor allem bei *Thomas von Aquin* (1225–1274), wurde die Idee eines Naturrechts und einer vom Nutzen unabhängigen Pflichtenlehre aufgegriffen, jetzt allerdings unter dem Vorzeichen des christlichen Glaubens. Das Naturrecht enthält bei Thomas die der menschlichen Vernunft zugänglichen obersten Gerechtigkeitsprinzipien, die in der göttlichen Vernunft begründet und ihr untergeordnet sind. Der oberste Grundsatz dieses Naturrechts ist formal und lautet: »Du sollst Gutes tun und Böses vermeiden!« Diesem Grundsatz ist wie in einer Pyramide ein Gerüst von Pflichten gegen uns selbst, gegen unsere Nächsten und gegenüber Gott untergeordnet.

Aufbauend auf der platonischen und stoischen Tradition, dass moralische Regeln und Pflichten von einem obersten Vernunftprinzip ableitbar sind, entwickelte sich seit dem 17. Jahrhundert eine von der Theologie unabhängige deontologische Ethik, in der aber rechtliche und moralische Verpflichtungen noch nicht klar getrennt wurden. Die These, dass dieses Vernunftprinzip letztlich in Gott begründet ist, wurde dabei zunehmend aufgegeben. Für den niederländischen Naturrechtler *Hugo Grotius* (1583–1645) ist das Naturrecht wie Platons Idee des Guten eine unveränderliche Vernunftwahrheit, die auch von Gott nicht verändert werden kann.

Der deutsche Rechtsphilosoph *Samuel Pufendorf* (1632-1695) hat die Ansätze Grotius'zu einer detaillierten Pflichtenlehre ausgearbeitet und in seinem Werk *Einleitung zur Staats- und Sittenlehre* (1673) zusammengefasst. So unterscheidet Pufendorf wie Thomas von Aquin zwischen Pflichten gegenüber Gott, gegenüber anderen und gegenüber sich selbst. Ebenso unterscheidet er zwischen »vollkommenen« Pflichten, Pflichten, die durch eine klare Regel festgelegt sind und immer zu befolgen sind, z.B. die Pflicht, nicht zu stehlen – und »unvollkommenen« Pflichten wie z.B. der Pflicht, wohltätig zu sein, deren Anwendung im Ermessen des Menschen liegt. Die Pflichten wiederum sind in einem »Naturgesetz« begründet, das verlangt, niemandem zu schaden, alle anderen Menschen als moralisch gleich zu betrachten und gegebene Abmachungen einzuhalten. Pufendorfs Pflichtenlehre hatte auch großen Einfluss auf *Christian Wolff* (1679–1754), einen führenden Vertreter des Rationalismus und der deutschen Aufklärung. Wolff verband allerdings seine Pflichtenlehre mit dem Handlungsziel des Glücks, weswegen er sowohl in die Geschichte der deontologischen als auch in die Geschichte der neuzeitlichen Glücksethik gehört (→ Info III).

Ihren Höhepunkt fand die deontologische Ethik in der Philosophie *Immanuel Kants* (1724–1804). In drei seiner Hauptwerke, der *Grundlegung zur Metaphysik der Sitten* (1785), der *Kritik der praktischen Vernunft* (1788) und der *Metaphysik der Sitten* (1797) legt er eine fundamentale Kritik jeder Art von teleologischer Ethik vor. Kant bestreitet, dass man den Wert moralischer Handlungen an ihren Folgen messen kann. Auch kann er nicht im Ziel der Glückseligkeit liegen, da die Menschen verschiedene Vorstellungen von Glückseligkeit haben. Ein moralisch guter Mensch und ein glücklicher Mensch, so Kant, sind keineswegs notwendigerweise dasselbe. Eine Handlung kann vielmehr nur dann moralisch gut genannt werden, wenn sie aus einem guten Willen, unabhängig von Nützlichkeits- oder Glückserwägungen erfolgt. Diesen guten Willen identifiziert Kant mit dem Pflichtbewusstsein, mit einer Bereitschaft, »aus Pflicht« zu handeln. Für den moralisch handelnden Menschen genügt es nach Kant nicht, moralische Regeln nur der Form nach zu befolgen. Moralische Gesinnung drückt sich vielmehr darin aus, dass man etwas tut, *weil* es Pflicht ist, dass die Pflicht selbst zum Antrieb des Handelns wird. Demgegenüber folgen rechtliche Normen, wie z.B. Straßenverkehrsgesetze, nicht einer inneren, sondern einer äußeren Gesetzgebung des Staates und verlangen keine moralische Gesinnung, kein Handeln »aus Pflicht«, sondern lediglich eine äußerlich korrekte Einhaltung, oder in den Worten Kants: ein »pflichtmäßiges« Handeln.

Durch diese Unterscheidung zwischen moralischem Handeln »aus Pflicht« und rechtlichem »pflichtmäßigem« Handeln wird Kant der Erste, der eine deutliche Abgrenzung zwischen moralischen und rechtlichen Normen vornimmt. Deshalb unterscheidet er auch zwischen dem Naturrecht als der Grundlage rechtlicher Normen und dem Sittengesetz als der Grundlage moralischer Normen.

Kant unterscheidet zwei Arten von Handlungsnormen: Maximen und Imperative. Maximen sind subjektive Handlungsregeln, z. B. »Geld investiere ich nie in Aktien.« Imperative sind objektive Handlungsregeln, die für jeden in einer ähnlichen Situation gelten. Unter den Imperativen unterscheidet Kant wiederum drei: hypothetisch-problematische, hypothetisch-assertorische und kategorische Imperative. Hypothetisch-problematische Imperative sind objektive Handlungsregeln, die aber einem beliebigen und begrenzten Zweck dienen. Wenn ich mir z. B. ein Auto leisten will, muss ich mich so verhalten, dass ich das entsprechende Geld dafür entweder verdiene oder spare. Hypothetisch-assertorische Imperative dienen dem Ziel des Glücks, von dem Kant, wie die meisten Philosophen vor ihm, annimmt, dass alle Menschen natürlicherweise danach streben.

Der kategorische Imperativ ist eine objektive Handlungsregel, die auf jede Zweck- und Zielvorstellung verzichtet. Als oberstes Moralprinzip ist er ein immer geltender und absolut verlässlicher Maßstab, an dem Handlungen und Handlungsnormen daraufhin überprüft werden können, ob sie moralisch sind oder nicht. Moralische Normen wie das Verbot zu lügen sind nach Kant immer und ohne jede Einschränkung zu befolgen. Nach Kant gibt es nur einen einzigen kategorischen Imperativ, von diesem aber verschiedene Formulierungen. Die berühmteste Formulierung lautet: »Handle nur nach derjenigen Maxime, durch die du zugleich wollen kannst, dass sie ein allgemeines Gesetz werde.« Es ist das Prinzip der sogenannten »Universalisierbarkeit«, d.h. der Verallgemeinerungsfähigkeit selbst, das hier zum wichtigsten Maßstab moralischer Handlungen genommen wird (→ Info II). Wenn ich mir z. B. in einer Notlage Geld ausleihe und die Rückzahlung für einen bestimmten Zeitpunkt verspreche, obwohl ich weiß, dass ich die Schulden nicht werde begleichen können, zerstöre ich mit meiner Handlung die Vertrauensgrundlage, auf der alle Versprechen beruhen. Ich kann deshalb nicht wollen, dass die Maxime »In einer Notlage darf man sich auch durch ein falsches Versprechen behelfen« allgemeines Gesetz werde.

Der kategorische Imperativ trägt nach Kant der Autonomie und der Würde des Menschen Rechnung, weil in ihm der Mensch nicht als Mittel zum Zweck, sondern als Selbstzweck gesehen wird. Diese Aspekte werden in den anderen Formulierungen des kategorischen Imperativs noch deutlicher ausgedrückt. In einer heißt es z. B.: »Handle so, dass du die Menschheit sowohl in deiner Person, als in der Person eines jeden andern jederzeit zugleich als Zweck, niemals bloß als Mittel brauchst.« Wie Pufendorf entwickelt Kant, auf der Basis des kategorischen Imperativs, ein umfangreiches System untergeordneter Pflichten. Pflichten gegenüber Gott allerdings gibt es für ihn im strengen moralischen Sinne nicht, weil Gott als existierendes Wesen für Kant zwar eine plausible, aber unbeweisbare Hypothese ist.

Nachdem die Idee, dass es unveränderliche moralische Normen und Pflichten gibt, in Misskredit geraten war, wurde die deontologische Ethik erst im 20. Jahrhundert wiederbelebt. Der englische Altphilologe und Moralphilosoph *David Ross* (1877–1971) verzichtete zwar, anders als Kant, auf ein formales oberstes Moralprinzip wie den kategorischen Imperativ. Er stellte aber in seinem Buch *The Right and the Good* (1930) einen Katalog von Grundpflichten auf, die die Grundlage aller moralischen Handlungen und Urteile abgeben. Zu diesen so genannten »prima facie«-Pflichten (wörtl. Pflichten »vom ersten

Anschein her«, unmittelbar »einsichtige« Pflichten) gehört z.B. die Pflicht, sein Versprechen zu halten, oder die Pflicht, einen angerichteten Schaden wiedergutzumachen. Prima facie-Pflichten sind verbindlich, solange sie nicht mit anderen Pflichten in Konflikt kommen. In einem solchen Konfliktfall muss nach Ross aus der Situation heraus entschieden werden.

Eine einflussreiche Wiederaufnahme des deontologischen Ansatzes findet sich auch in der *Theorie der Gerechtigkeit* (1971) des amerikanischen Philosophen *John Rawls* (1921–2002). Rawls verbindet moralphilosophische mit gesellschaftstheoretischen Überlegungen. Wie Kant geht er von der Vorstellung eines autonomen, freien und gegenüber anderen gleichen Individuums und ebenso von dem Prinzip der Universalisierbarkeit aus. Oberstes Moralprinzip ist die Forderung nach »Gerechtigkeit als Fairness«, die sich in zwei Gerechtigkeitsgrundsätzen ausdrückt: Der erste verlangt, dass alle das Recht auf die gleichen Grundfreiheiten haben, und der zweite fordert eine faire Chancengleichheit und Einschränkungen, die vor allem den gesellschaftlich Benachteiligten Vorteile bringen. Zu diesen Grundsätzen gelangt man nach Rawls, wenn man sich einen gesellschaftlichen »Urzustand« vorstellt, in der Menschen aus einer Position der Gleichheit sich auf die Grundsätze ihres Zusammenlebens verständigen. Die vereinbarten Rechte und Pflichten müssen nach Rawls unbedingt, ohne Nutzenkalkul, befolgt werden.

Einen anderen Ansatz wählt die so genannte Kommunikations- oder Diskursethik, die von den beiden deutschen Philosophen *Karl-Otto Apel* (geb. 1922) und *Jürgen Habermas* (geb. 1929) vertreten wird und entscheidend dazu beigetragen hat, dass Fragen der normativen Ethik in Deutschland nach dem Zweiten Weltkrieg wieder zu einem Thema der Philosophie wurden. Nach Ansicht von Habermas erfolgt eine Rechtfertigung moralischer Normen in einem »Diskurs«, in einer sprachlichen Kommunikation zwischen den Beteiligten. Das Prinzip der Verallgemeinerbarkeit von Normen, das »Universalisierungsprinzip«, das bei Kant im kategorischen Imperativ enthalten ist, wird zu einer Argumentationsregel, die angewandt wird, um spezielle Normen und Interessen auf ihre moralische Tauglichkeit zu prüfen.

Begründet wird diese Argumentationsregel durch die Vorstellung eines »idealen, herrschaftsfreien« Diskurses, in dem die Teilnehmer durch keinerlei äußeren Druck und Interessen geleitet werden und an dem sich nach Meinung der Diskursethiker jeder reale Diskurs orientieren muss, damit überhaupt eine sinnvolle Argumentation und Kommunikation zustande kommt. In einem solchen idealen Diskurs müssen bestimmte Regeln immer schon vorausgesetzt werden. Es sind Regeln, die selbst schon »normativen« und »ethischen« Gehalt haben. Dazu gehört z.B., dass alle Teilnehmer sich als frei und gleich anerkennen und sich alle gemeinsam dem Ziel der Wahrheitssuche unterordnen. Indem wir in unserer sprachlichen Kommunikation die moralischen Grundprinzipien Freiheit, Gleichheit und Wahrheitsverpflichtung immer schon anerkannt haben, haben wir das Fundament für eine Verständigung über moralische Normen und für unser moralisches Handeln gelegt (→ Info I).

V NICHT GANZ ZURECHNUNGSFÄHIG? – DER MENSCH ZWISCHEN FREIHEIT UND DETERMINATION

Einführung

Das Problem der menschlichen Freiheit ist eine philosophische Frage, die in ganz besonderem Maß geeignet ist, das Nachdenken in Gang zu setzen, aber auch in Verwirrung zu stürzen. Einerseits ist es eine in allen Gesellschaften übliche Praxis, dass die Menschen sich als freie, verantwortliche Individuen betrachten und dass man nur Ausnahmefällen wie Geisteskranken oder Triebtätern verminderte oder gar keine Zurechnungsfähigkeit zubilligt. Andererseits ist der Mensch denselben Gesetzen der Natur unterworfen wie alle anderen Wesen. In welchem Sinne ist aber menschliches Handeln überhaupt frei, wenn in der Natur ansonsten unverbrüchliche Gesetze walten? Ist das menschliche Handeln »determiniert«, d.h. durch natürliche und soziale Ursachen festgelegt oder ist der Mensch wirklich frei, in einer gegebenen Situation so oder anders entscheiden zu können? Gibt es also tatsächlich einen »freien Willens« und eine »freien Wahl« oder ist das Gefühl der Freiheit im Grunde eine Illusion?

Während die Frage, wie das Verhältnis von staatlicher Macht und individueller Freiheit zu bestimmen ist, in der politischen Philosophie diskutiert wird, beschäftigt sich die Ethik mit der Frage, worin grundsätzlich die Freiheit des menschlichen Handelns und Wollens besteht. Diese Seite des Freiheitsproblems wird häufig unter den Überschriften »Freiheit und Notwendigkeit« oder »Freiheit und Determination« abgehandelt. Ein anderer Aspekt dieser Frage ist, wann der Mensch für sein Handeln verantwortlich ist. Für die Höhe des Strafmaßes in einer Gerichtsverhandlung spielt es z.B. eine erhebliche Rolle, ob jemand unter dem Einfluss von Alkohol oder Drogen gehandelt hat. In welchem Sinne muss der Mensch frei sein, damit er für sein Handeln gelobt oder getadelt werden darf? Was folgt insbesondere für die Verantwortlichkeit des Menschen, wenn sein Handeln durch natürliche und soziale Faktoren vollständig determiniert ist?

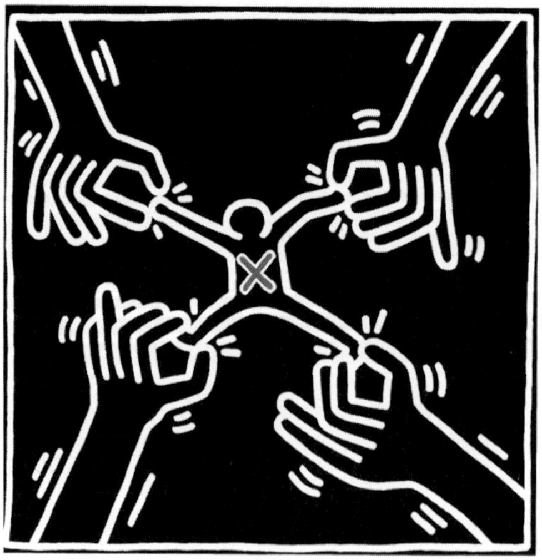

Keith Haring, Ohne Titel, 1985

V 1: Thomas von Aquin: Willensfreiheit und Vernunft

Thomas von Aquin ist die herausragende Gestalt der Scholastik, d.h. der christlichen Philosophie des Hochmittelalters. In seinen beiden Hauptwerken Summe gegen die Heiden *(1259–64) und* Summe der Theologie *(1266–73) hat er ein umfassendes System christlicher Philosophie geschaffen, das den christlichen Glauben mit der Philosophie des Aristoteles verschmilzt. Thomas unterscheidet zwischen übernatürlichen Wahrheiten, die nur durch Offenbarung eingesehen werden, und natürlichen Wahrheiten, die durch Vernunft bewiesen werden können. Zu den letzteren zählt er u.a. die Existenz Gottes, die Unsterblichkeit der Seele und die Freiheit des menschlichen Willens. Seine Philosophie wurde 1879 zur offiziellen Lehre der katholischen Kirche erklärt.*
Thomas wurde 1225 in einer Adelsfamilie auf dem Schloss Roccasecca bei Aquino in der Nähe von Neapel geboren. Gegen den Widerstand seiner Familie trat er in den Dominikanerorden ein. Er studierte Theologie und Philosophie in Paris und Köln und lehrte selbst in Paris, Bologna, Rom und Neapel. 1259 gab er seine Lehrtätigkeit auf und widmete sich ganz der Ausarbeitung seines philosophisch-theologischen Systems. Er starb am 7. März 1274 in der Abtei Fossanuova südlich von Rom.
In dem Auszug aus seiner Schrift Die Willensfreiheit *begründet er die Auffassung, dass Willensfreiheit mit der menschlichen Vernunft untrennbar verbunden ist.*

Ohne jeden Zweifel ist es notwendig dem Menschen in seiner Entscheidung einen freien Willen zuzusprechen. Denn dazu verpflichtet der Glaube, da es ohne Willensfreiheit kein Verdienst und keine Sünde, keine gerechte Strafe oder keinen gerechten Lohn geben kann. Zu dieser Annahme führen auch klare Anzeichen, aus denen hervorgeht, dass der Mensch in freier Weise das eine wählt, das andere zurückweist. Hierzu zwingt auch ein klarer Beweisgrund. Ihn zu erforschen werden wir dem Ursprung der Willensfreiheit nachgehen und auf folgende Weise verfahren: Unter den Dingen nämlich, die sich bewegen oder etwas bewirken, findet sich folgender Unterschied: einige besitzen den Wirkgrund ihrer Bewegung oder ihres Tuns in sich selbst; einige jedoch außerhalb ihrer selbst, z.B. die, die durch Gewalt bewegt werden, bei denen der Wirkgrund außerhalb liegt, während das, was Gewalt leidet, nichts beiträgt, wie es Aristoteles[1] zeigt; bei ihnen können wir eine Willensfreiheit nicht behaupten, weil sie nicht die Ursache ihrer Bewegung sind: »frei« aber ist nach Aristoteles das, was die Ursache seiner selbst[2] ist. [...]

Von denen aber, die von sich selbst bewegt werden, gehen die Bewegungen einiger aus dem Urteil der Vernunft hervor, anderer jedoch aus einem naturbedingten Urteil. Aus dem Urteil der Vernunft heraus handeln die Menschen und werden bewegt; denn sie stellen Vergleiche an über das, was sie tun sollen. Aber aus einem naturbedingten Urteil heraus handeln und werden bewegt alle Tiere. Dies ergibt sich klar aus der Tatsache, dass alle, die derselben Art angehören, bei ihrer Tätigkeit in ähnlicher Weise vorgehen; so z.B. bauen alle Schwalben ihr Nest in ähnlicher Weise. Ebenfalls ergibt es sich aus der Tatsache, dass ihr Urteil auf ein bestimmtes Werk eingeschränkt ist und sich nicht auf alle erstreckt; so z.B. besitzen die Bienen ihren Kunstfleiß nur für die Honigwabenbereitung. Ähnlich verhält es sich bei den anderen Tieren.

1 Aristoteles: griechischer Philosoph (384–322 v.Chr.), vertrat in seiner Naturphilosophie die Auffassung, dass jede Bewegung einen Beweger voraussetzt.

2 Ursache seiner selbst: eine Sache, die nicht durch etwas anderes, sondern nur durch sich selbst hervorgebracht werden kann. Als Ursache seiner selbst wurden in der Geschichte der Philosophie vor allem Gott und das Universum diskutiert.

Daher ist es für den, der richtig zuschaut, klar, dass auf dieselbe Weise, wie den leblosen naturhaften Körpern Bewegung und Wirken, so auch den Tieren ein Urteil über das, was sie tun sollen, gegeben wird. Denn wie das Schwere und Leichte sich nicht selbst bewegt, so dass sie dadurch die Ursache ihrer Bewegung sind, so urteilen auch die Tiere nicht über ihr eigenes Urteil, sondern folgen dem Urteil, das Gott in sie gelegt hat; und so sind sie nicht die Ursache ihrer Entscheidung und haben keine Willensfreiheit. Der Mensch jedoch urteilt durch die Kraft seiner Vernunft über sein Tun und kann so über seine Entscheidung urteilen, sofern er das Wesen des Zieles und des Mittels zum Ziel erkennt, sowie das Verhältnis und die Ordnung des einen zum andern. Darum ist er nicht nur Ursache seiner selbst im Bewegen, sondern auch beim Urteilen. Daher besitzt er die Willensfreiheit, was dasselbe ist, wie »ein freies Urteil haben« über das Tun und Nichttun.

V 2: Immanuel Kant: Willensfreiheit und Naturnotwendigkeit – Ein Scheinwiderspruch

Immanuel Kant gilt vielfach als der bedeutendste Philosoph der Neuzeit. Vor allem seine Erkenntnistheorie und Moralphilosophie haben die Entwicklung der modernen Philosophie maßgeblich beeinflusst. In seinem Werk Kritik der reinen Vernunft *(1781) hat er eine Erkenntnistheorie entwickelt, die davon ausgeht, dass menschliche Erkenntnis in einem fundamentalen Sinne subjektiv bleibt. Da das menschliche Erkennen nämlich von Bedingungen abhängig ist, die im Menschen selbst liegen, können auch die Wissenschaften nur zu einer für den Menschen spezifischen Sicht der Welt gelangen. Die Welt ist daher nur als »Erscheinung« erkennbar, nicht als »Ding an sich«. Zu den Merkmalen der Welt als Erscheinung gehört insbesondere die unverbrüchliche Naturgesetzlichkeit, der auch der Mensch unterworfen ist. In seiner Moralphilosophie, die vor allem in den Schriften* Grundlegung zur Metaphysik der Sitten *(1785) und* Kritik der praktischen Vernunft *(1788) enthalten ist, begreift Kant den Menschen aber als freies, verantwortliches Wesen, das nach vernünftig einsehbaren Regeln handeln kann und soll. Zwischen der wissenschaftlichen Sicht des Menschen als Naturwesen und der praktisch-moralischen Sicht als freies, verantwortliches Wesen gibt es somit einen Widerstreit. Eines des zentralen Anliegen von Kants Philosophie besteht darin, diesen Widerstreit als bloß scheinbaren Widerspruch nachzuweisen.*
Immanuel Kant wurde am 22. April 1724 in Königsberg geboren. Nach dem Studium der Mathematik, Naturwissenschaften und Philosophie war er zunächst Hauslehrer, ab 1755 Dozent und ab 1770 Professor für Philosophie. Er blieb sein ganzes Leben Junggeselle und führte ein äußerlich ereignisloses, streng diszipliniertes Leben. Berühmt und hoch angesehen starb er am 12. Februar 1804.
In seinem Text aus der Grundlegung zur Metaphysik der Sitten *begründet Kant seine Auffassung, dass Naturgesetzlichkeit und menschliche Willensfreiheit sich nicht notwendigerweise widersprechen.*

Alle Menschen denken sich dem Willen nach als frei. Daher kommen alle Urteile über Handlungen als solche, die hätten geschehen sollen, ob sie gleich nicht geschehen sind. Gleichwohl ist diese Freiheit kein Erfahrungsbegriff[1] und kann es auch nicht sein, weil er immer bleibt, obgleich die Erfahrung das Gegenteil von denjenigen Forderungen zeigt, die unter Voraussetzung derselben als notwendig vorgestellt werden. Auf der anderen Seite ist es

1 kein Erfahrungsbegriff: ein Begriff, dessen Inhalt nicht aus der Erfahrung stammt.

ebenso notwendig, dass alles, was geschieht, nach Naturgesetzen unausbleiblich bestimmt sei, und diese Naturnotwendigkeit ist auch kein Erfahrungsbegriff, eben darum, weil er den Begriff der Notwendigkeit, mithin einer Erkenntnis a priori[2] bei sich führet. Aber dieser Begriff von einer Natur wird durch Erfahrung bestätigt und muss selbst unvermeidlich vorausgesetzt werden, wenn Erfahrung, d. i. nach allgemeinen Gesetzen zusammenhängende Erkenntnis der Gegenstände der Sinne, möglich sein soll. [...]

Der Rechtsanspruch aber, selbst der gemeinen Menschenvernunft, auf Freiheit des Willens, gründet sich auf das Bewusstsein und die zugestandene Voraussetzung der Unabhängigkeit der Vernunft, von bloß subjektiv-bestimmten Ursachen, die insgesamt das ausmachen, was bloß zur Empfindung, mithin unter die allgemeine Benennung der Sinnlichkeit, gehört. Der Mensch, der sich auf solche Weise als Intelligenz betrachtet, setzt sich dadurch in eine andere Ordnung der Dinge und in ein Verhältnis zu bestimmenden Gründen von ganz anderer Art, wenn er sich als Intelligenz mit einem Willen, folglich mit Kausalität[3] begabt, denkt, als wenn er sich wie [ein] Phänomen[4] in der Sinnenwelt (welches er wirklich auch ist) wahrnimmt, und seine Kausalität, äußerer Bestimmung nach, Naturgesetzen unterwirft. Nun wird er bald inne, dass beides zugleich stattfinden könne, ja sogar müsse. Denn, dass ein Ding in der Erscheinung[5] (das zur Sinnenwelt gehörig) gewissen Gesetzen unterworfen ist, von welchen eben dasselbe, als Ding oder Wesen an sich selbst[6], unabhängig ist, enthält nicht den mindesten Widerspruch; dass er sich selbst aber auf diese zwiefache Art vorstellen und denken müsse, beruht, was das erste betrifft, auf dem Bewusstsein seiner selbst als durch Sinne affizierten[7] Gegenstandes, was das zweite anlangt, auf dem Bewusstsein seiner selbst als Intelligenz, d. i. als unabhängig im Vernunftgebrauch von sinnlichen Eindrücken (mithin als zur Verstandeswelt gehörig).

Daher kommt es, dass der Mensch sich eines Willens anmaßt, der nichts auf seine Rechnung kommen lässt, was bloß zu seinen Begierden und Neigungen gehört, und dagegen Handlungen durch sich als möglich, ja gar als notwendig, denkt, die nur mit Hintansetzung aller Begierden und sinnlichen Anreizungen geschehen können.

Franz von Stuck, Die Sinnlichkeit, um 1891

2 (Erkenntnis) a priori (lat.): »vom Früheren her«, eine Erkenntnis, die sich nicht auf Erfahrung stützen muss.

3 Kausalität: nach lat. »causa« = Ursache, die notwendige und gesetzmäßige Verknüpfung zwischen Ursache und Wirkung. Das Prinzip der Kausalität behauptet, dass jedes Ereignis in der Welt eine Ursache hat.

4 Phänomen (hier): Teil der Erfahrungswelt und deren Gesetzen unterworfen.

5 Ding in der Erscheinung: ein Objekt, wie es der menschlichen Wahrnehmung gegeben ist.

6 Ding oder Wesen an sich selbst: ein Objekt, wie es unabhängig von aller menschlichen Wahrnehmung und Erfahrung existiert.

7 affizieren: einwirken, reizen.

V 3: Max Planck: Das eigene Handeln ist nicht voraussagbar

Max Planck war einer der bedeutendsten Physiker im späten 19. und frühen 20. Jahrhundert. Seine Entdeckung, dass die Wärmestrahlung nur in kleinen Paketen abgegeben wird, revolutionierte die klassische Physik. Die Vorstellung der Kontinuität der Naturvorgänge machte der Einsicht Platz, dass die Natur doch »Sprünge« macht. Mit seiner Entdeckung des »Wirkungsquantums« hat er die Grundlage der späteren Quantentheorie gelegt. Doch Planck war nicht nur ein großer Physiker, sondern hat sich in zahlreichen Aufsätzen und Vorträgen auch mit der philosophischen Dimension der Physik auseinander gesetzt, insbesondere auch mit dem Problem der Willensfreiheit. Obwohl er an der Auffassung festhielt, dass alle Vorgänge in der Natur durch Naturgesetze strikt festgelegt sind, sah er dennoch Raum für die Anerkennung menschlicher Freiheit.
Max Planck wurde am 23. April 1858 in Kiel geboren. Er war Professor für Physik in Kiel und Berlin und erhielt 1918 für seine Entdeckung des Wirkungsquantums den Nobelpreis. Er starb am 4. Oktober 1947 in Göttingen.
Der Text ist dem im Jahre 1936 gehaltenen Vortrag »Vom Wesen der Willensfreiheit« entnommen.

Ich wüsste nicht, wie man für die Notwendigkeit eines Vorganges einen deutlicheren und überzeugenderen Nachweis erbringen kann als dadurch, dass die Möglichkeit besteht, das Eintreten des betreffenden Vorganges vorauszusehen. Die Frage nach dem Wesen und nach dem Ursprung der Kausalität[1] kann dabei ganz offen bleiben. Es genügt uns hier allein die Feststellung, dass ein Vorgang, welcher mit Sicherheit vorausgesehen werden kann, irgendwie kausal determiniert ist, und umgekehrt, dass, wenn man von kausaler Gebundenheit eines Vorganges redet, dies immer zugleich auch in sich schließt, dass das Eintreten des Vorganges vorausgesehen werden kann, natürlich nicht von jedermann, wohl aber von einem Beobachter, der die nötigen Kenntnisse aller einzelnen Umstände besitzt, die zu Beginn des Vorganges vorliegen, und der außerdem mit einem hinreichend scharfen Verstande ausgerüstet ist. Selbstverständlich darf dieser Beobachter nicht irgendwie aktiv in den Verlauf des Vorganges eingreifen, sondern er muss seine Voraussage machen können allein auf Grund der ihm bekannten Tatsachen und Bedingungen, welche den Vorgang auslösen. [...]

Es versteht sich, dass von einer universalen Kausalität nicht die Rede sein könnte, wenn sie an irgendeiner Stelle durchbrochen würde, wenn also nicht auch die Vorgänge im bewussten und unterbewussten Seelenleben, die Gefühle, Empfindungen, Gedanken, und schließlich auch der Wille dem Kausalgesetz in dem vorhin festgelegten Sinne unterworfen

1 Kausalität: nach lat. »causa« = Ursache, die notwendige und gesetzmäßige Verknüpfung zwischen Ursache und Wirkung. Das Prinzip der Kausalität behauptet, dass jedes Ereignis in der Welt eine Ursache hat.

wären. Wir nehmen also an, dass auch der menschliche Wille kausal determiniert ist, d.h. dass in jedem Falle, wo jemand in die Lage kommt, entweder spontan oder auch nach längerer Überlegung einen bestimmten Willen zu äußern oder eine bestimmte Entscheidung zu treffen, ein hinreichend scharfsinniger, aber sich vollkommen passiv verhaltender Beobachter imstande ist, das Verhalten des Betreffenden vorauszusehen. [...]

Um unserem Hauptproblem näherzukommen, wollen wir jetzt den tatsächlichen Verhältnissen besser Rechnung tragen und den bisher angenommenen idealisierten, absolut hellsichtigen Beobachter ersetzen durch einen im wirklichen Leben stehenden Menschen, indem wir uns die Frage stellen, inwieweit ein solcher Mensch imstande ist, menschliche Willenshandlungen in ihrer kausalen Bedingtheit zu verstehen. Gegenüber den bisher von uns benutzten Voraussetzungen sind dann zwei wesentliche Unterschiede zu berücksichtigen. Erstlich ist zu beachten, dass, auch bei einem Beobachter von hervorragendem Verstande, von einem restlosen Durchschauen aller Willensmotive des Beobachteten und also auch von einer genauen Voraussage seiner Willensentscheidungen nicht mehr die Rede sein kann, sondern nur noch von einer mehr oder minder begründeten Erwartung. [...]

Hierzu tritt aber noch ein zweiter Unterschied. Es ist für einen Beobachter im wirklichen Leben häufig gar nicht möglich, die Rolle der Passivität, deren Innehaltung, wie wir sahen, für die Erkenntnis des Kausalzusammenhanges der beobachteten Vorgänge eine absolut nötige Vorbedingung ist, völlig zu wahren. [...]

Inwieweit sind wir imstande, eine eigene Willenshandlung in ihrer kausalen Bedingtheit zu begreifen? Offenbar gibt es dafür keine andere Möglichkeit, als dass wir unser Ich in zwei Teile zu spalten suchen: das erkennende Ich und das wollende Ich, und dem ersten die Rolle des Beobachters, dem zweiten die des Beobachteten zuweisen. Dann ergibt sich auf den ersten Blick ein wesentlicher Unterschied, je nachdem die betreffende Willenshandlung der Vergangenheit oder der Zukunft angehört. Im ersten Fall, wenn die Handlung bereits vollzogen ist, trifft die Bedingung der Passivität des Beobachters ohne weiteres zu. Denn da in diesem Falle das wollende Ich der Zeit nach vorausgeht und das erkennende Ich erst hinterdrein kommt, ist ein kausaler Eingriff des Beobachters in den Ablauf des zu untersuchenden Vorganges ausgeschlossen. In der Tat liegen unsere früheren Willenshandlungen, wie alle vergangenen Ereignisse, fertig und abgeschlossen vor unserem inneren Auge, wir können sie als ein unveränderliches Objekt betrachten und es ist nur eine Frage der größeren oder geringeren Ausbildung unserer Kenntnisse und unseres Urteilsvermögens, inwieweit und auf welchem Wege wir hinterher zu einem Verständnis ihres kausalen Zusammenhangs, also ihrer Entstehung aus Willensmotiven, bewussten wie auch unterbewussten, vordringen können. Wenn auch zwischen unserem wirklichen Erkenntnisvermögen und dem des früher vorausgesetzten idealisierten Beobachters noch ein himmelweiter Unterschied besteht, so ist er doch nur praktischer und nicht prinzipieller Natur. Insofern darf man sagen, dass die vollständige Erkenntnis des kausalen Ablaufs eigener vergangener Willenshandlungen einschließlich ihrer dunkelsten Motive wenigstens grundsätzlich durchaus im Bereich der Möglichkeit gelegen ist.

Ganz anders wird nun aber die Sache, wenn unsere Willenshandlung in der Zukunft liegt, denn dann ist es mit der Passivität des Beobachters vorbei. Vielmehr verschmelzen dann Beobachter und Beobachteter, das erkennende Ich und das wollende Ich, miteinander in unserem Selbstbewusstsein, und es kann keine Rede davon sein, dass der Beobachter sich jeder kausalen Einwirkung auf den Beobachteten enthält. Es ist eine gefährliche Selbsttäuschung zu meinen, dass es möglich sei, seinen eigenen zukünftigen Willenshandlungen gegenüber die Rolle des unbeteiligten, gewissermaßen von hoher Warte herabschauenden Beobachters zu spielen und sich auf so genanntes reines Schauen zu beschränken. Gewiss können wir über die Ursachen unserer eigenen früheren oder späteren Handlungen rein verstandesmäßig nachdenken, und insofern ist eine fiktive Spaltung des eigenen Ich in einen erkennenden und einen wollenden und handelnden Teil bis zu einem gewissen Grade durchführbar. Aber in dem Augenblick, wo wir bewusst eine Entscheidung treffen, sind die beiden Ich miteinander verschmolzen: daher ist gerade für diesen Augenblick ihre auch nur gedankliche Trennung eine logische Unmöglichkeit, eine contradictio in adjecto[2]. [...]

Während also ein kausales Verständnis für die eigene Vergangenheit, wie wir sahen, wenigstens grundsätzlich wohl möglich ist, bleibt eine vollkommene Einsicht in die eigenen gegenwärtigen Willensmotive[3] und mit ihr ein kausales Verständnis für die eigene Zukunft für immer unerreichbar.

Daher befinden sich alle diejenigen, welche in einer solchen Einsicht das Wesen der Willensfreiheit erblicken, nach meiner Meinung in einem grundsätzlichen Irrtum. Ja, selbst wenn man die Gewinnung dieser Einsicht als ein zwar praktisch unerreichbar fernes, aber doch prinzipiell zu erstrebendes Ziel auffassen wollte, würde man damit dem Wesen der Willensfreiheit doch nicht näherkommen. Denn die Willensfreiheit ist nicht unnahbar fern, sie ist in jedem von uns unmittelbar gegenwärtig und verbürgt durch das mit ihr aufs engste verknüpfte Bewusstsein der sittlichen Verantwortung, das uns bei allem unseren Tun und Lassen täglich und stündlich bedrängt. Und sie steht mit der Einsicht in unsere Willensmotive, wie mir scheinen will, gerade in umgekehrtem Verhältnis. Denn je genauere Einsicht wir in die kausale Bedingtheit unserer Willensmotive gewinnen, desto mehr schwindet das Gefühl der Verantwortung für die Folgen einer zu treffenden Willensentscheidung. Eine vollkommene Einsicht in die eigenen Willensmotive würde daher nach meiner Meinung die Freiheit des Willens geradezu aufheben. [...]

Nach dem Ergebnis unserer Untersuchung ist der Gegensatz zwischen strenger Kausalität und Willensfreiheit nur ein scheinbarer, die Schwierigkeit liegt lediglich in der sinngemäßen Formulierung des Problems. Denn die Antwort auf die Frage, ob der Wille kausal gebunden ist oder nicht, lautet verschieden, je nach dem Standort, der für die Betrachtung gewählt wird. Von außen, objektiv betrachtet, ist der Wille kausal gebunden; von innen, subjektiv betrachtet, ist der Wille frei. Oder anders gefasst: Fremder Wille ist kausal gebunden, jede Willenshandlung eines andern Menschen lässt sich, wenigstens grundsätzlich, bei hinreichend genauer Kenntnis der Vorbedingungen, als notwendige Folge aus dem Kausalgesetz verstehen und in allen Einzelheiten vorausbestimmen. Inwieweit das praktisch geschehen kann, ist lediglich eine Frage der Intelligenz des Beobachters. Der eigene Wille dagegen ist nur für vergangene Handlungen kausal verständlich, für zukünftige Handlungen ist er frei, eine eigene zukünftige Willenshandlung lässt sich unmöglich, auch bei noch so hoch ausgebildeter Intelligenz, rein verstandesmäßig aus dem gegenwärtigen Zustand und den Einflüssen der Umwelt ableiten.

2 contradictio in adjecto (lat.): Widerspruch im Beiwort, eine sich widersprechende Wendung, z. B. hölzernes Eisen.

3 Willensmotive: Beweggründe des Willens.

FORUM

Zur Texterschließung

1 | Warum ist die Annahme der Willensfreiheit nach Thomas von Aquin Bestandteil des christlichen Glaubens?

2 | Erläutern Sie die Auffassung von Thomas, dass Dinge, Tiere und Menschen sich durch verschiedene Arten von Bewegungen unterscheiden!

3 | Worin besteht nach Thomas Willensfreiheit und inwiefern gehört sie zum Wesen des Menschen?

4 | Erläutern Sie Kants These, dass zwischen Naturnotwendigkeit und Willensfreiheit nur ein Scheinwiderspruch besteht!

5 | In welchem Sinne akzeptiert Kant die Idee der Willensfreiheit?

6 | Wie sind bei Kant Kausalität und Voraussagbarkeit miteinander verknüpft?

7 | Wodurch unterscheidet sich nach Planck der reale vom idealisierten Beobachter?

8 | Erläutern Sie, warum es nach Planck einen grundlegenden Unterschied ausmacht, ob man seine vergangenen oder zukünftigen Handlungen kausal verstehen möchte!

9 | Inwiefern ist der menschliche Wille nach Planck frei, inwiefern ist er kausal gebunden?

Freiheit und Determination – Zur Diskussion

1 | Der französische Physiker Pierre Simon de Laplace (1749–1827) hat zu Beginn des 19. Jahrhunderts die Vorstellung einer strikt determinierten Welt mit Hilfe der Idee eines allmächtigen Geistes verdeutlicht:
»Eine Intelligenz, welche für einen gegebenen Augenblick alle in der Natur wirkenden Kräfte sowie die gegenseitige Lage der sie zusammensetzenden Elemente kennte und überdies umfassend genug wäre, um diese gegebenen Größen der Analysis zu unterwerfen, würde in derselben Formel die Bewegungen der größten Weltkörper wie des leichtesten Atoms umschließen; nichts würde ihr ungewiss sein und Zukunft wie Vergangenheit würden ihr offen vor Augen liegen.«
Der Mensch ist nach dieser Auffassung im Grunde eine komplizierte Maschine, deren Verhalten sich genauso voraussagen lässt wie eine Sonnen- oder Mondfinsternis. Karl R. Popper (1902–1994) hat dies den »Alptraum des Determinismus« genannt, wohingegen Albert Einstein (1879–1955) diese Auffassung mit seiner berühmten Bemerkung »Gott würfelt nicht« gebilligt hat.
Halten Sie die exakte Voraussagbarkeit menschlichen Verhaltens 1. für eine realistisches und 2. für ein wünschenswertes Ziel der Wissenschaften? Begründen Sie Ihre Meinung!

2 | Ein alter, aber nach wie vor aktueller Streit in der Biologie und Psychologie betrifft die Frage, ob der Mensch mehr durch natürliche Anlagen oder mehr durch seine soziale Umwelt bestimmt wird. Inwiefern hat dieser wissenschaftliche Streit etwas mit dem philosophischen Problem der Willensfreiheit zu tun?

3 | Von Ludwig Wittgenstein (1889–1951) stammt der Satz: »Die Willensfreiheit besteht darin, dass zukünftige Handlungen jetzt nicht gewusst werden können.« Inwiefern entspricht dieser Satz der Auffassung Plancks und inwiefern nicht?

4 | Arthur Schopenhauer(1788–1860) hat sich besonders gegen die Versuchung gewandt, das jedem Menschen eigene Bewusstsein der Freiheit als Beweis der Willensfreiheit zu deuten. »Befragte man einen ganz unbefangenen Menschen; so würde er jenes

unmittelbare Bewusstsein, welches so häufig für das einer vermeinten Willensfreiheit gehalten wird, etwa so ausdrücken: ›Ich kann tun, was ich will: will ich links gehen, so gehe ich links: will ich rechts gehen, so gehe ich rechts. Das hängt ganz allein von meinem Willen ab: ich bin frei.‹ Diese Aussage ist allerdings vollkommen wahr und richtig: nur liegt bei ihr der Wille schon in der Voraussetzung: sie nimmt nämlich an, dass er sich schon entschieden habe: also kann über sein eigenes Freisein dadurch nichts ausgemacht werden.«
Erläutern Sie anhand dieser Sätze den Unterschied zwischen Willensfreiheit und der anderen Art von Freiheit, die auch als »Handlungsfreiheit« bezeichnet wird!

5) In Georg Büchners (1813–1837) Drama »Dantons Tod« sagt Danton: »Was ist das, was in uns lügt, hurt, stiehlt und mordet? Puppen sind wir; nichts, nichts wir selbst! die Schwerter, mit denen Geister kämpfen – man sieht nur die Hände nicht, wie im Märchen.« Und etwas später: »Das Schicksal führt uns den Arm, aber nur gewaltige Naturen sind seine Organe.« Inwiefern könnte man diese Auffassung als »Fatalismus« bezeichnen? Wie könnte man Fatalismus und Determinismus unterscheiden?

6| Diskutieren Sie, ob das Verhalten von Menschen, die aus Treue zu ihren Überzeugungen den Tod auf sich nehmen, wie z. B. christliche Märtyrer oder politisch Verfolgte, als Zeichen von Willensfreiheit gedeutet werden darf!

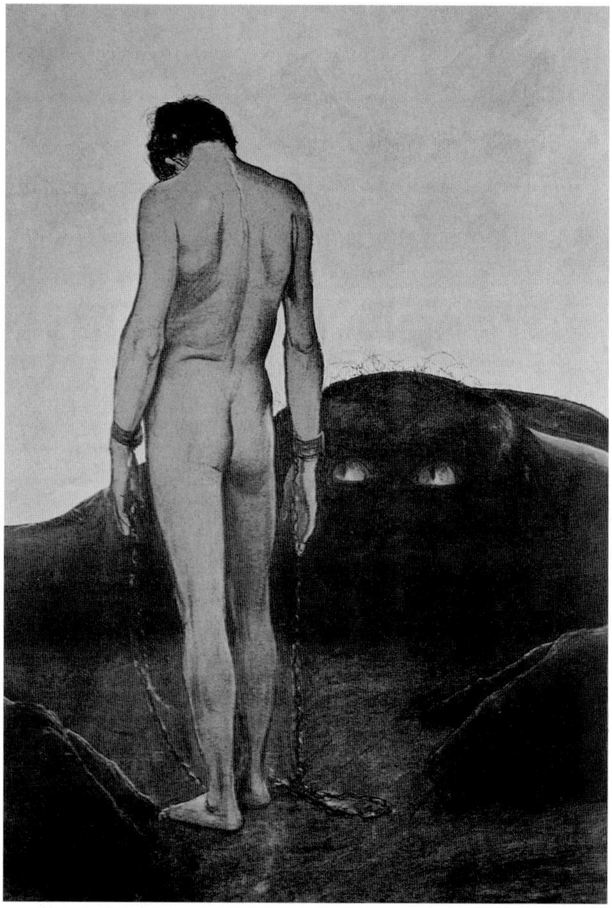

Alexander Schneider, Gefühl der Abhängigkeit, 1894

V 4: Burkhard Vollmers: Der Fall des Massenmörders Haarmann

Burkhard Vollmers, Jahrgang 1961, ist Dozent für Psychologie an der Universität Hamburg. Er hat neben verschiedenen Arbeiten zur Entwicklungs- und Persönlichkeitspsychologie John Piagets auch eine kurze, allgemein verständliche Einführung in Grundfragen der Psychologie mit dem Titel Einladung zur Psychologie *(1997) publiziert. In dem Kapitel »Motivation – Beweggrund, Urgrund und Abgrund menschlichen Handelns« schildert er den Fall des berühmten Massenmörders Haarmann und wirft dabei die Frage nach der Verantwortlichkeit menschlichen Handelns auf.*

Im Frühsommer des Jahres 1924 machten Spaziergänger in Hannover eine grausige Entdeckung. Ein Menschenschädel war an das Ufer der Leine geschwemmt worden. Die daraufhin alarmierte Polizei suchte in den folgenden Tagen den Fluss systematisch ab und wurde fündig. Neben einigen weiteren vom Rumpf abgetrennten Schädeln entdeckte sie unzählige Knochen, die eindeutig von menschlichen Skeletten stammen mussten. Es war klar, dass es sich nicht um die Überreste Ertrunkener handelte, sondern um Leichenteile, die zu Opfern von bestialischen Mordtaten gehörten. Gerichtsmedizinische Untersuchungen ergaben, dass die Knochen allesamt von Jugendlichen und jungen Männern stammten, die zum Tatzeitpunkt zwischen 12 und 25 Jahre alt gewesen sein mussten. Etliche Vermisstenanzeigen und frühere Funde von Leichenteilen in der Leine erschienen plötzlich in einem anderen Licht. Offenbar gehörten sie alle zur gleichen unheimlichen Mordserie.

Die Polizei, sie war zuvor lange Zeit Hinweisen aus der Bevölkerung nicht beharrlich genug gefolgt, leitete Anfang Juni 1924 eine Phase intensiver Ermittlungsarbeit ein. Sie vermutete den Täter im Homosexuellen-Milieu und beobachtete täglich die einschlägigen Lokale und Treffpunkte. Noch im gleichen Monat wurde der mutmaßliche Täter festgenommen. Sein Name war *Friedrich Heinrich Karl Haarmann* (1879–1925).

Zwischen 1918 und 1924 ermordete Fritz Haarmann, so wurde er allgemein genannt, in Hannover 24 junge Männer. Genauer gesagt: Er wurde 1925 für 24 Morde zum Tode verurteilt und hingerichtet. Man vermutet, dass die genaue Zahl der von Haarmann verübten Tötungsdelikte noch höher liegt. Bei den Getöteten handelte es sich überwiegend um Strichjungen, die Haarmann erst kurz zuvor kennen gelernt hatte. Nach dem Beischlaf zerbiss er die Halsschlagader der in seinem Bett ahnungslos Schlafenden. Anschließend zerlegte er geradezu fachmännisch die Leichen in unzählige Einzelteile, schnitt die Körper auf, entnahm die Eingeweide und entfernte das Fleisch von den Knochen, die er dann in die Leine warf. Die fleischlichen Überreste, die Eingeweide, der zertrümmerte Kopf und das vorher ausgesaugte Gehirn wurden von Haarmann über seine Toilette der städtischen Kanalisation zugeführt. Es machten sogar Gerüchte die Runde, er hätte Menschenfleisch zu Wurst verarbeitet, die er verhökert oder gar selbst verzehrt hätte.

Was hat diesen einfachen Menschen, den Arbeiter Fritz Haarmann, zu seiner grauenvollen, allen Außenstehenden gleichermaßen schrecklich wie sinnlos erscheinenden Mordserie bewegt? [...]

Haarmann wuchs in ärmlichen Verhältnissen auf. Sein Vater, ein Lokomotivführer, war während Haarmanns Kindheit zumeist außer Haus. Später entwickelte sich die Vater-Sohn-Beziehung zu einer tief verwurzelten Feindschaft. Man beschuldigte und bedrohte einander. Immer wieder kam es zu gerichtlichen Klagen, die wohl abwechselnd von beiden Seiten angezettelt wurden. Zu seiner Mutter hatte Haarmann ein besseres Verhältnis, jedoch war diese mit der Erziehung der insgesamt sechs Kinder überfordert und oft krank. Sie starb, als Haarmann 21 Jahre alt war. Liebe, Zuneigung und Wärme hat sie ihrem Sohn, der zum Massenmörder werden sollte, wohl kaum gegeben. Ähnlich problematisch wie die Bezie-

Fritz Haarmann, seit 1918 Polizeispitzel im Zuhälter-Milieu, wird von seinen ehemaligen Kollegen verhaftet.

hungen zu seinen Eltern waren auch die Geschwisterbeziehungen in der Arbeiterfamilie. Haarmann musste ab seinem sechsten Lebensjahr regelmäßig sexuelle Übergriffe eines älteren Bruders erdulden, was gewiss verhängnisvolle Auswirkungen auf seine psychosexuelle[1] Entwicklung hatte. Haarmann, der die Volksschule nach zweimaligem Sitzenbleiben nur mit Mühe beendete, erlernte keinen Beruf. Sein Lohn als ungelernter Arbeiter reichte oft kaum, um sich selbst zu ernähren. Immer wieder wurde er wegen Diebstahls aufgegriffen und verurteilt. Später, nach der Jahrhundertwende, lebte er von Gelegenheitsjobs und Gelegenheitshandel.

Gewiss war seine Kindheit und Jugend entbehrungsreich und freudlos. Damit unterschied er sich jedoch kaum von vielen seiner damaligen Altersgenossen. Gottlob sind die anderen nicht zu Serienmördern geworden. Haarmann hat, wie seine triste Lebensgeschichte zeigt, zweifellos zahllose Frustrationen von frühester Kindheit an erlebt, und seine Eltern und Geschwister waren sicherlich negative Vorbilder, was Aggressionen betrifft. Körperliche, verbale und sexuelle Gewalt sind ihm von seinen Vorbildern vermutlich des Öfteren vorgelebt worden und er hat die Gewalt seines Vaters und die seines älteren Bruders an sich selbst gespürt. Neben der Vorbild- und der Frustrationshypothese erweist sich auch die dritte Aggressionstheorie, die Defizithypothese[2], als auf Haarmanns Biographie zutreffend. Sein geringes Bildungsniveau hat es Haarmann unmöglich gemacht, ein breites Spektrum von Verhaltensmöglichkeiten zu entwickeln und anzuwenden. Für ihn ging es darum, mit seinen beschränkten intellektuellen Möglichkeiten zu überleben. [...]

Der Psychiater Ernst Schultze hielt Haarmann für schuldfähig und verhinderte mit seinem Gutachten eine Einweisung Haarmanns in die Psychiatrie. Voraussetzung für die Schuldfähigkeit eines Mörders ist dessen »freie Willenssteuerung« zum Tatzeitpunkt, wie es im damals gültigen Paragraphen 53 des Reichsstrafgesetzbuchs hieß. »Krankhafte Störungen des Geisteslebens«, wie an gleicher Stelle ausgeführt, sind eine mögliche Ursache der Steuerungseinschränkung. Waren diese Taten denn nicht Ausgeburt eines kranken Geistes?

Eine volle Schuldfähigkeit, die eine bewusste Handlungssteuerung einschließt, würde heute von einem Gutachter bei Haarmann wohl kaum konstatiert werden. Damals durfte jedoch ein Homosexueller, der solch extreme Tötungsdelikte gleich massenweise begeht, nach Meinung der Öffentlichkeit der Todesstrafe nicht entgehen. Schon vor Beginn der Gerichtsverhandlung kam es immer wieder zu Demonstrationen vor dem Justizgebäude. Die aufgebrachte Menschenmenge forderte Haarmanns Kopf. Dem immensen Druck der Öffentlichkeit mochte sich Schultze als Gutachter wohl nicht widersetzen und erklärte Haarmann als voll zurechnungsfähig und für seine grausamen Taten verantwortlich. So wurde Haarmann hingerichtet.

1 psychosexuell (hier): die psychische und sexuelle Entwicklung des Menschen in ihrer gegenseitigen Abhängigkeit.

2 Vorbild-, Frustrations-, Defizithypothese: verschiedene Versuche aggressives Verhalten des Menschen zu erklären. Nach der Vorbildhypothese wird Aggression durch Nachahmung enger Bezugspersonen, z.B. der Eltern, sozial gelernt; nach der Frustrationshypothese ist aggressives Verhalten eine Folge von Frustrationen; nach der Defizithypothese entsteht Aggression, wenn ein Mensch seine Wünsche und Ziele auf Grund seiner beschränkten Fähigkeiten nicht verwirklichen kann.

V 5: John Hospers: Jedes Handeln ist determiniert

Der amerikanische Philosoph John Hospers (1918–2011) lehrte von 1968 bis 1988 an der Universität Los Angeles. Als Herausgeber verschiedener philosophischer Zeitschriften und als Buchautor beschäftigte er sich vor allem mit Fragen der Ethik und Ästhetik. Bereits 1946 erschien eines seiner wichtigsten Bücher zur Ästhetik, Meaning, Truth and the Arts. *In dem folgenden Auszug aus seinem Aufsatz »What Means this Freedom?« (1961) kritisiert Hospers die im Alltag wie in der Philosophie selbstverständlich vertretene Annahme, dass der Mensch für sein Handeln verantwortlich ist.*

Eine letzte Frage bleibt offen: die Frage, ob wir *letztlich* für irgendeine unserer Handlungen verantwortlich sind. Ich möchte diese Frage so formulieren: Wie kann jemand für seine Handlungen verantwortlich sein, da diese doch aus einem Charakter entspringen, der durch Faktoren – zu einem gewissen Teil Erbfaktoren, zum größeren Teil jedoch Faktoren, die der frühkindlichen Umwelt entstammen – geprägt, geformt und zu dem, was er ist, gemacht worden ist, durch Faktoren, die er nicht selbst gemacht und die er sich nicht selbst ausgesucht hat? Diese Frage wird auch diejenigen noch nicht in Ruhe lassen, die alle bisher getroffenen Unterscheidungen akzeptieren, aber dennoch das Gefühl haben, dass »damit noch nicht alles gesagt ist«. Sie werden den untergründigen Verdacht haben, dass es einen elementareren Sinn, einen »tieferen« Sinn gibt, in dem wir für unsere Handlungen *nicht* verantwortlich sind, da wir für den Charakter nicht verantwortlich sind, aus dem diese Handlungen entspringen. [...]

Nehmen wir als Beispiel einen Kriminellen, der, sagen wir, mehrere Menschen erwürgt hat und nun dazu verurteilt ist auf dem elektrischen Stuhl zu sterben. Sowohl die Geschworenen wie auch die Öffentlichkeit halten ihn für voll verantwortlich (zumindest sprechen sie die Worte aus »er ist verantwortlich«), denn die Morde waren bis ins kleinste Detail vorausgeplant, und der Angeklagte schildert den Geschworenen genau, wie er sie im Einzelnen geplant hat. Doch nun erfahren wir, wie es zu allem gekommen ist: wir erfahren von Eltern, die ihn vom Säuglingsalter an ablehnten, von einer Kindheit, die er in einem Heim nach dem andern verbrachte, in denen es ihm stets wieder klar wurde, dass er nicht erwünscht war; von dem stets wieder enttäuschten Wunsch geliebt zu werden, von der harten Schale von Gleichgültigkeit und Bitterkeit, die er sich zulegte, um die schmerzliche und demütigende Tatsache des Unerwünschtseins zu verbergen, und seinen späteren Versuchen, die Wunden seines zerbrochenen Ichs durch defensive Aggressivität zu heilen. [...]

Der unglückliche Geschädigte ist sich der inneren Triebkräfte, die ihm diesen grausigen Tribut abverlangen, nicht bewusst; er wehrt sich, er greift zur List, er schwelgt in Pseudo-Aggressivität, er fühlt sich elend, aber er weiß nicht, was sich in seinem Innern abspielt und die Katastrophe des Verbrechens vorbereitet. Seine aggressiven Taten sind das Zappeln eines Wurmes an der Angel. Und sobald wir sehen, dass es so ist, scheint es uns nicht mehr ganz so leicht zu fallen, zu sagen: »Er ist verantwortlich.« Zwar werden wir ihn zum Schutz der Gesellschaft hinter Gitter bringen, aber wir werden nicht länger unserem Gefühl moralischer Überlegenheit schmeicheln, indem wir ihn für das, was er getan hat, persönlich verantwortlich machen. [...]

Sobald uns Tatsachen wie diese bekannt sind, fühlen wir uns weniger versucht den Kriminellen für sein Verbrechen verantwortlich zu machen; und wir neigen dazu – oder etwa nicht? –, ihn zu entlasten – nicht rechtlich (denn wir sperren ihn weiterhin ins Gefängnis), sondern moralisch; wir betrachten ihn nicht mehr als ein sittliches Monstrum und machen ihn für das, was er getan hat, nicht mehr persönlich verantwortlich. Und das gilt nicht nur für den Verbrecher, sondern allgemein: »Du musst Großmutters Reizbarkeit gegenüber nachsichtig sein; sie ist ziemlich krank und hat ständig Schmerzen.« Oder: »Immer wenn die Hündin Junge geworfen hat, versucht sie, die Kinder zu beißen; man darf ihr das nicht übel nehmen, sie fühlt sich nicht wohl und außerdem ist es nur natürlich, dass sie ihre Jungen verteidigen möchte.« Oder: »Sie ist nervös und unruhig; aber denk bitte daran, dass sie an einer schweren Drüsenfunktionsstörung leidet.«

Es ist zu beobachten, dass wir desto eher geneigt sind, einen Menschen von Verantwortung freizusprechen, je gründlicher und genauer wir die Kausalfaktoren kennen, die ihn dazu bringen, sich so zu verhalten, wie er sich verhält. Solange wir nicht mehr von ihm wissen als sein äußerlich sichtbares Verhalten, sagen wir, er sei ein undankbarer Kerl, der viel von den anderen erwartet, aber selbst nichts dafür tut, und sind empört über ihn. Wenn wir jedoch erfahren, dass seine Eltern nicht anders waren und dass sie ihn ohne Schuldgefühle über ein solches Verhalten zu einem neidischen und habsüchtigen Menschen werden ließen, wird uns klar, dass wir von ihm eine Ausbildung moralischer Regungen in dieser Richtung kaum erwarten konnten. Und wenn wir schließlich obendrein noch erfahren, dass es ihm gar nicht bewusst ist undankbar oder egoistisch zu sein, dass er vielmehr die Erinnerung an für ihn ungünstige Ereignisse unbewusst verdrängt, dann haben wir das Gefühl, dass die Situation zwar bedauerlich ist, dass sie aber »nicht eigentlich seine Schuld« ist. Wenn wir wissen, dass er gerade immer dann zu den Verhaltensweisen neigt, über die sich die anderen ärgern, wenn er sich gespannt und unsicher fühlt, und wenn wir wissen, dass er sich in diesem Augenblick gespannt und unsicher fühlt, und dass dieses Gefühl nachlässt, sobald sich der Druck löst, dann neigen wir dazu zu sagen, dass uns »der arme Kerl Leid tut« und finden, er sei eher zu bedauern als zu tadeln. Wir möchten ihn nicht mehr persönlich verantwortlich machen; wir möchten eher der Natur oder seinen Eltern die Schuld dafür geben, dass sie ihm eine so unglückliche Konstitution[1] oder ein so unglückliches Temperament mitgegeben haben. [...]

Man mag hier jedoch einwenden, dass wir bisher nur von neurotischem Verhalten gesprochen haben. Fällt nicht zumindest das nicht-neurotische oder normale oder nicht unbewusst motivierte Verhalten (wie immer wir es nennen wollen) noch immer in den Bereich der Verantwortlichkeit? Es gibt gute Gründe, auch hier mit »nein« zu antworten. Denn ebenso wenig wie das neurotische hat das normale Individuum den Charakter, der es zu dem macht, was es ist, selbst verursacht. Ist einmal zugestanden, dass Neurotiker für ihr Verhalten (für den Teil ihres Verhaltens, den wir neurotisch nennen) nicht verantwortlich sind, weil es aus unverarbeiteten Kindheitskonflikten herrührt, an deren Entstehen sie nicht beteiligt waren und die ihnen ebenso äußerlich sind, als wenn ihnen das Verhalten von einer übel wollenden Gottheit aufgezwungen wäre (wie es eine der Theorien hierüber tatsächlich annimmt), so ist der so genannte normale Mensch doch nicht weniger das Produkt von Faktoren, an denen sein Wille gänzlich unbeteiligt war. Und wenn sich, anders als beim Neurotiker, sein Verhalten auch durch Überlegung und Einsicht ändern lässt, und wenn er genug Willenskraft besitzt, um die Effekte einer ungünstigen frühkindlichen Umwelt zu kompensieren, dann ist das nicht sein Verdienst; er hat Glück gehabt. Wenn er über Energien verfügt, die sich zu konstruktiven Zwecken mobilisieren lassen, dann ist das nicht sein Verdienst, denn auch dies ist ein Teil seines psychischen Erbes. Diejenigen von uns, die Selbstdisziplin üben können und die gelernt haben, sich auf eine Sache zu konzentrieren, neigen dazu, diejenigen, die es nicht können, zu tadeln und als faul und willensschwach zu bezeichnen. Aber sie übersehen dabei, dass es jenen im wörtlichsten Sinne *unmöglich* ist, die Erwartungen der anderen zu erfüllen. Wäre ihre Psyche genauso strukturiert wie unsere, könnten sie es;

1 Konstitution: erbbedingte körperliche und seelische Verfassung.

Vincent van Gogh, Die Runde der Gefangenen, 1890

aber da sie geschlagen sind mit einem tyrannischen Über-Ich[2] (um für einen Augenblick in den psychoanalytischen Jargon zu verfallen) und einem schwachen wehrlosen Ich, dessen Energien sich in endlosen Kämpfen mit dem Über-Ich verzehren, schaffen sie es einfach nicht, und es wäre sinnlos, es von ihnen zu verlangen. Wir haben kein Recht, sie für das, was sie nicht können, zu tadeln, genauso wenig wie wir ein Recht haben, uns zu dem, was wir können, zu beglückwünschen. Es ist nicht leicht, sich diese Einsicht zu eigen zu machen, denn wir gehen immer wieder naiverweise davon aus, dass andere genauso strukturiert sind wie wir. [...]

Die Lage ist also die: wenn wir die Effekte der frühkindlichen Umwelt zu kompensieren vermögen, dann ist dieses Vermögen selbst wiederum ein Produkt der frühkindlichen Umwelt. Dieses Vermögen ist nicht unser eigenes Werk; und wenn es uns abgeht, kann man uns daraus keinen Vorwurf machen. Freilich, in manchen Fällen tragen moralische Ermahnungen dazu bei, ein Vermögen zu aktivieren, das ungenutzt bereitlag, und darauf beruht ihre *gelegentliche* Nützlichkeit; aber in vielen Fällen ist dieses Mittel sinnlos, weil das Vermögen nicht vorhanden ist. Das einzige, was eine Begierde besiegen kann, ist, wie Spinoza[3] sagt, eine stärkere entgegengesetzte Begierde; und in vielen Fällen fehlen einfach die Voraussetzungen für eine stärkere entgegengesetzte Begierde. Diejenigen, die die nötigen Voraussetzungen mitbringen, haben Glück gehabt.

Sich hieran zu erinnern, kann für die Praxis von Vorteil sein. Solange wir nicht zwanghaft tadelsüchtig sind, kann es uns davor bewahren, selbstgerechter moralischer Empörung zu frönen und die Sünde des geistigen Hochmuts zu begehen, Gott dankend, dass wir nicht sind wie dieser Zöllner. Und es kann uns davor bewahren, denjenigen nutzlose Moralpredigten zu halten, die von ihrer natürlichen Ausstattung her gegen sie am empfindlichsten sind. Und was für die Verantwortung gilt, gilt ebenso für das Verdienst. Jemand begeht ein Verbrechen und wird vom Staat dafür bestraft; »er hat es verdient«, sagen wir in unserer Selbstgerechtigkeit – als wären wir moralisch und er unmoralisch, wo wir tatsächlich doch nur Glück gehabt haben und er keines –, vergessend, dass wir nur durch die Gnade Gottes und eine glückliche frühkindliche Umwelt verschont blieben.

2 Über-Ich: Begriff aus der Psychoanalyse Sigmund Freuds (1856–1939), der die sittliche Instanz in der Person bezeichnet, die die Gebote und Normen der Gesellschaft repräsentiert.

3 Spinoza: niederländischer Philosoph jüdischer Abstammung (1632–1677), Vertreter des Rationalismus, leugnete die Freiheit des menschlichen Willens.

V 6: Moritz Schlick: Beeinflussbarkeit durch Motive

Moritz Schlick war der Begründer und die integrierende Gestalt des »Wiener Kreises«, einer Gruppe von Philosophen, Naturwissenschaftlern und Mathematikern, die sich in den 20er und 30er Jahren regelmäßig in Wien zur Diskussion philosophischer Probleme der Wissenschaften trafen. Die Grundposition dieser philosophischen Schule, der sog. »logische Empirismus«, war vor allem durch das Bemühen um eine »wissenschaftliche Weltauffassung« und durch die strikte Ablehnung philosophischer Spekulation gekennzeichnet. Nach dieser Position liefern nur Logik und Mathematik auf der einen Seite und die empirischen Wissenschaften auf der anderen Seite sichere Erkenntnis. Für eine eigenständige philosophische Erkenntnis der Wirklichkeit, wie sie seit jeher die Metaphysik anstrebte, ist daher kein Platz mehr. Aber nicht nur die Ergebnisse der Metaphysik sind nach Ansicht des Wiener Kreises nichtige Spekulationen (»Scheinwissen«), sondern die traditionellen Probleme selbst erweisen sich vielfach als »Scheinprobleme«. Diese Grundposition hat Schlick auch auf die Ethik angewandt. Nach seiner Ansicht besteht die Aufgabe der Ethik nicht darin, moralische Normen zu begründen, sondern das menschliche Handeln aus seinen natürlichen Ursachen zu erklären.
Moritz Schlick wurde am 14. April 1882 in Berlin geboren. Er studierte Philosophie und Physik. Seit 1922 war er Professor für Philosophie in Wien. Zu seinen wichtigsten Schriften zählen Allgemeine Erkenntnislehre *(1918) und* Fragen der Ethik *(1930). Schlick wurde am 22. Juni 1936 in einem Gebäude der Wiener Universität von einem ehemaligen Studenten ermordet.*
Der Textauszug stammt aus dem siebten Kapitel der Fragen der Ethik, *worin die Frage »Wann ist der Mensch verantwortlich?« untersucht und das Problem der Willensfreiheit als Scheinproblem attackiert wird.*

Der Streit um die »Willensfreiheit« spielt sich nun meist gerade so ab, dass ihre Anhänger die Geltung des Kausalprinzips[1] zu widerlegen suchen, ihre Gegner sie beweisen wollen, beide mit verbrauchten Argumenten und beide, ohne vor der Größe ihres Unternehmens im geringsten zu erschrecken. [...]

Glücklicherweise muss man sich nicht die endgültige Lösung des Kausalproblems anmaßen, um in der Ethik über Verantwortung oder Zurechnung das Nötige zu sagen, sondern es ist schlechterdings nichts andres erforderlich als eine bloße Analyse der Begriffe, nichts andres als die sorgfältige Feststellung der Bedeutung, die mit den Worten Verantwortlichkeit und Freiheit de facto[2] dort verbunden wird, wo wir sie im Leben gebrauchen [...]

Worin äußert es sich in der Praxis, wenn wir einem Individuum die »Verantwortung« für eine bestimmte Tat zumessen? Wozu tun wir das? Der Richter muss herausfinden, wer für eine Handlung verantwortlich ist, um ihn *strafen* zu können. Mit der Ermittlung, wer für eine Tat *belohnungs*würdig ist, pflegt man sich allerdings weniger Mühe zu geben, und man hat keine besonderen Beamten dafür – aber das Prinzip wäre natürlich das gleiche. Bleiben wir aber, um die Ideen zu fixieren, bei der Strafe. Was ist sie eigentlich? Die manchmal noch

1 Kausalprinzip: die Auffassung, dass alle Vorgänge der Natur durch Ursachen eindeutig bestimmt (»determiniert«) sind.
2 de facto: tatsächlich.

geäußerte Anschauung, als sei sie eine natürliche *Vergeltung* für begangenes Unrecht, sollte in einer kultivierten Gesellschaft nicht mehr vertreten werden, denn die Ansicht, dass eine in der Welt vorgekommene Leidvermehrung durch eine neue Vermehrung des Leides »wieder gut gemacht« würde, ist gar zu barbarisch. Gewiss mag der Ursprung der Strafe in einem Vergeltungs- oder Rachetrieb liegen, aber was ist ein solcher Trieb anders als das instinktive Verlangen, durch Vernichtung oder Schädigung des Täters die *Ursache* der zu rächenden Tat aus der Welt zu schaffen? Auf die Setzung von Ursachen, von Handlungs*motiven* kommt es an, und dies allein ist auch die Bedeutung der Strafe. Sie ist eine Erziehungsmaßnahme, und als solche ein Mittel, um Motive zu setzen, die teils den Täter von der Wiederholung der bestraften Tat abhalten sollen (Besserung), teils andre daran hindern sollen, eine ähnliche Tat zu begehen (Abschreckung). Analog handelt es sich bei der Belohnung natürlich um ein Anspornen.

Die Frage nach der Verantwortung ist nun die: Wer ist denn im gegebenen Falle eigentlich zu bestrafen? Wer ist als wahrer Täter der Handlung anzusehen? Die Frage ist nicht einfach identisch mit der nach dem Urheber der Handlung überhaupt, denn als solche könnten schließlich ebensogut die Urgroßeltern des Täters gelten, denen er durch Vererbung seinen Charakter verdankt, ferner die Staatsmänner, die sein soziales Milieu geschaffen haben usf. – Sondern »Täter« heißt derjenige, *an dem die Motive hätten einsetzen müssen*, um die Tat sicher zu verhindern (bzw. hervorzurufen). Die Betrachtung weit entfernter Ursachen nützt da nichts, denn erstens lässt sich ihr wirklicher Beitrag nicht feststellen, und zweitens sind sie im Allgemeinen außer Reichweite. Es muss vielmer dasjenige Individuum gefunden werden, in dem der entscheidende Kreuzungspunkt der Ursachen liegt. Die Frage nach dem Verantwortlichen ist die Frage nach dem *richtigen Angriffspunkt der Motive*. [...]

Alle Tatsachen, die mit den Begriffen Verantwortlichkeit und Zurechnung zusammenhängen, werden von hier aus sofort verständlich. Wir machen einen Geisteskranken nicht verantwortlich, weil er eben kein geeigneter Angriffspunkt für Motive ist. Es wäre ja zwecklos, durch Androhungen oder Versprechungen auf ihn wirken zu wollen, wenn seine verstörte Seele auf solche Beeinflussung nicht reagiert, weil ihr normaler Mechanismus in Unordnung geraten ist. Wir versuchen ihm gegenüber nicht, Motive zu setzen, sondern wir trachten ihn zu *heilen*. [...]

Es ist eine Erfahrungstatsache, dass im Allgemeinen der Getadelte oder Verurteilte selbst durchaus das Bewusstsein hat, er sei »mit Recht« zur Rechenschaft gezogen worden – natürlich unter der Voraussetzung, dass kein Justizirrtum vorgekommen ist, dass also der angenommene Tatbestand auch wirklich vorlag. Dieses Bewusstsein, der wahre Täter der Tat, der wahre Urheber der Handlung zu sein, worin besteht es? Offenbar nicht bloß darin, dass der Mensch selbst es war, der die nötigen Schritte zur Ausführung unternahm, sondern es muss das Bewusstsein hinzukommen, dass er es »selbständig«, »aus eignem Antrieb« tat – oder wie der Ausdruck sonst lauten mag. Es ist nichts andres als das Bewusstsein der *Freiheit* und dies ist einfach das Wissen aus *eignen* Wünschen heraus gehandelt zu haben. »Eigne Wünsche« aber, das sind solche, die aus der Gesetzmäßigkeit des eignen Charakters in gegebener Situation entstehen und nicht durch eine äußere Gewalt, wie oben erläutert, aufgedrängt werden. Die Abwesenheit der äußeren Gewalt dokumentiert sich in dem bekannten Gefühl (das gewöhnlich als das Charakteristische im Freiheitsbewusstsein angesehen wird), *dass man auch anders hätte handeln können*. Wie dieses zweifellos und mit Recht vorhandene Bewusstsein jemals als Argument für den Indeterminismus[3] angeführt werden konnte, ist mir unbegreiflich. Es ist doch natürlich, dass ich

3 Indeterminismus: die Auffassung, dass die Naturvorgänge nicht strikt determiniert, sondern durch ein bestimmtes Maß an Zufall bestimmt sind.

anders gehandelt hätte, wenn ich etwas andres *gewollt* hätte. Das Gefühl sagt nicht einmal, dass ich auch andres hätte wollen können, obwohl dies sicher der Fall ist – wenn nämlich andre Motive dagewesen wären. Dass ich unter *ganz denselben* inneren und äußeren Umständen auch etwas andres hätte wollen können, das sagt es offenbar erst recht nicht. Wie sollte auch wohl ein solches Gefühl mir etwas mitteilen können über die rein theoretische Frage, ob das Kausalprinzip gilt oder nicht? [...]

Von Motiven kann man nur in kausalen Zusammenhängen sprechen; es wird also klar, wie sehr der Begriff der Verantwortung auf dem der Verursachung, d.h. der Gesetzlichkeit der Willensentschlüsse ruht. In der Tat, stellen wir uns einmal vor, ein Willensentscheid wäre schlechthin ursachlos, es gäbe nirgends irgendeine Ursache für ihn (dies nämlich wäre in aller Strenge die indeterministische Voraussetzung), so wäre der Willensakt absolut *zufällig* – denn Zufall ist mit Gesetzlosigkeit identisch [...]

Wären Willensentschlüsse ursachlos, so hätte es keinen Sinn, eine Einwirkung auf einen Menschen zu versuchen, und man sieht sofort, dass dies der Grund wäre, warum wir ihn nie zur Rechenschaft ziehen könnten, sondern immer nur ein Achselzucken für sein Verhalten haben würden. Man kann in der Praxis leicht feststellen, dass wir einen Täter gerade umso *mehr* verantwortlich machen, je mehr Motive wir für sein Handeln finden können. Wenn ein Gewalttäter mit seinem Opfer verfeindet war, wenn er schon sonst gewalttätige Neigungen gezeigt hatte, wenn irgendein besonderer Umstand ihn ärgerte, dann werden wir ihm eine strenge Strafe diktieren; je weniger Gründe aber für ein Delikt zu finden sind, desto weniger werden wir es dem Täter anrechnen, sondern für seine Handlung mehr einen »unglücklichen« Zufall, eine augenblickliche Sinnesstörung oder dergleichen verantwortlich machen.

FORUM

Zur Texterschließung

1 | In welchen Verhältnissen ist der Massenmörder Haarmann aufgewachsen? Inwieweit können diese Verhältnisse nach Vollmers Haarmanns Verbrechen erklären und inwieweit nicht?

2 | Welches Verständnis von Freiheit und Verantwortlichkeit enthielt das »Reichsstrafgesetzbuch«?

3 | Warum kann nach Vollmers nicht von einer vollen Schuldfähigkeit Haarmanns gesprochen werden?

4 | Inwiefern hängt unsere Neigung, jemanden für verantwortlich zu halten, nach Hospers von unserer Kenntnis seiner Biographie ab?

5 | Wodurch unterscheidet sich nach Hospers der normale und der neurotische Mensch? Welche Bedeutung hat dieser Unterschied für die Frage der Verantwortlichkeit ihres Handelns?

6 | Erklären Sie, was Hospers unter dem Charakter eines Menschen versteht! In welchem Verhältnis steht er zur Willensfreiheit?

7 | Warum sind nach Hospers unsere moralischen Verurteilungen von Menschen selbstgerecht?

8 | Worin besteht nach Schlick der falsche und der richtige Weg zur Lösung des Problems der Willensfreiheit?

9 | In welcher Aussage drückt sich nach Schlick das Bewusstsein der Freiheit gewöhnlich aus und warum widerspricht es nicht dem Kausalprinzip?

10 | Erläutern Sie Schlicks Auffassung, dass von Verantwortlichkeit nur gesprochen werden kann, wenn Willensakte durch Motive kausal determiniert sind!

Zurechenbarkeit und Verantwortlichkeit – Zur Diskussion

1 | Der französische Existenzialist Jean-Paul Sartre (1905–1980) ist ein Vertreter eines absoluten Freiheitsbegriffs, wie er in folgender Bemerkung zum Ausdruck kommt: »Also gibt es in einem Leben keine *bösen Zufälle;* ein gesellschaftlicher Vorgang, der sich plötzlich ereignet und mich in Mitleidenschaft zieht, kommt nicht von außen; wenn ich in einem Kriege einberufen werde, ist dieser Krieg *mein* Krieg, weil ich jederzeit mich ihm hätte entziehen können, durch Selbstmord oder Fahnenflucht [...] Da ich mich ihm nicht entzogen habe, habe ich ihn gewählt.«
Welche Folgen hat diese Auffassung für die Idee der individuellen Verantwortlichkeit?

2 | Nach Ansicht sog. »harter Deterministen« ist der Mensch im Grunde nie für sein Handeln verantwortlich, weil das menschliche Handeln sich notwendig aus dem Charakter und den Motiven der gegebenen Situation ergibt. Welche Konsequenzen für unser Zusammenleben würden sich daraus ergeben? Welchen Sinn hätten dann noch Lob und Tadel, Lohn und Strafe? Welche Folgen hätte dies für unser Strafrecht und welche Rechtfertigung gäbe es dann noch für Gefängnisse?

3 | Halten Sie es für gerechtfertigt, dass immer mehr Straftäter für psychisch nicht zurechnungsfähig erklärt werden, ihnen die Schuldfähigkeit abgesprochen wird und man sie einer psychiatrischen Behandlung übergibt? Welche Meinung hätte ein Determinist und welche ein Indeterminist zu dieser Entwicklung?

4 | Suchen Sie Beispiele von Handlungen, die jemand zwar im vollen Bewusstsein der Folgen vollzieht, ohne dass man ihn jedoch dafür verantwortlich machen dürfte!

5 | Stellen Sie Schlicks und Plancks Auffassungen von Verantwortlichkeit einander gegenüber! Überlegen Sie, welcher Auffassung Sie eher zustimmen können! Steigt oder fällt der Grad der Verantwortlichkeit mit unserer Kenntnis der Ursachen des Handelns?

6 | Ist die Idee der Verantwortlichkeit eine unverzichtbare Idee des praktischen Lebens? Inwiefern ist sie Bestandteil unseres Verständnisses von der Würde des Menschen?

7 | Eine aktuelle Diskussion der Moralphilosophie betrifft das Problem des Zufallsglücks (»moral luck«): Inwieweit ist es z. B. ein moralisches Verdienst, wenn jemand aufgrund seines Charakters zu moralisch guten Handlungen neigt? Der amerikanische Philosoph Thomas Nagel (geb. 1937) sieht hierin ein Dilemma. Einerseits lassen sich Handlungen stets auf die konkreten »Umstände« und den Charakter des Handelnden zurückführen; andererseits scheint unser Charakter jedoch eine zufällige Gabe zu sein, für die wir nicht verantwortlich sind. Damit scheint die Idee des verantwortlichen Handelns verloren zu gehen. Diskutieren Sie die Frage, ob es sinnvoll ist, den Menschen für seinen Charakter verantwortlich zu machen! Kann der Mensch als Schöpfer seines Charakters betrachtet werden?

INFOBOX

Freiheit, Verantwortlichkeit und Determination des menschlichen Handelns in der Philosophiegeschichte

In der Antike galt die Annahme, dass der Mensch frei und verantwortlich ist, noch als weitgehend unproblematisch. Lediglich *Demokrit* (ca. 460–371 v.Chr.), der Begründer des Atomismus, nahm eine strikte Determination allen Geschehens an und leugnete damit die Freiheit des menschlichen Willens. Doch *Epikur* (ca. 341–271 v.Chr.), ein anderer Vertreter des Atomismus, nahm Abweichungen in den regelmäßigen Bewegungen der Atome an, vermutlich um Platz für freie, verantwortliche Entscheidungen des Menschen zu haben. Als selbstverständlich betrachteten dagegen Platon und Aristoteles die Freiheit menschlichen Handelns. Nach *Platon* (427–347 v.Chr.) besteht die Freiheit des Menschen in der Fähigkeit, durch vernünftige Überlegungen die Triebe und Begierden zu beherrschen und zu lenken, und nach *Aristoteles* (384–322 v.Chr.) ist der Mensch für sein absichtliches, freiwilliges Handeln verantwortlich. Im christlichen Mittelalter wurde die Freiheit des menschlichen Handelns erstmals zu einem zentralen Problem der Philosophie, als man sich darum bemühte, die menschliche Freiheit mit der göttlichen Vorherbestimmung allen Geschehens in Einklang zu bringen. *Augustinus* (354–430) und *Thomas von Aquin* (1225–1274) verteidigten die Freiheit als die dem Menschen von Gott gegebene Fähigkeit, durch vernünftige Überlegungen das eigene Handeln bestimmen zu können.

In der Neuzeit wurde das Freiheitsproblem im Gefolge des Aufstiegs der Naturwissenschaften zu einer der umstrittensten und meistdiskutierten Fragen. Als es der Physik im Anschluss an Kopernikus, Galilei und Newton gelang, die Bewegungen der Planeten und die Flugbahn von Geschossen genau zu berechnen und vorherzusagen, wurde der Gedanke einer universalen Determination der Natur zur großen Herausforderung für die Philosophie. Wie kann das Handeln des Menschen frei und verantwortlich sein, wenn alle Ereignisse der Natur, also auch die Bewegungen des menschlichen Körpers, durch Naturgesetze genau festgelegt sind? Zu Beginn dieser Entwicklung konnte *René Descartes* (1596–1650) an der Freiheit des menschlichen Willens noch festhalten, weil er mit seinem Leib-Seele-Dualismus dem Menschen eine Sonderstellung in der Welt zuwies. Danach wird der menschliche Körper, wie alle Materie, durch mechanische Gesetze bestimmt und funktioniert wie eine Maschine (→ Info VII); die menschliche Seele ist dagegen immateriell und unterliegt nicht den Naturgesetzen. Kraft seiner (unsterblichen) Seele hat der Mensch daher auch die Fähigkeit der freien Wahl.

Unter dem Einfluss der Physik Newtons wurde der Determinismus die allgemein akzeptierte Voraussetzung, unter der das Freiheitsproblem von der Aufklärung bis ins 20. Jahrhundert diskutiert wurde. Damit stellte sich die Frage, in welchem Sinne der Mensch noch frei ist, wenn sich sein Handeln grundsätzlich genauso voraussagen lässt wie eine Sonnenfinsternis. Dass die Vorstellung eines freien Willens in der Tat eine Illusion ist, hat vor allem *David Hume* (1711–1776) behauptet. Nach Hume ist der menschliche Wille durch den Charakter und die sich aus der Situation ergebenden Motive eindeutig festgelegt. Niemand hätte nach dieser Auffassung in einer bestimmten Situation anders entscheiden können, als er tatsächlich entschieden hat. Gleichwohl fühlt sich der Mensch nach Hume frei, wenn er so handeln kann, wie er will, d.h. wenn die Realisierung seines (festliegenden) Willens nicht durch äußere Hindernisse behindert wird. Die Freiheit, das tun zu können, was man will, nannte Hume »Handlungsfreiheit« und unterschied sie von

»Willensfreiheit«. Eine solche Handlungsfreiheit ist nach seiner Ansicht völlig ausreichend, um den Menschen als moralisches, verantwortliches Wesen zu verstehen. Gerade weil der menschliche Wille durch Charakter und Motive eindeutig bestimmt wird, kann der Mensch nach Hume durch Motive wie Lob und Tadel bzw. durch Belohnung und Strafe überhaupt gezielt beeinflusst werden. Wäre der Wille des Menschen wirklich frei, dann könnten solche Motive, so Humes Argument, seinen Willen überhaupt nicht erreichen. Die Beeinflussbarkeit menschlichen Handelns durch Motive ist nach Hume die Voraussetzung von Verantwortlichkeit.

Im Unterschied zu Hume hat *Immanuel Kant* (1724–1804) Willensfreiheit als unerlässlich für Verantwortlichkeit betrachtet. Da er aber zugleich von der Wahrheit des Determinismus überzeugt war, sah er im Verhältnis von Willensfreiheit und Determismus einen grundlegenden Widerspruch (»Antinomie«) im menschlichen Weltverstehen. Kant meinte jedoch diesen Widerspruch auflösen und Freiheit und Notwendigkeit miteinander versöhnen zu können, indem er den Menschen als »Bürger zweier Welten« begriff, nämlich als Naturwesen (»Erscheinung«) und als Vernunftwesen (»Ding an sich«). Als Naturwesen ist der Mensch den Naturgesetzen unterworfen und sein Handeln ist durch Charakter und Motive determiniert; als Vernunftwesen unterliegt er den Naturgesetzen jedoch nicht und sein Wille ist frei.

An die Freiheitslehre Kants hat sich *Arthur Schopenhauer* (1788–1860) eng angeschlossen, doch hat er ihr zugleich eine eigenwillige Deutung gegeben. Auch für ihn ist das Handeln des Menschen auf Grund von Charakter und Umständen eindeutig festgelegt, sodass niemand in einer bestimmten Situation hätte anders handeln können, als er tatsächlich gehandelt hat. Da die menschliche Freiheit also nicht im Handeln liegen kann, so kann sie nur im »Sein« des Menschen, d.h. im Charakter liegen. Doch dass der Mensch in seinem Charakter frei ist, kann nach Schopenhauer nur so gedacht werden, als habe jeder Mensch sich seinen Charakter selbst frei gewählt.

Im 20. Jahrhundert haben »Neukantianer« wie *Ernst Cassirer* (1874–1945) Kants Freiheitstheorie ganz anders interpretiert. Statt die Determination der Natur und die Freiheit des Willens auf »zwei Welten« zu verteilen, haben sie darin zwei sich ergänzende, aber gleichberechtigte Betrachtungsweisen gesehen. Sofern der Mensch als Naturwesen wissenschaftlich untersucht wird, ist er wie alles Naturgeschehen determiniert; sofern er sich dagegen als moralisch Handelnder versteht und betätigt, ist er frei und verantwortlich. Eng damit verwandt ist die unter anderem von dem Physiker *Max Planck* (1858–1947) vertretene Position, dass das menschliche Handeln für die Wissenschaften strikt determiniert ist und vorausgesagt werden kann, dass aber in der praktischen Situation des Handelnden die eigene Determination prinzipiell undurchschaubar ist. Willensfreiheit besteht danach in der Unvoraussagbarkeit der eigenen Willensentscheidungen.

Die bei Hume vorliegende Verbindung von Handlungsfreiheit und Verantwortlichkeit hat das Freiheitsverständnis weiter Teile der modernen empiristischen Philosophie maßgeblich geprägt. Im Anschluss an Hume haben insbesondere *Bertrand Russell* (1872–1970), *Moritz Schlick* (1882–1936) und *Rudolf Carnap* (1891–1970) die traditionelle Idee der Willensfreiheit als Illusion und das Freiheitsproblem als »Scheinproblem« kritisiert und Handlungsfreiheit als ausreichende Grundlage der Moral herausgestellt. Ähnlich hat *Peter Strawson* (1919–2006) zu zeigen versucht, dass die moralische Praxis des Lobens und Tadelns einen unverzichtbaren Bestandteil des alltäglichen Lebens ausmacht. Gegen diese von Hume beeinflussten Lehren haben jedoch Verfechter eines radikalen Determinismus eingewandt, dass mit der Willensfreiheit auch die Verantwortlichkeit des Menschen mehr oder weniger preiszugeben ist. So hat etwa *John Hospers* (1918–2011) behauptet, dass nur dann jemand bestraft werden darf, wenn er auch hätte anders handeln können. Determination hebt nach dieser Auffassung also Willensfreiheit und Verantwortlichkeit auf.

Aber auch die Freiheit des menschlichen Willens wird im 20. Jahrhundert verteidigt. Für Existenzphilosophen wie *Karl Jaspers* (1883–1969) und *Jean-Paul Sartre* (1905–1980) ist der Mensch, im Gegensatz zu anderen Lebewesen, nicht von Natur aus in seinem Charakter und seinem Verhalten festgelegt, sondern er ist ein Wesen, das sich im Laufe seines Lebens zuallererst selbst verwirklicht. Freiheit ist für sie der innerste, wissenschaftlich unzugängliche Wesenskern des Menschen. Während die Existenzphilosophie den Menschen als die große Ausnahme im ansonsten determinierten Naturgeschehen betrachtet, hat *Karl R. Popper* (1902–1994) eine Freiheitstheorie im Anschluss an den Indeterminismus der Quantenphysik entwickelt. Ähnlich wie in der Natur ein bestimmtes Maß an Zufall herrscht, so ist auch das menschliche Handeln nicht durch natürliche und soziale Faktoren festgelegt, sondern erfolgt durch freie, vernünftige Entscheidungen, die nach Popper aber weniger einem zufälligen »Quantensprung« als einem Reifungsprozess ähneln.

Die Hauptpunkte des Freiheitsproblems sind bis heute kontrovers geblieben. Weder gibt es Einigkeit darüber, in welchem Sinne der Mensch frei ist, noch welche Art von Freiheit für Verantwortlichkeit vorausgesetzt werden muss. Gleichwohl wird das Freiheitsproblem das Philosophieren aller Voraussicht nach auch in Zukunft immer wieder entzünden.

VI DER TOD ALS FREUND UND HELFER? – STERBEHILFE ALS MORALISCHER KONFLIKT

Einführung

Einer der am tiefsten verwurzelten Grundsätze verbietet es, Menschen zu töten. Dass das Leben eines der höchsten und am meisten zu schützenden Güter ist, zeigt sich z. B. darin, dass seine Unverletzlichkeit sogar durch den Staat garantiert ist. Auch Ärzte sind durch den »Eid des Hippokrates« verpflichtet alles in ihrer Macht Stehende zu tun, um das Leben ihrer Patienten zu erhalten. Das Notwehrrecht gesteht uns zu das eigene Leben vor einer unmittelbaren tödlichen Bedrohung zu schützen.

Doch in der Praxis können uns unsere moralischen Überzeugungen vor schwierige Probleme stellen. Eines davon ist das der so genannten Sterbehilfe. Nehmen wir z. B. den Fall, dass jemand wegen einer unheilbaren, qualvollen Krankheit seinem Leben ein Ende setzen möchte, dazu aber selber nicht in der Lage ist, sondern auf die Hilfe eines Arztes angewiesen ist. Was soll ein Arzt in einer solchen Situation tun? Darf er dem Patienten eine tödliche Injektion verabreichen? Ist also Sterbehilfe in bestimmten Fällen erlaubt oder bleiben Ärzte dazu verpflichtet, das Leben ihrer Patienten wirklich unter allen Umständen, also auch gegen deren ausdrücklichen Willen, zu erhalten?

Die Frage der moralischen Zulässigkeit der Sterbehilfe stellt sich auch in Fällen, wo schwerkranke Patienten den Wunsch zu sterben nicht mehr äußern können. Es ist längst keine Seltenheit mehr, dass jemand durch einen Unfall so schwere Gehirnverletzungen erlitten hat, dass zwar die lebenswichtigen Funktionen seines Körpers mittels der Techniken der modernen Medizin erhalten werden können, ohne dass jedoch der Patient sein Bewusstsein wieder erhält. Ist es in einem solchen Fall moralisch zulässig, die »Instrumente abzustellen« und damit ein solches Leben zu beenden? Wenn ja, wer darf eine solche Entscheidung treffen: Ärzte oder Angehörige oder nur beide zusammen? Auch hier stellt sich die Frage, ob Sterbehilfe unter bestimmten Umständen erlaubt ist oder ob sie stets einen unerlaubten Eingriff in das Gut Leben darstellt?

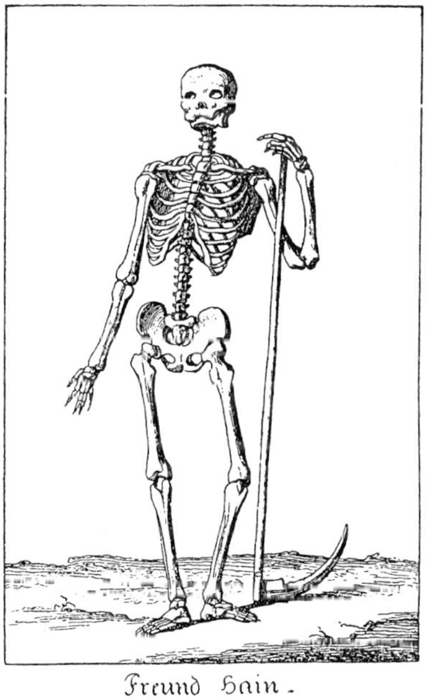

Freund Hain.

VI 1: Der Eid des Hippokrates

Hippokrates, ein Zeitgenosse des Sokrates und der Sophisten, wurde ca 460 v. Chr. auf der ägäischen Insel Kos geboren. Dort begründete er eine der bekanntesten Ärzteschulen der Antike und war maßgeblich daran beteiligt, dass sich die Medizin als eigenständige empirische Disziplin aus dem Bereich der Naturphilosophie löste. Von Hippokrates stammt die bis ins Mittelalter hineinwirkende Lehre, nach der Krankheiten durch eine falsche Mischung der Körpersäfte verursacht werden. An einer engen Beziehung zur Philosophie hielt Hippokrates jedoch fest. Er galt als Anhänger des Vorsokratikers Heraklit.
Seine Schriften sind im Corpus Hippocratium *zusammengefasst. Hippokrates starb ca. 370 v. Chr. in Larissa (Thessalien).*
Inwieweit der hier abgedruckte, so genannte »Eid des Hippokrates«, auf den bis heute Ärzte verpflichtet werden, in seinem jetzigen Wortlaut auf Hippokrates selbst zurückgeht, ist umstritten.

Ich schwöre bei Apollon[1], dem Arzt, bei Asklepios[2], bei Hygieia[3], bei Panakeia[4], bei allen Göttern und Göttinnen, indem ich sie zu Zeugen anrufe, dass ich diesen Eid und diesen Vertrag nach Kräften und entsprechend meinem Urteilsvermögen erfüllen werde. Dass ich denjenigen, der mich in dieser Kunst unterweist, meinen Eltern gleich achte; dass ich mein Leben mit ihm teile; dass ich ihm, wenn er Geld braucht, etwas abgebe; dass ich seine Nachkommen meinen Brüdern gleich achte. Dass ich ihnen in dieser Kunst ohne Bezahlung und ohne Vertrag Unterricht erteile, wenn bei ihnen der Bedarf besteht, sie zu erlernen; dass ich an den Regeln, an der Vorlesung und an der gesamten übrigen Unterweisung Anteil gebe meinen eigenen Söhnen, den Söhnen meines Lehrers und den eingeschriebenen Schülern, die den Ärzteeid geschworen haben, sonst aber keinem.

Regeln zur Lebensweise werde ich zum Nutzen der Kranken einsetzen, nach Kräften und gemäß meinem Urteilsvermögen; vor Schaden und Unrecht werde ich sie bewahren.

Weder werde ich aber irgendjemandem ein todbringendes Mittel geben, nicht einmal, nachdem ich gebeten worden bin, noch werde ich einen entsprechenden Rat erteilen. Auch werde ich keiner Frau ein fruchtabtötendes Mittel verabreichen.

Unbefleckt und rein werde ich mein Leben und meine Kunst bewahren.

Ich werde nicht schneiden, und zwar auch nicht bei solchen, die ein Steinleiden haben, sondern ich werde den Männern Platz machen, die in diesem Handwerk beschäftigt sind.

In alle Häuser, die ich betrete, werde ich deswegen gehen, um den Kranken zu nützen, wobei ich mich von jeglichem Unrecht und Schaden fernhalten werde, insbesondere von lustvollem Missbrauch an den Körpern von Frauen und Männern, seien sie nun Freie oder Sklaven.

Was ich aber während eines Heilverfahrens sehe oder höre, oder auch wenn ich mit den Menschen Umgang pflege, ohne sie gerade zu behandeln, sofern man es nicht verbreiten muss, werde ich verschweigen, im Glauben, dass Derartiges ungesagt bleiben muss.

Wenn ich also diesen Eid erfülle und nicht breche, dann möge ich die Früchte meines Lebens und meiner Kunst ernten und auf immer bei allen Menschen Ruhm genießen. Wenn ich den Eid aber übertrete bzw. einen Meineid schwöre, soll das Gegenteil davon der Fall sein.

1 Apollon: Apollon, auch Apoll, griech. Gott der Heilkunst, der Orakel, des Maßes und der Schönheit.
2 Asklepios: Asklepios, auch Äskulap: griech. Gott der Heilkunst, gilt als Sohn des Apollon.
3 Hygieia: griech. Göttin der Gesundheit, Gattin des Asklepios.
4 Panakeia: griech. die Allheilerin, Göttin der Genesung und Tochter des Asklepios.

VI 2: Robert Leicht: Nach dem Leben, vor dem Sterben

Robert Leicht gehört zu den renommiertesten deutschen Journalisten der Gegenwart. Geboren am 10.8.1944 in Naumburg/Saale, arbeitete er nach einem Jurastudium in Basel und Saarbrücken, seit 1970 für die Süddeutsche Zeitung *und ab 1986 für die Wochenzeitung* DIE ZEIT*, deren Chefredakteur er von 1992 bis 1997 war. Seit 1999 ist er auch Präsident der Evangelischen Akademie zu Berlin.*
Der Artikel Wenn der Tod gewollt ist, *dem die Auszüge entnommen sind, erschien im Juli 1998 in der* ZEIT.

In seinem »Sermon[1] von der Bereitung zum Sterben« rät Martin Luther[2]: »Dieweil der Tod ein Abschied ist von dieser Welt und allen ihren Händeln, ist not, dass der Mensch sein zeitlich Gut ordentlich verschaffe, wie es damit werden soll oder er es gedenkt zu ordnen, dass nicht bleibe nach seinem Tod Ursach zu Zank, Hader oder sonst einem Irrtum unter seinen nachgelassenen Freunden.« Das war 1519.

Im Jahre 1998 gibt das lange Hinsterben einer 85-jährigen Frau, die nach einem ausgedehnten Hirninfarkt seit Ende des vergangenen Jahres im Koma liegt, Ursach zu Zank und Hader, der sich bis vor die Richter am Oberlandesgericht Frankurt zog – und nun an das Amtsgericht zurückverwiesen wurde, wo die Sache neu verhandelt werden muss. Der Mensch kann eben nur »sein zeitlich Gut« ordentlich verschaffen – anordnen, wie es mit ihm selber zu Ende gehen solle, kann er nur begrenzt und kaum so eindeutig; zumal da selbst Testamente über Hab und Gut für genügend Streit und Zweifel sorgen.

Die Sache oder – genauer – die Rechtssache: Als Betreuerin der hinfälligen Dame war ihre Tochter eingesetzt worden. Als es nun mit ihrer Mutter so schlecht stand, dass sie ohne Bewusstsein daniederlag, ohne Aussicht auch auf Besserung, setzte die Tochter sich dafür ein, dass die künstliche Ernährung eingestellt und die Patientin dem Tod überlassen werde. Sie wandte sich an das Vormundschaftsgericht mit dem Antrag, den Abbruch der Behandlung zu genehmigen. Sowohl beim Amtsgericht als auch beim Landgericht war sie abgewiesen worden. – Und schon stehen wir nicht nur mitten in einem tief existentiellen Problem der Welt- und Lebensanschauung, sondern zugleich vor einem vertrackten Wust von kniffligen Auslegungsfragen der Jurisprudenz.

Zunächst die Juristerei[3] – und das scheinbar nur pingelige Auslegungsproblem, das zu der Aufsehen erregenden Entscheidung des Oberlandesgerichts geführt hat: Ärztliche Eingriffe sind nur zulässig, wenn der Patient ihnen zugestimmt hat. Ist ein Betreuer eingesetzt, hat dieser die Zustimmung zu erteilen. Steht freilich eine gefährliche Operation bevor, muss der Betreuer sich um eine Genehmigung des Vormundschaftsgerichts bemühen.

Nichts da, sagten die Richter der beiden ersten Instanzen. Genehmigt werden kann nach Paragraph 1904 des Bürgerlichen Gesetzbuchs, der hier einschlägigen Vorschrift, nur die *Einleitung* einer ärztlichen Maßnahme – nicht aber das Gegenteil, nämlich ihr *Abbruch*. – Doch, sagten nun die Richter am Oberlandesgericht, Der Paragraph sei auch auf diesen Fall anzuwenden. Ihre Begründung: Wenn schon eine lebensrettend angelegte Operation einer Genehmigung bedarf, um wie viel mehr die Beendigung einer Behandlung. Weil sie genehmigt werden muss – kann sie auch genehmigt werden. (Der Jurist nennt dies den logischen

1 Sermon: Predigt.
2 Martin Luther: Martin Luther (1483–1546), deutscher Reformator.
3 Juristerei/Jurisprudenz: Rechtswissenschaft.

Schluss *a fortiori*[4], den Erst-recht-Schluss.) Man könnte aber auch ganz anders argumentieren: Der lebensbeendende Abbruch einer Behandlung ist ohnehin unzulässig – und kann folglich auch nicht genehmigt werden. Der Betreuer kann sich nur für eine Behandlung einsetzen – nicht für ihren Abbruch.

Man sieht also, das logisch scheinbar in sich widersprüchliche Problem verweist auf eine noch unausgesprochene Frage: Soll eine medizinische Behandlung eingeleitet, fortgesetzt oder beendet werden, muss der aufgeklärte Patient zustimmen; ist es überhaupt zulässig, diese Zustimmung des Patienten durch die Entscheidung anderer Personen zu ersetzen? Und zwar dann, wenn der Patient sich selber nicht mehr äußern kann, weil er ohne Bewusstsein oder Ausdrucksfähigkeit daniederliegt. Für diesen Fall aber hat der Bundesgerichtshof bereits im Jahr 1994 eine richtungweisende Entscheidung gefällt. In der extremen Kurzfassung: in engsten Ausnahmefällen vielleicht doch.

Aber zunächst genug der Juristerei – stattdessen ein Blick auf das Grundsatzproblem und seine philosophische und medizinische Entwicklung. Noch vor wenigen Jahrzehnten stellte sich das schwere Problem vergleichsweise einfach dar. In der Darstellung zusätzlich vereinfacht: Der Arzt hat, erstens, menschliches Leben unter allen Umständen zu erhalten – folglich ist jegliche Sterbehilfe, aktiv oder passiv, verboten; allenfalls kann es hingenommen werden, dass eine Schmerzbehandlung im ungewollten Nebeneffekt lebensverkürzend wirkt. Der Mensch und Patient hat, zweitens, sein Leben in guten wie in schlimmen Stunden zu leben – folglich ist auch der Suizid[5] strafbar, daher: Selbst-*Mord;* strafbar war demnach auch die Beihilfe zur Selbsttötung. (Heute noch strafbar ist die »Tötung auf Verlangen«.)

Die Lage ist heute komplizierter – und zwar wegen zweier Entwicklungen. Zum einen ist die Medizin so weit fortgeschritten, dass – vor allem durch den Einsatz der Technik – Leben auch in Fällen erhalten (oder verlängert werden) kann, in denen die Patienten früher eines schnellen Todes gestorben wären. Zum anderen denken wir heute über die Würde und Selbstbestimmung der Menschen anders, messen wir vor allem der Selbstbestimmung einen höheren Rang zu. Anders ausgedrückt: Die technische Autonomie der Medizin und die rechtliche Autonomie[6] des Menschen führen in immer mehr Grenzfällen des Lebens und des Sterbens zu ethischen Problemen, die früher der Tod alleine gelöst hat. Dass die Entwicklung immer noch im Fluss ist (und wohl kaum je zu einem klaren Abschluss kommen wird), zeigen die aktuellen Urteile ebenso wie die Diskussionen in der Rechtswissenschaft, in der Ärzteschaft, in den Kirchen.

Der doppelte Fortschritt in Medizin und Rechtsdenken spiegelt sich wider in einer widersprüchlichen Erwartung der Menschen: Zum einen erhoffen sie sich von der Medizin eine Erweiterung ihrer Lebensdauer und -möglichkeit: Transplantationschirurgie[7], Reproduktionsmedizin[8], genetische Medizin[9] – alles nur Stichworte. Zum anderen befürchten immer mehr Menschen, am Ende ihres Lebens zum willenlosen Objekt ebendieser Medizin zu werden.

Was also tun, wie entscheiden, wenn sich das Leben (scheinbar) unwiderruflich zu Ende neigt, das Sterben sich aber scheinbar endlos hinzieht? [...]

4 a fortiori (lat.): »vom Stärkeren her«. Ein »argumentum a fortiori« ist in der Logik ein Beweis, bei dem die zu beweisende Behauptung als noch sicherer gilt als diejenige, mit der sie bewiesen werden soll.

5 Suizid: Selbstmord.

6 Autonomie: Selbständigkeit, Unabhängigkeit, Zustand der Selbstbestimmung.

7 Transplantationschirurgie: Teil der Chirurgie, der mit der Einpflanzung fremder Organe oder Zellen in den Körper befasst ist.

8 Reproduktionsmedizin: Teil der Medizin, der sich mit der Fortpflanzung und den damit zusammenhängenden Krankheiten befasst.

9 genetische Medizin: Teil der Medizin, der sich mit Erbkrankheiten und den Mechanismen der Vererbung beschäftigt.

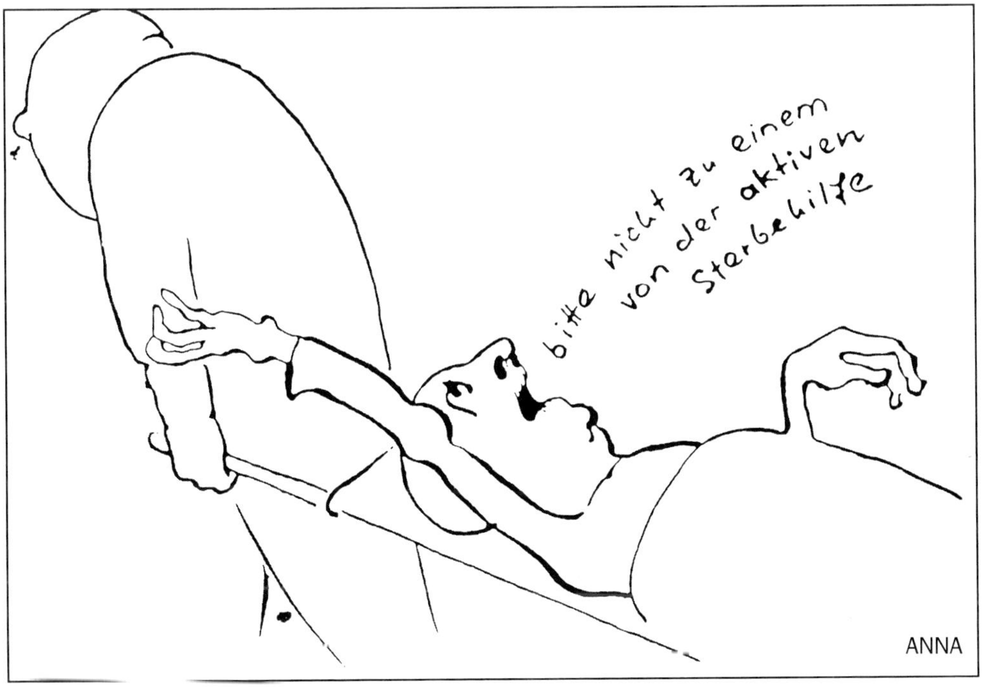

Menschen, die das Schicksal in einer solchen existenziellen Grenzsituation[10] zusammenführt, Ärzte, Patienten, Betreuer, sind nicht bloß Maßnahmeträger oder Behandlungsobjekte. Sie führen nicht nur Diskussionen, reale und virtuelle[11], sondern jeder von ihnen hat ein Leben zu bewältigen, und nicht nur seines, sondern auch das der ihm Anvertrauten – und das jener Menschen, denen er sich anvertraut. Sie haben auch das Sterben zu bewilligen – das eigene wie das fremde. Soll der Arzt nur die Konsequenzen aus den Depressionen und Ängsten des Patienten und der Angehörigen ziehen – oder soll er sie nicht auch tragen helfen, soweit dies geht? Sterbebegleitung heißt doch gewiss mehr als Sterben verkürzen oder verlängern.

Die Unterscheidung zwischen sinnlos gewordenem Leben oder sinnlosem Sterben setzte im Idealfall freilich eine Verständigung, ja ein Redenkönnen über den Sinn des Lebens und des Sterbens voraus – auch am Bett eines Sterbenden, der nicht mehr mitzureden weiß. Gewiss ist schon viel damit erreicht, dass das Selbstbestimmungsrecht des Patienten inzwischen viel höher veranschlagt wird. Das gibt dem Patienten die Möglichkeit, sich beizeiten Gedanken zu machen und sie mit relativer Verbindlichkeit zu artikulieren. Ärzte und Betreuer werden für den Fall des Falles ein Stück weit entlastet. Schon gar nicht darf die Berufung auf das vage oder in Vorzeiten artikulierte Selbstbestimmungsrecht des Patienten zur vordergründigsten Entlastung werden – von Verantwortung, gar von Kosten für die Versicherung oder die Erben.

10 existenzielle Grenzsituation: ein der Existenzphilosophie von Karl Jaspers (1883–1969) entlehnter Begriff, der eine Situation im menschlichen Leben bezeichnet, in der, wie im Falle des Sterbens oder einer schweren Krankheit, die Frage nach dem Sinn der eigenen Existenz ins Bewusstsein tritt.

11 virtuelle: möglich, an einer künstlichen Welt teilhabend.

VI 3: Thomas Morus: Befreiung aus dem Kerker des Lebens

Thomas Morus ist einer der bedeutendsten Vertreter des europäischen Humanismus und gleichzeitig der Verfasser einer der bekanntesten politischen Utopien der Neuzeit. Sein ursprünglich in Latein geschriebenes Werk Utopia (1516)*, dessen Titel im Griechischen »Nirgendort« bedeutet, gab einer ganzen Gattung den Namen. In ihm entwickelte Morus, in der Tradition Platons, den Entwurf eines nach streng rationalen Prinzipien aufgebauten Gemeinwesens, das sich durch soziale Fürsorge des Staates, aber auch durch die Einschränkung individueller Freiheiten auszeichnet.*
Thomas Morus wurde am 7.2.1478 in London geboren. Er studierte in Oxford und war eng mit dem niederländischen Humanisten Erasmus von Rotterdam befreundet. Seine politische Karriere trug ihn bis zum Amt des Lordkanzlers. Die Abspaltung der Anglikanischen Kirche von Rom, mit der Heinrich VIII. seine Scheidung durchsetzen wollte, wurde von Morus missbilligt. 1532 zog er sich aus allen politischen Ämtern zurück. Drei Jahre später wurde er wegen Hochverrats angeklagt und am 6.7.1535 hingerichtet.
Der folgende Text schildert den Umgang mit Kranken in »Utopia«.

Es gibt nämlich im Bereich der Stadt vier Krankenhäuser, die etwas außerhalb der Mauern liegen und so geräumig sind, dass sie ebenso vielen kleinen Städten verglichen werden können, einmal um eine beliebig große Zahl von Kranken nicht beengt und darum unbequem unterzubringen, dann um diejenigen, die von einer Krankheit befallen sind, deren Einwirkung von einem auf den anderen überzugehen pflegt, weiter von der Menge der anderen entfernt halten zu können. Diese Krankenhäuser sind so gut eingerichtet und mit allem, was zur Heilung dient, so reichlich versehen, die Pflege wird so rücksichtsvoll und gewissenhaft ausgeübt, die erfahrensten Ärzte sind ständig so eifrig bei der Sache, dass es in der ganzen Stadt kaum jemanden gibt, der es im Falle der Erkrankung nicht vorzöge, dort zu liegen statt zu Hause, obgleich niemand gegen seinen Willen dort eingeliefert wird. [...]

Die Kranken pflegen sie, wie ich sagte, mit großer Hingebung, und sie versäumen nichts, wodurch sie ihre Gesundheit wiederherstellen können, sei es durch Arzneimittel oder durch sorgfältige Diät. Sogar unheilbar Kranken erleichtern sie ihr Los, indem sie sich zu ihnen setzen, ihnen Trost zusprechen und überhaupt alle möglichen Erleichterungen verschaffen. Ist indessen die Krankheit nicht nur unheilbar, sondern dazu noch dauernd qualvoll und schmerzhaft, dann reden Priester und Behörden dem Kranken zu, da er doch allen Anforderungen des Lebens nicht mehr gewachsen, den Mitmenschen zur Last, sich selber unerträglich, seinen eigenen Tod bereits überlebe, solle er nicht darauf bestehen, die unheilvolle Seuche noch länger zu nähren, und nicht zögern zu sterben, zumal das Leben doch nur eine Qual für ihn sei; er solle sich also getrost und hoffnungsvoll aus diesem bitteren Leben wie aus einem Kerker oder aus der Folterkammer befreien oder sich willig von anderen herausreißen lassen; daran werde er klug tun, da ja der Tod keinen Freuden, sondern nur Martern ein Ende mache, und zudem werde er fromm und gottesfürchtig handeln, da er damit dem Rat der Priester, das heißt der Deuter des göttlichen Willens gehorche. Wen sie damit überzeugt haben, der endigt sein Leben entweder freiwillig durch Enthaltung von Nahrung oder wird eingeschläfert und findet Erlösung, ohne vom Tode etwas zu merken. Gegen seinen Willen aber töten sie niemanden und sie pflegen ihn deshalb auch nicht weniger sorgfältig. Auf einen solchen Rat hin sein Leben zu enden, gilt als ehrenvoll. Sonst aber wird keiner, der sich selbst das Leben nimmt, ohne Billigung des Grundes durch Priester und Senat, der Beerdigung oder der Verbrennung gewürdigt; statt ihn zu begraben, werfen sie ihn schmählich in einen Sumpf.

VI 4: Norbert Hoerster: Sterbehilfe als Konsequenz der Selbstbestimmung

Norbert Hoerster, geboren 1937, hat mit seinen Thesen zur Abtreibung und Sterbehilfe die Diskussion über Probleme der angewandten Ethik nachhaltig beeinflusst. Nach zahlreichen Veröffentlichungen zur Ethik, Rechts- und Staatsphilosophie trat Hoerster in Büchern wie Abtreibung im säkularen Staat. Argumente gegen den § 218 *(1991) und* Sterbehilfe im säkularen Staat *(1998) für eine Liberalisierung der gesetzlichen Regelungen und für eine stärkere Selbstbestimmung der Betroffenen ein. Vor allem seine These, dass auch eine aktive Sterbehilfe in bestimmten Fällen erlaubt sein müsse, hat heftigen öffentlichen Widerspruch hervorgerufen. Aufgrund zunehmender Anfeindungen gab Hoerster 1998 seinen Lehrstuhl an der Universität Mainz vorzeitig auf.*

Auch in dem folgenden Auszug aus dem Aufsatz Sein letzter Wille *(1995) setzt sich Hoerster dafür ein, die Sterbehilfe vom allgemeinen Tötungsverbot auszunehmen.*

Intensivstation, angeschlossen an Schläuche und Apparate – kaum jemand wird so sterben wollen. Doch die Frage, ob und inwieweit dem Sterben nachgeholfen werden darf, ist seit Jahren in unserer Gesellschaft lebhaft umstritten. Inwieweit in der Realität Sterbehilfe geleistet wird, hängt daher weitgehend vom Ermessen und damit nicht zuletzt von der weltanschaulich-moralischen Einstellung des jeweiligen Arztes ab. Eine umfassende rechtliche Regelung der Sterbehilfe ist deshalb aus Gründen der Rechtssicherheit und Gleichbehandlung dringend erforderlich.

Wie sollte eine solche Regelung für die *passive* Sterbehilfe aussehen? Passive Sterbehilfe heißt, den Patienten durch Verzicht auf eine mögliche lebensverlängernde ärztliche Behandlung sterben zu lassen. Schlechthin jede ärztliche Behandlung – gleichgültig ob in einem alltäglichen oder in einem sehr ernsten Fall – bedarf der Zustimmung oder Einwilligung des Patienten. Ohne Zustimmung darf ein Arzt weder ein Mittel gegen Schnupfen noch eine lebensrettende Bluttransfusion applizieren[1]. Der in unserem moralischen Denken wie in unserer Rechtsordnung fest verankerte Grundsatz der Freiheit und Autonomie des Individuums verbietet jede ärztliche Behandlung ohne Zustimmung – und dies selbst dann, wenn die Behandlung langfristig gesehen für den Patienten selbst (durch Rettung seiner Gesundheit oder seines Lebens) durchaus von Nutzen wäre und seinem Wohl diente. Passive Sterbehilfe durch Verzicht auf Behandlung muss also immer dann als zulässig betrachtet werden, wenn der Patient einer möglichen Behandlung seine Zustimmung versagt beziehungsweise eine passive Sterbehilfe ausdrücklich wünscht. [...]

Weit umstrittener als die passive ist die *aktive* Sterbehilfe. Definitionsgemäß versteht man darunter Sterbehilfe durch »aktives Tun«. Denkbar wäre, jede aktive Tötung immer dann zuzulassen, wenn sie auf den Wunsch oder das Verlangen des Betroffenen hin erfolgt. Dies ist entschieden abzulehnen. Im Gegenteil spricht vieles dafür, *im Normalfall* eine Tötung auf Verlangen strafrechtlich zu verbieten. Das Leben ist zwar ein individuelles Gut, über das der Einzelne prinzipiell selbst verfügen kann. Trotzdem ist das individuelle Gut des Lebens gegenüber anderen individuellen Gütern durch Besonderheiten gekennzeichnet: Das Leben ist erstens ein besonders wichtiges, ein zentrales Gut, dessen Besitz Voraussetzung des Genusses aller anderen individuellen Güter (wie Gesundheit, Lebensfreude oder Eigentum) ist. Und das Leben ist zweitens ein Gut, dessen Verlust absolut irreversibel[2] ist.

1 applizieren: anwenden, verabreichen.
2 irreversibel: nicht rückgängig zu machen.

Aus diesem Grund hat das Individuum gewöhnlich selbst ein Interesse daran, durch die Rechtsordnung vor einer Preisgabe des eigenen Lebens geschützt zu werden, die einer bloß vorübergehenden Lebensmüdigkeit entspringt und bei langfristiger Betrachtung vom eigenen Standpunkt aus als irrational erscheinen muss. Insoweit ist die Regelung unseres geltenden Paragraphen 216 Strafgesetzbuch, der die Tötung auf Verlangen generell verbietet, durchaus zu billigen.

Ganz anders liegen die Dinge aber im speziellen Fall der Sterbehilfe. Die typische Konstellation der Sterbehilfe ist nämlich gegenüber dem gewöhnlichen Fall der Tötung auf Verlangen durch besondere Merkmale gekennzeichet. Hier befindet sich das Individuum, das seine Tötung wünscht, in einem schweren, irreversiblen Leidenszustand. Wenn ein solcher Zustand vorliegt, besteht offenbar eine beträchtliche Wahrscheinlichkeit, dass der Sterbewunsch des Betroffenen keineswegs nur einer vorübergehenden Laune oder Depression, sondern dem wahren Interesse dieses Menschen Ausdruck gibt.

Wer nicht zugestehen möchte, dass es solche – auch durch Schmerztherapie und optimale menschlische Zuwendung nicht behebbaren – Leidenszustände gibt, die einem Weiterleben für den Patienten selbst den Sinn nehmen, der verschließt seine Augen vor der Wirklichkeit. Und wer denjenigen, der diese Wirklichkeit zur Kenntnis nimmt und in diesen Fällen von einem für den Patienten selbst nicht mehr lebenswerten Leben spricht, deshalb als Anhänger der Nazi-Ideologie vom »lebensunwerten Leben« hinstellt, diffamiert, anstatt zu argumentieren. Wer sich auf Argumente einlässt, muss erkennen: In Fällen dieser Art entspricht es keineswegs dem Interesse des Individuums, vor einer Preisgabe seines Lebens auch gegen seinen Wunsch durch die Rechtsordnung geschützt zu werden. Im Gegenteil: Ein Individuum, das in einer derartigen Situation aus leicht nachvollziehbaren Gründen selbst seinen Tod wünscht, kann eine rechtliche Regelung, die es unter Strafe verbietet, ihm zu helfen, nur als grobe Missachtung seiner Interessen betrachten.

Aus diesen Gründen sollte eine aktive Sterbehilfe immer dann zugelassen werden, wenn die folgenden Bedingungen erfüllt sind:

1. Der Betroffene ist einem schweren, unheilbaren Leiden ausgesetzt.
2. Der Betroffene selbst wünscht aufgrund reiflicher, in einem urteilsfähigen und aufgeklärten Zustand durchgeführter Überlegung aktive Sterbehilfe.
3. Die Sterbehilfe wird von einem Arzt oder mit ärztlicher Ermächtigung durchgeführt. [...]

Zu den wichtigsten Einwänden, die gegen eine Freigabe der Sterbehilfe geäußert werden, gehören mögliche Gefahren des Missbrauchs oder des Dammbruchs für den menschlichen Lebensschutz allgemein. Solche Gefahren lassen sich sicher nicht grundsätzlich ausschließen. Empirische Befunde, die sie stichhaltig beweisen würden, liegen jedoch bislang nicht vor.

Unbestreitbar gibt es gewisse Gefahren einer – sei es bewusst missbräuchlichen, sei es fahrlässig laxen, sei es unzureichend informierten – Anwendung der Sterbehilfekriterien im Einzelfall. Wer aber meint, schon ein einziger Fall illegitimer Sterbehilfe spreche gegen jede Zulassung aktiver Sterbehilfe, vergisst: In der anderen Schale der Waage liegt das physische und psychische Leid zahlloser Menschen, die in einer hoffnungslosen Situation ihrem weiteren Leben keinen Sinn mehr abgewinnen können und die deshalb von ihrem Recht auf einen selbstbestimmten Tod Gebrauch machen möchten – und zwar besonders dann, wenn sie zu einer Selbsttötung nicht mehr in der Lage sind. Außerdem: Es ist bislang bloße Spekulation, dass Akte illegitimer aktiver Sterbehilfe gerade durch eine eng umgrenzte Legalisierung aktiver Sterbehilfe zunehmen würden. Jene Fälle ungerechtfertigter aktiver Tötung in deutschen und österreichischen Krankenanstalten, die in den vergangenen Jahren an die Öffentlichkeit gedrungen sind und mit Recht Empörung ausgelöst haben, geschahen schließlich vor dem Hintergrund eines ganz undifferenzierten Verbotes jeder aktiven, direkten Sterbehilfe.

VI 5: Johannes Gründel: Die Unverfügbarkeit menschlichen Lebens

Johannes Gründel wurde am 13.5.1929 in Schlesien geboren. Seit 1968 war er Professor für systematische Theologie an der Universität München. Bekannt wurde er vor allem als Moraltheologe, der sich auch in Aufsätzen und Büchern zu zahlreichen Fragen der angewandten Ethik wie Ehe oder Abtreibung äußerte. Zu seinen Buchpublikationen gehört u.a. der Band Aktuelle Themen der Moraltheologie *(1970).*
Der folgende Textauszug ist dem 1992 erschienenen Aufsatz »Auf Verlangen töten?« entnommen, in dem sich Gründel aus theologischer Sicht mit den Forderungen nach Sterbehilfe auseinander setzt.

Heute begegnen wir Tendenzen, für bestimmte Fälle eine aktive Euthanasie zu bejahren. N. Hoerster[1] tritt nachhaltig für eine rechtliche Billigung aktiver Sterbehilfe ein. Er bezeichnet die Einwände gegen eine Freigabe der aktiven Euthanasie als nicht stichhaltig und möchte das generelle rechtliche Tötungsverbot auf eine weltanschauliche neutrale Basis stellen. Die Unverfügbarkeit menschlichen Lebens lasse sich auch ohne Rekurs auf metaphysische oder religiöse Voraussetzungen rein intersubjektiv als soziale Errungenschaft rechtfertigen; sie sei darum kein dem Menschengeschlecht absolut vorgegebener Wert. Unter Abwägen der Vor- und Nachteile lasse sich auch unter bestimmten Umständen das Tötungsverbot außer Kraft setzen. Hoerster sieht einen solchen Fall dort gegeben, wo jemand an einer unheilbaren Krankheit leidet, die das weitere Leben für ihn wertlos macht. Hier entspräche es nicht dem Interesse des Kranken, dessen Selbstbestimmungsrecht über sein Leben einzuschränken. [...]

Mit Recht können sich die Vertreter einer aktiven Euthanasie gegen einen Vergleich ihres Vorschlags mit den Euthanasie-Aktionen der NS-Zeit[2] wehren; denn einmal ging es bei den Nazis um die Tötung Geisteskranker; zum anderen geschah dies damals nicht mit Einwilligung der Betroffenen. Trotzdem aber würde mit einer auch nur begrenzten Freigabe der Euthanasie dem Arzt die Tötung eines Patienten zugemutet. Zudem bleibt offen, in welchem Stadium der Krankheit eine solche Tötung erfolgen darf. Aktive Euthanasie aber verstößt zuinnerst gegen das ärztliche Ethos[3]. [...]

Selbst wenn der Christ davon ausgeht, dass er – als Geschöpf Gottes – durchaus sein Leben zu eigener Verantwortung in die Hand gelegt bekommen hat, so obliegt es ihm doch nicht, willkürlich, d.h. zerstörerisch darüber zu verfügen. Mag es auch denkbar sein, dass Menschen angesichts einer unheilbaren Krankheit ihr Leben nicht mehr als lebenswert ansehen, so wäre es doch höchst bedenklich, einem solchen rein subjektiven Wunsch nach aktiver Sterbehilfe entsprechen zu wollen; eine Tötung auf Wunsch kann sittlich nicht bejaht werden. Ist der Ruf nach aktiver Sterbehilfe nicht eher Ausdruck einer Vereinsamung, also ein Ruf nach menschlicher Sterbebegleitung?

Vor allem aber bleibt zu bedenken: Die Forderung einer Freigabe der Tötung auf Verlangen – etwa aus Mitleid wegen unerträglich schwerer Schmerzen des Patienten – trägt angesichts der zunehmenden Möglichkeiten einer Schmerztherapie nicht; zudem rechtfertigen Schmerzen noch keine Tötung. Dank der Möglichkeit einer guten palliativen[4] Therapie ist heute welt-

1 N. Hoerster: der Moral- und Rechtsphilosoph Norbert Hoerster (geb. 1937).
2 Euthanasie-Aktionen der NS-Zeit: In der Zeit von 1933–1945 wurden in Deutschland unter der Herrschaft der Nationalsozialisten zahlreiche Kranke, Behinderte und aus rassistischen Gründen Verfolgte im Rahmen eines Euthanasieprogramms als angeblich »lebensunwertes Leben« ermordet.
3 Ethos: moralische Grundhaltung, moralische Grundsätze einer Gemeinschaft oder eines Individuums.
4 palliativ: lindernd.

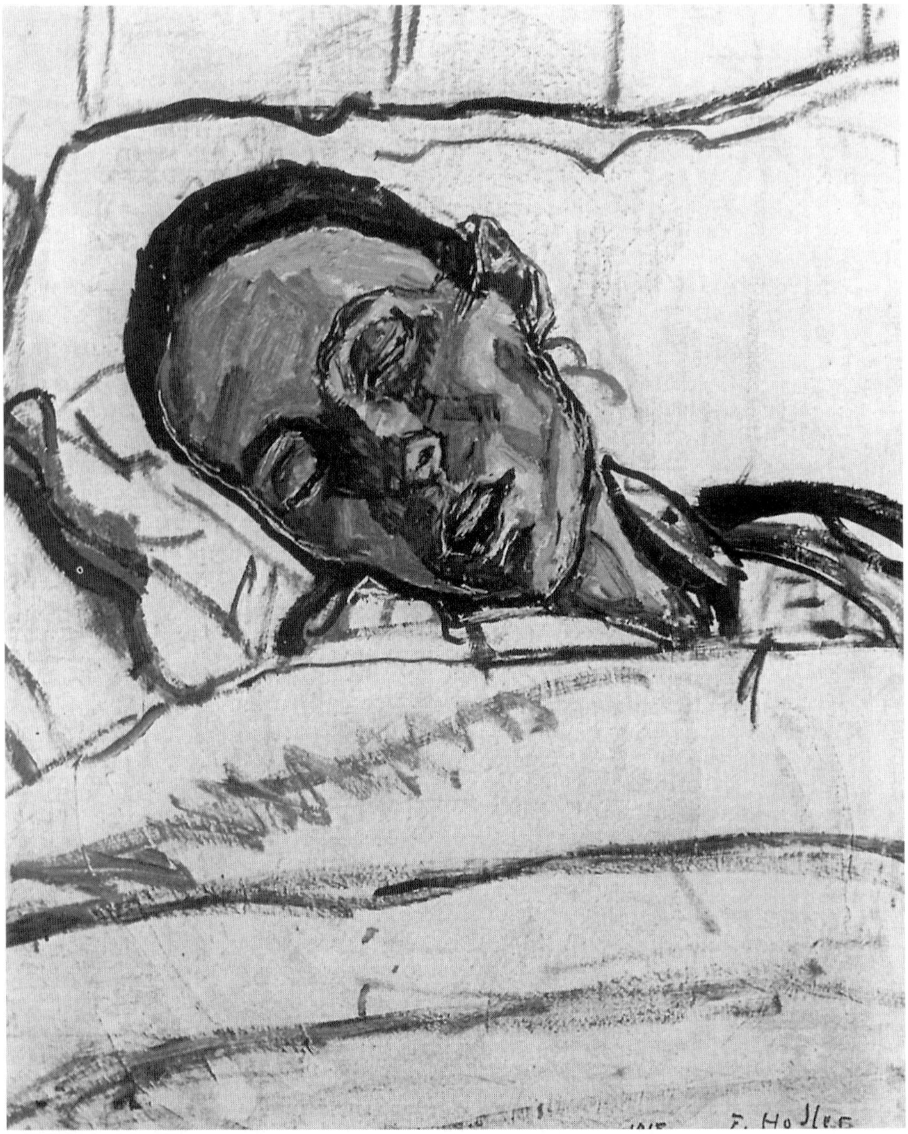

Ferdinand Hodler, Sterbende Valentine Godé-Darel, 1915

hin eine erhebliche Schmerzlinderung möglich. Abgesehen von der dem Strafgesetz zugrunde liegenden Werteordnung, die eine bewusste Tötung eines Schwerkranken verbietet, würde mit der strafrechtlichen Freigabe der aktiven Euthanasie gerade auf den empfindsamen schwerkranken Patienten ein sozialer Druck ausgeübt; fühlt er doch, dass er für seine Angehörigen wie für die Gesellschaft eine Belastung darstellt – und gerade Kranke sind sehr sensibel. Würde dem Arzt eine solche Tötungsmöglichkeit eingeräumt, müsste dies dann nicht jeder unheilbar Kranke, der sich für die Angehörigen und für die Gesellschaft als Belastung erfährt, nicht nur als Möglichkeit, sondern auch als stille Aufforderung verstehen, zur Entlastung seiner Mitmenschen einen solchen Wunsch auszusprechen? Die Folgen wären unübersehbar.

FORUM

Zur Texterschließung

1 | Welche Vorschrift enthält der Eid des Hippokrates bezüglich Abtreibung und Sterbehilfe?
2 | Was steht im Eid des Hippokrates zum »Patienten-Datenschutz«?
3 | Wie hat nach Leicht die Rechtsprechung bisher das Problem der Sterbehilfe behandelt?
4 | Wie hat sich die Medizin noch vor einigen Jahrzehnten zum Problem der Sterbehilfe verhalten und warum stellt sich heute die Lage komplizierter dar?
5 | Welche existentiellen Fragen sind nach Leicht mit der Diskussion um die Sterbehilfe verbunden?
6 | Welchen Wert wird in der »Utopia« des Thomas Morus der Krankenpflege eingeräumt? In welchen konkreten Maßnahmen macht sich dies bemerkbar?
7 | Mit welchen Argumenten begründet Morus die Empfehlung, unheilbar Kranke sollten ihrem vorzeitigen Tod zustimmen?
8 | Wie unterscheidet Morus zwischen Sterbehilfe und Selbstmord?
9 | Wie unterscheidet Hoerster zwischen aktiver und passiver Sterbehilfe?
10 | Mit welchen Argumenten nimmt Hoerster die Sterbehilfe vom allgemeinen Tötungsverbot aus?
11 | Welche Kriterien nennt Hoerster für die Zulassung der aktiven Sterbehilfe?
12 | Warum kann nach Gründel die Befürwortung aktiver Sterbehilfe nicht mit der Euthanasiepraxis der Nazis verglichen werden?
13 | Welche Haltung nimmt Gründel zur Selbstbestimmung des Patienten ein?
14 | Welche moralischen und welche praktischen Gründe führt Gründel gegen eine aktive Sterbehilfe an?

Sterben dürfen – leben müssen? – Zur Diskussion

1 | Wie könnte man den Eid des Hippokrates verändern, so dass eine ärztlich Sterbehilfe zwar erlaubt wäre, die Pflicht des Arztes Leben zu erhalten aber dennoch gewahrt bliebe?
2 | Im Jahr 1973 hat die niederländische Ärztin Postma ihrer todkranken Mutter mit einer Morphiumspritze Sterbehilfe geleistet. Sie wurde in einem Strafprozess zu einer Woche Haft auf Bewährung verurteilt. In einem Interview äußerten sich die Ärztin und ihr Mann zu dem Fall:

Frau Postma: Und da sagte sie (die Mutter), wenn es mit mir einmal dahin kommt, und ich dann doch eigentlich nicht mehr ich selbst bin, dann rechne ich auf euch Und sorgt dann in Gottes Namen dafür, dass es zu Ende geht.
Herr Postma: Wir sind an dem bewussten Tag nach Oosterwolde gefahren und haben unterwegs, damit wir bereit wären, sollten wir es an diesem Tag für nötig finden, eine Spritze mit 200 mg Morphium gefüllt.
Frau Postma: Ja, das war viel mehr als nötig.
Herr Postma: Dann hat sie die Spritze genommen. Zuerst hat sie ihr noch in das weniger schlechte Ohr gerufen: Mama, Mama, alles wird gut. Dann hat sie ihr die Spritze gegeben. – Und dann war sie nach wenigen Minuten tot.
Berichterstatter: Hatten Sie Zweifel?

Herr Postma: Ob wir es tun sollten? Nein. Wir beide waren sicher, dass das das Beste war, was wir für sie tun konnten. Sie war sehr schnell tot.

Berichterstatter: Darf der Arzt Sterbehilfe leisten?

Herr Postma: Ja, langsam bin ich zu der Überzeugung gekommen, dass das sein darf. Das gilt für die Patienten, die ein unmenschliches Lebensende haben, wobei man meines Erachtens den Zeitraum, den sie noch leben sollen, nicht genau abgrenzen kann. Ich würde die Sterbephase da beginnen lassen, wo das Leiden für den Patienten – das sieht bei jeder Krankheit wieder anders aus – ein unmenschlicher, unerträglicher und unnötiger Zustand ist.

Berichterstatter: Könnte sie heute noch leben? Was immer man leben nennt in diesem Fall.

Herr Postma: Ich denke nicht, aber das ist mit Sicherheit nicht zu sagen. Ich denke nicht.

Berichterstatter: Aber sie hätte noch Wochen und Monate leben können?

Herr Postma: In der Tat, Wochen und Monate, wenn sie die Krise überstanden hätte. Wir haben ja schon erwähnt, dass sie, als wir ihr die Spritze gaben, eigentlich kaum noch Widerstand hatte. Sie hätte auch ohne das eine Stunde später tot sein können.

Berichterstatter: Das Entscheidende – um das ganz klar zu stellen – war, sie wünschte den Tod.

Herr Postma: Ja, das war für uns der Ausgangspunkt.

Berichterstatter: Sie sind nun verurteilt, haben das Urteil angenommen, nun sind Sie schuldig. Fühlen Sie sich schuldig?

Frau Postma: Nein, es gibt Momente – das mag theatralisch klingen –, wo das Gewissen über dem Gesetz steht. Ich konnte nicht anders, nach dem, was meine Mutter gelitten hatte. Ich konnte nicht anders und da lässt man sich durch kein Gesetz zurückhalten. Aber das ist wieder etwas anderes. Aber schuldig – gewiss nicht.

Wie beurteilen Sie das Verhalten der Ärztin? Inwieweit stimmt der hier geschilderte Fall mit den von Hoerster formulierten Kriterien für eine zulässige aktive Sterbehilfe überein? In welcher Weise wurde hier dem von Hoerster geforderten Selbstbestimmungsrecht des Patienten Rechnung getragen?

3 | Gründel sieht durch die Freigabe der aktiven Sterbehilfe die Gefahr, dass von außen Druck auf den Patienten ausgeübt wird. Auch bei Thomas Morus werden die unheilbar Kranken, u. a. durch den »Rat des Priesters«, von der Sterbehilfe als der für sie besten Lösung überzeugt. Was spricht für und was gegen Gründels Befürchtung? Wer sollte Ihrer Meinung nach Einfluss auf unheilbar Kranke ausüben dürfen und in welchen Maße sollte eine solche Einflussnahme erlaubt sein?

4 | Warum verlangt das Thema »Sterbehilfe/Euthanasie« gerade in Deutschland besondere Sensibilität? Diskutieren Sie neben den ethischen auch die politischen und historischen Hintergründe des Problems! Gibt es Ihrer Meinung nach auch für die philosophische Diskussion »moralische Grenzen« und wo könnten sie liegen?

5 | Teilen Sie Ihre Klasse in zwei Gruppen, wovon die erste Argumente für Sterbehilfe und die zweite Argumente gegen Sterbehilfe sammelt. Inszenieren Sie anschließend ein Streitgespräch vor der Klasse mit einem Vertreter jeder Gruppe!

Umgang mit dem Sterben als Thema der Philosophie

Sterbehilfe oder Euthanasie (wörtl. »der gute Tod«) ist ein viel diskutierter Konfliktfall der angewandten Ethik der Gegenwart. Während die Rechtfertigung grundlegender moralischer Normen und Werte schon immer Thema der normativen Ethik gewesen ist, sind spezielle moralische Fragen erst in den letzten Jahrzehnten des 20. Jahrhunderts zu eigenständigen Themen der Moralphilosophie, eben der angewandten Ethik, geworden. Doch die Frage, inwieweit der Mensch dazu berechtigt ist, über sein eigenes Leben und Sterben zu verfügen und unter welchen Umständen ein Leben als »lebensunwert« abgebrochen werden kann, wird bereits seit der Philosophie der Antike diskutiert.

Die berühmteste Sterbeszene der Philosophiegeschichte wird in Platons Dialog *Phaidon* geschildert: *Sokrates* (469–399 v. Chr.), der stadtbekannte Athener Philosoph und Lehrer Platons, war wegen unliebsamen ideologischen Einflusses auf die Jugend zum Tode verurteilt worden. Sokrates nimmt die Vollstreckung des Urteils an, ohne den Versuch zu machen sich dem Tod zu entziehen (→ Info VIII). Dabei stützt er sich auf das Argument, dass nur Gerechtigkeit und Tugend über das eigene Verhalten entscheiden dürfen und, da der Mensch dem Staat und den Göttern verpflichtet sei, er die Entscheidung über Leben und Tod nicht eigenständig treffen dürfe. Wir Menschen, so sagt Sokrates im *Phaidon*, sind wie in einer Festung, aus der man sich nicht selbst losmachen und davongehen darf. Die These, dass nicht das Individuum, sondern die Gemeinschaft oder der Staat eine solche Entscheidung treffen dürfen, war in der antiken Philosophie weit verbreitet. *Platon* (427–347 v. Chr.) selbst hat eine politisch begründete Euthanasie vertreten. In seinem Hauptwerk *Politeia* behauptet er, dass die von Äskulap, dem Sohn des griechischen Gottes Apollon, eingeführte Heilkunst nicht für Menschen mit einem »innerlich durch und durch kranken Körper« bestimmt sei, die dem Staat in keinster Weise mehr nützen können. Im Gegensatz dazu steht allerdings der berühmte Eid des griechischen Arztes *Hippokrates* (460–370 v. Chr.), einem Zeitgenossen des Sokrates, in dem der Arzt dazu verpflichtet wird, dem Kranken bis zum Tod jede ärztliche Hilfe zu gewähren und jede Art von lebensverkürzender Maßnahme zu unterlassen.

Auch das christliche Denken des Mittelalters war von der Überzeugung geprägt, dass der Mensch über sein Leben nicht frei verfügen dürfe, da es ihm von Gott in Obhut gegeben worden sei. Eine aktive Sterbehilfe, also die Verabreichung eines tödlichen Mittels, wurde deshalb als Verstoß gegen die Gebote Gottes gewertet. Eine passive Sterbehilfe jedoch, also eine Beendigung aktiver Hilfeleistung durch den Arzt, wurde geduldet.

Die in der Tradition Platons stehenden Staatsutopien der Renaissance ordneten wiederum die Bedürfnisse des Individuums denen des Staates und der Gesellschaft unter. In dem von *Thomas Morus* (1478–1535) in seiner Schrift *Utopia* beschriebenen Idealstaat wird zwar den Kranken eine umfassende Behandlung und Fürsorge zuteil, in aussichtslosen Fällen wird aber dem Kranken zugeredet, einem vorzeitigen Tod zuzustimmen.

Mit der Aufwertung des Individuums und der Kritik an kirchlichen Lehren in der Aufklärung wurden Fragen des Freitods und der Sterbehilfe unter dem Gesichtspunkt der Rechte und Pflichten des Einzelnen diskutiert. In seinem erst posthum veröffentlichten Essay *Über den Selbstmord* wendet sich *David Hume* (1711–1776) gegen die Auffassung, ein freiwilliges Ausscheiden aus dem Leben bedeute eine Pflichtverletzung gegenüber sich selbst, gegenüber anderen oder gegenüber der Gesellschaft. Im Gegenteil, wenn Alter, Krankheit oder Unglück das Leben zu einer reinen Last mache, ist nach Meinung

Humes der Tod sogar als Dienst gegenüber der Gesellschaft anzusehen. Für *Immanuel Kant* (1724–1804) hingegen bedeutet jede Form der »Selbstentleibung« eine Verletzung der Pflichten gegen sich selbst (→ Info VIII), da man sich dadurch der Grundlage jedes moralischen Handelns beraube und sich als moralisch zurechnungsfähige Person zerstöre (→ Info IV). *Arthur Schopenhauer* (1788–1860) lehnt im 19. Jahrhundert zwar auch eine Selbsttötung mit der Begründung ab, sie verhindere eine moralische Erlösung vom Leiden der Welt, die nur durch eine asketische Abkehr vom irrationalen Lebensprinzip des Willens erreicht werden könne. Im Anschluss an Hume hält er es jedoch für natürlich und entschuldbar, dass der Mensch aus dem Leben scheidet, wenn die Schrecken des Lebens größer als die des Todes geworden sind. Auch *John Stuart Mill* (1806–1873), der einen ethischen Utilitarismus und einen politischen Liberalismus vertrat, sah weder Freitod noch Sterbehilfe als grundsätzlich moralisch verwerflich an. Für ihn handelte es sich dabei um eigenverantwortliche Entscheidungen des Einzelnen, aus denen sich die Gesellschaft heraushalten sollte, solange nicht andere in ihrer Entscheidungsfreiheit davon betroffen sind.

Im 20. Jahrhundert hat die Debatte um Sterbehilfe nicht nur durch eine verbesserte medizinische Technik eine neue Qualität erhalten. Die deutschen Nationalsozialisten missbrauchten die Euthanasie in großem Maßstab zu politischen Zwecken und verübten zahlreiche rassistisch motivierte Morde an kranken und behinderten Menschen und auch an solchen, die man als ethnisch »minderwertig« betrachtete. U.a. aus diesem Grund wurde in vielen westlichen Ländern, gemäß dem Eid des Hippokrates, die ärztliche Heil- und Fürsorgepflicht auch für unheilbar Kranke festgeschrieben und vor allem die aktive Sterbehilfe unter Strafe gestellt. Doch es häufen sich Konfliktfälle, in denen Patienten oder deren Angehörige selbst nach Möglichkeiten verlangen, in bestimmten Fällen – z.B. bei unheilbaren, sehr schmerzhaften Krankheiten – einen Abbruch der Heilmaßnahmen oder sogar eine tödliche Spritze zu erwirken. Auch in der philosophischen Ethik entstand in der zweiten Hälfte des 20. Jahrhunderts eine lebhafte Diskussion über dieses Thema. Eine passive Euthanasie ist bei den meisten Philosophen inzwischen nicht mehr umstritten. Der australische Philosoph *Peter Singer* (geb. 1946) und der deutsche Rechtsphilosoph *Norbert Hoerster* (geb. 1937) plädieren aber, darüber hinausgehend, auch für eine aktive Sterbehilfe. Sie wollen das Selbstbestimmungsrecht des Menschen über seinen Körper auch dann gewahrt wissen, wenn er sein eigenes Leben als unerträglich ansieht und vom Arzt eine Sterbehilfe verlangt. Für Singer ist eine aktive Euthanasie dann gerechtfertigt, wenn die spezifisch »menschlichen« Eigenschaften der Rationalität, der Autonomie und des Selbstbewusstseins noch nicht oder nicht mehr gegeben sind.

Auf der anderen Seite lehnen vor allem der katholischen Kirche nahe stehende Denker die aktive Sterbehilfe als ein Tötungsdelikt ab und stehen auch der passiven Euthanasie skeptisch gegenüber. Als Geschöpf Gottes könne der Mensch nicht willkürlich über sein Leben verfügen. Zudem öffne die Möglichkeit einer aktiven Sterbehilfe die Tür zum Missbrauch und setze behinderte und schwerkranke Menschen unter Druck, in eine Sterbehilfe einzuwilligen.

Viele Probleme dieser Diskussion stecken im Detail, z.B. in der Schwierigkeit, genau zwischen aktiver und passiver Sterbehilfe zu unterscheiden oder z.B. auch darin, genau festzulegen, ob, wann und durch wen eine definitive Willensäußerung des Patienten zur Sterbehilfe vorliegen muss.

VII EIN PLATZ FÜR TIERE – IN DER MORAL?

Einführung

Der Mensch ist gewohnt Tiere unter dem Gesichtspunkt eigener Interessen zu betrachten. Hunde und Katzen gehören für viele Menschen zu wichtigen Quellen des Glücks und sind nicht selten die einzigen Freunde in einem einsamen Leben. Gehegt und gepflegt wie Kinder leben Haustiere meist so lange, bis der natürliche Tod sie ereilt. Das Leben anderer Tiere wird dagegen ganz menschlichen Nützlichkeitserwagungen unterworfen. Millionen von Schweinen, Kälbern und Hühnern werden jährlich geschlachtet, um den menschlichen Hunger nach Fleisch zu befriedigen. Vor ihrem Tod leben diese Tiere meist unter erbärmlichen Bedingungen auf engstem Raum. In der industriellen Massentierhaltung dienen Tiere im Grunde als Maschinen zur Verwandlung von Futter in Fleisch. Dass das Leiden von Tieren wenig zählt, wenn es menschlichen Interessen nützt, zeigen ferner die Tierversuche in Wissenschaft und Industrie. Unzähligen Tieren wird in Experimenten Leid zugefügt, um beispielsweise die Wirkungen und Nebenwirkungen neuer Medikamente, Kosmetika und Reinigungsmittel zu testen. Der Mensch hat sich längst zum Herrn der Natur aufgeschwungen, er spannt die »Nutztiere« für seine Zwecke ein, er bekämpft die »Schädlinge« und nimmt dabei in Kauf, dass ganze Arten aussterben. Auch wenn heute allgemein anerkannt wird, dass Tierquälerei verwerflich ist, so hat dies für unseren praktischen Umgang mit Tieren nur wenig Auswirkungen.

Zu einem wichtigen Thema der Ethik ist der Tierschutz erst im Gefolge der Verbreitung des »ökologischen Bewusstseins« geworden. Dabei stellt sich zunächst die Frage, warum Tiere überhaupt in den Bereich moralischer Rücksichtnahme fallen und warum der Tierschutz eine moralische Aufgabe des Menschen ist. Bei ihrem Bestreben, die moralischen Pflichten des Menschen gegenüber den Tieren zu begründen, wird die Ethik immer wieder mit Fällen konfrontiert, bei denen die menschlichen Interessen an Wohlstand und Lebensgenuss mit den »Interessen« der Tiere an einem schmerzfreien Leben in Konflikt geraten. Damit ist die grundsätzliche Frage verbunden, welche menschlichen Interessen es moralisch erlauben Tieren Leid zuzufügen. Kann man überhaupt menschliche und tierische Interessen gegeneinander abwägen? Daraus ergeben sich eine Reihe anderer konkreter Fragen: Wie ist die industrielle Massentierhaltung moralisch zu werten? Wann sind Tierversuche erlaubt? Wann ist das Töten von Tieren moralisch zulässig? Gibt es eine moralische Pflicht zu vegetarischer Ernährung?

VII 1: Umberto Eco: Wie man über Tiere spricht

Ein viel gelesener Schriftsteller der Gegenwart ist der am 5. Januar 1932 in Alessandria (Piemont) geborene Italiener Umberto Eco. Eco, der als Professor für Semiotik an der Universität Bologna lehrt, war bereits durch seine Schriften Einführung in die Semiotik *(1972) und* Das offene Kunstwerk *(1973) als Sprachphilosoph und Kunsttheoretiker bekannt geworden, bevor er mit seinem Roman* Der Name der Rose *(1980) einen Bestseller landete, der auch verfilmt wurde. Auch die beiden Romane* Das Foucaultsche Pendel *(1988) und* Die Insel des vorigen Tages *(1994) fanden eine breite Leserschaft. Doch Eco ist nicht nur Philosoph und Romancier, sondern auch einfallsreicher Essayist, der zahlreiche Kolumnen in Zeitungen veröffentlicht hat. In dem folgenden Text, der dem Band* Wie man mit einem Lachs verreist und andere nützliche Ratschläge *(1992) entnommen ist, wirft Eco einen satirischen Blick auf das Bild, das uns im Alltag von Tieren vermittelt wird.*

Wer auf Aktuelles erpicht ist, sei gewarnt, das Folgende hat sich bereits vor einiger Zeit in New York zugetragen.

Central Park, zoologischer Garten. Einige Kinder spielen beim Becken der Eisbären. Einer der Jungen fordert die anderen heraus, ins Becken zu springen und zwischen den Bären hindurchzuschwimmen; um die Freunde ins Wasser zu treiben, versteckt er ihnen die Kleider, die Jungs tauchen ein, planschen um einen friedlich dösenden riesigen Bären herum, necken und foppen ihn, der Bär wird ärgerlich, hebt eine Tatze und verschlingt oder vielmehr zerfleischt zwei Kinder, die Reste lässt er zerstückelt liegen. Die Polizei kommt herbeigeeilt, sogar der Bürgermeister erscheint, man diskutiert, ob der Bär getötet werden muss, man gibt zu, dass es nicht seine Schuld war, es werden ein paar eindrucksvolle Artikel geschrieben. Sieh da, die Kinder hatten spanische Namen: Puertoricaner[1] also, womöglich dunkelhäutige, vielleicht vor kurzem erst angekommen, jedenfalls erpicht auf Bravourstücke, wie es bei allen Jugendlichen vorkommt, die sich in den Armenvierteln zu Banden zusammenrotten.

Diverse Kommentare, alle eher streng. Recht verbreitet die zynische Reaktion, zumindest verbal: natürliche Auslese, wenn die so blöd waren, neben einem Bären zu schwimmen, geschieht's ihnen recht, ich wäre nicht mal als Fünfjähriger in das Becken gesprungen. Soziale Interpretation: große Armut, geringe Bildung, leider ist man Subproletarier[2] auch im Mangel an Vorsicht und Besonnenheit ... Aber wieso geringe Bildung, was heißt hier Mangel an Erziehung, wenn auch das ärmste Kind heute fernsieht und die Schulbücher liest, in denen die Bären Menschen fressen und von den Jägern getötet werden?

An diesem Punkt habe ich mich gefragt, ob die Kinder nicht gerade deshalb ins Becken gesprungen sind, *weil* sie dem Fernsehen glaubten und zur Schule gingen. Vermutlich sind sie Opfer unseres schlechten Gewissens geworden, wie es von Schule und Massenmedien interpretiert wird.

Die Menschen waren seit jeher grausam zu den Tieren und als sie sich ihrer Niedertracht bewusst wurden, haben sie angefangen, wenn nicht alle Tiere zu lieben (denn sie fahren unbeirrt fort, sie zu verspeisen), so doch wenigstens gut über sie zu sprechen. Bedenkt man zudem, dass die Medien, die Schule, die öffentlichen Institutionen sich vieles verge-

1 Puertoricaner: Einwanderer aus der Karibikinsel Puerto Rico, die von den USA verwaltet wird.

2 Subproletarier (hier): der unterste, wirtschaftlich und bildungsmäßig eingeschränkteste Teil der Arbeiterschaft.

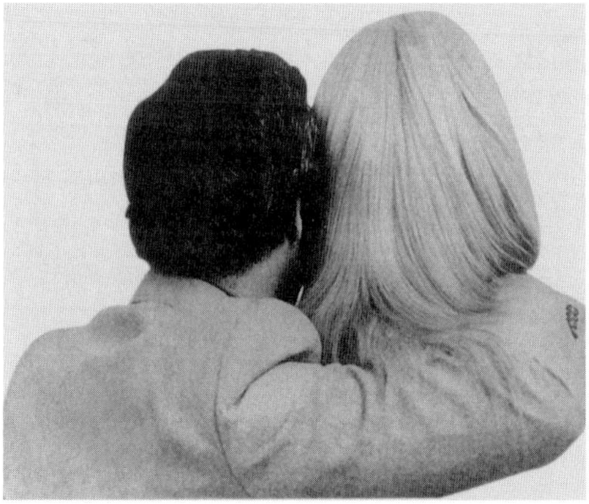 

ben lassen müssen, was sie den Menschen angetan haben, so wird es alles in allem lohnend, in psychologischer wie in ethischer Hinsicht, nun auf der Güte der Tiere zu beharren. Man lässt die Kinder der Dritten Welt verhungern, aber man fordert die Kinder der ersten Welt auf, nicht nur Libellen und Häschen zu respektieren, sondern auch Wale, Krokodile und Schlangen.

Wohlgemerkt, an sich ist dieser pädagogische Ansatz richtig. Das Falsche ist die Überredungstechnik, die dazu benutzt wird: um es die Tiere »wert sein« zu lassen, dass sie überleben, werden sie vermenschlicht und verniedlicht. Man sagt nicht, dass sie ein Recht zum Überleben haben, auch wenn sie ihrer Natur nach wild und räuberisch sind, sondern man macht sie respektabel, indem man sie als liebenswert, komisch, gutmütig, brav, geduldig und weise hinstellt.

Niemand ist unbesonnener als ein Lemming, tückischer als eine Katze, geifernder als ein Hund im August, stinkender als ein Ferkel, hysterischer als ein Pferd, idiotischer als ein Nachtfalter, schleimiger als eine Schnecke, giftiger als eine Viper, phantasieloser als eine Ameise und musikalisch einfallsloser als eine Nachtigall. Es gilt lediglich, diese und andere Tiere als das zu lieben, was sie sind – und wenn wir sie beim besten Willen nicht lieben können, sie wenigstens in ihrer Eigenart zu respektieren. Die Legenden von ehedem übertrieben es mit dem bösen Wolf, die Legenden von heute übertreiben es mit den guten Wölfen. Nicht weil sie gut sind, müssen die Wale gerettet werden, sondern weil sie Teil des natürlichen Lebens sind und zum ökologischen Gleichgewicht beitragen. Aber unsere Kinder erziehen wir mit Geschichten von sprechenden Walen, von Wölfen, die in den Dritten Orden der Franziskaner[3] eintreten, und vor allem mit Teddybären ohne Ende.

Die Werbung, die Zeichentrickfilme, die Kinderbücher sind voll von gutmütigen, kreuzbraven, kuschelweichen und beschützenden Bären. Deshalb, fürchte ich, sind die armen Kinder vom Central Park nicht aus Mangel, sondern aus Übermaß an Erziehung gestorben. Sie sind Opfer unseres unglücklichen Bewusstseins. Um sie vergessen zu machen, wie schlecht die Menschen sind, hat man ihnen zu oft erzählt, dass die Bären gut seien. Anstatt ihnen ehrlich zu sagen, was die Menschen und was die Bären sind.

3 Dritter Orden der Franziskaner: der von Franz von Assisi (ca. 1182–1226) im Jahre 1223 begründete Franziskanerorden gliedert sich dreifach: Neben dem (ersten) Orden für Mönche und dem (zweiten) Orden für Nonnen gibt es den Dritten Orden für Laien. Eco spielt hier auf die Legende »Der Wolf von Gubbio« an, welche die Wandlung des reißenden Tieres zum »Bruder Wolf« durch die entwaffnende Freundlichkeit der Heiligen zum Thema hat.

VII 2: Arthur Schopenhauer: Mitleid mit Tieren als Güte des Charakters

Wilhelm Busch, Arthur Schopenhauer mit seinem Hund. Diesen rief Schopenhauer Atman (»Weltseele«) oder Mensch.

Arthur Schopenhauer wurde am 22. Februar 1788 in Danzig als Sohn eines wohlhabenden Kaufmanns geboren. Nach dem Tod des Vaters brach er eine Kaufmannslehre ab, holte das Abitur nach und studierte Philosophie und Naturwissenschaften. Bereits mit 30 Jahren legte er sein Hauptwerk Die Welt als Wille und Vorstellung *(1818) vor. Nach dem Scheitern einer Universitätskarriere in Berlin zog er sich als Privatgelehrter zurück. Von 1833 bis zu seinem Tod am 21. September 1860 lebte er in Frankfurt am Main.*
Um das Leid in der Welt zu überwinden oder zumindest zu lindern, gibt es nach Schopenhauer nur den Weg des selbstlosen moralischen Handelns, das vom Mitleid mit den anderen leidenden Wesen bestimmt ist. Indem Schopenhauer die Tiere ausdrücklich in den Kreis der moralisch zu berücksichtigenden Wesen einbezog, ist er einer der geistigen Väter der Tierschutzbewegung geworden.
In dem folgenden Text aus der Schrift Über die Grundlage der Moral *(1840) versucht Schopenhauer den Tierschutz als moralische Aufgabe des Menschen zu begründen.*

Mitleid mit Tieren hängt mit der Güte des Charakters so genau zusammen, dass man zuversichtlich behaupten darf, wer gegen Tiere grausam ist, könne kein guter Mensch sein. Auch zeigt dieses Mitleid sich als aus derselben Quelle mit der gegen Menschen zu übenden Tugend entsprungen. So z.B. werden fein fühlende Personen, bei der Erinnerung, dass sie, in übler Laune, im Zorn, oder vom Wein erhitzt, ihren Hund, ihr Pferd, ihren Affen unverdienter oder unnötiger Weise oder über die Gebühr misshandelt haben, dieselbe Reue, dieselbe Unzufriedenheit mit sich selbst empfinden, welche bei der Erinnerung an gegen Menschen verübtes Unrecht empfunden wird, wo sie die Stimme des strafenden Gewissens heißt. Ich erinnere mich gelesen zu haben, dass ein Engländer, der in Indien, auf der Jagd, einen Affen geschossen hatte, den Blick, welchen dieser im Sterben auf ihn warf, nicht vergessen gekonnt und seitdem nie mehr auf Affen geschossen hat. Eben so Wilhelm Harris, ein wahrer Nimrod[1], der, bloß um das Vergnügen der Jagd zu genießen, in den Jahren 1836 und 1837 tief in das innere Afrika reiste. In seiner 1838 zu Bombay erschienenen Reise erzählt er, dass, nachdem er den ersten Elefanten, welcher ein weiblicher war, erlegt hatte und am folgenden Morgen das gefallene Tier aufsuchte, alle andern Elefanten aus der Gegend entflohen waren: bloß das Junge des gefallenen hatte die Nacht bei der toten Mutter zugebracht, kam jetzt, alle Furcht vergessend, den Jägern mit den lebhaftesten und deutlichsten Bezeugungen seines trostlosen Jammers entgegen, und umschlang sie mit seinem kleinen Rüssel, um ihre Hilfe anzurufen. Da, sagt Harris, habe ihn eine wahre Reue über seine Tat ergriffen und sei ihm zu Mute gewesen, als hätte er einen Mord begangen. [...]

1 Nimrod: biblische Gestalt, leidenschaftlicher Jäger.

Dass übrigens das Mitleid mit Tieren nicht so weit führen muss, dass wir, wie die Brahmanen[2], uns der tierischen Nahrung zu enthalten hätten, beruht darauf, dass in der Natur die Fähigkeit zum Leiden gleichen Schritt hält mit der Intelligenz; weshalb der Mensch durch Entbehrung der tierischen Nahrung, zumal im Norden, mehr leiden würde, als das Tier durch einen schnellen und stets unvorhergesehenen Tod, welchen man jedoch mittelst Chloroform[3] noch mehr erleichtern sollte. Ohne tierische Nahrung hingegen würde das Menschengeschlecht im Norden nicht einmal bestehn können. Nach dem selben Maßstabe lässt der Mensch das Tier auch für sich arbeiten und nur das Übermaß der aufgelegten Anstrengung wird zur Grausamkeit.

VII 3: Albert Schweitzer: Die Ethik der Ehrfurcht vor dem Leben

Albert Schweitzer ist der breiten Öffentlichkeit vor allem durch sein soziales Engagement als Arzt im westafrikanischen Lambarene (Gabun) bekannt, wo er ein Tropenhospital gründete und leitete. Doch er war auch ein bedeutender Theologe, Philosoph und Musiker, der eine Vielzahl von Schriften verfasste, unter anderem über das Leben Jesu, über Johann Sebastian Bach und über Orgelbau. Sein wichtigster Beitrag zur Philosophie ist die in seiner Schrift Kultur und Ethik *(1923) enthaltene »Ethik der Ehrfurcht vor dem Leben«, die in der aktuellen Diskussion der ökologischen Ethik immer noch große Beachtung findet. Geboren wurde Albert Schweitzer am 14. Januar 1875 in Keysersberg im Elsass, das damals zum Deutschen Reich gehörte. Er studierte Theologie und Philosophie und war zunächst Pfarrer und Dozent für evangelische Theologie an der Universität Straßburg. Ab 1905 studierte er Medizin, um Tropenarzt zu werden. 1913 begann er mit dem Aufbau des Krankenhauses in Lambarene, das er durch Publikationen, Vorträge und Orgelkonzerte in Europa finanzierte. 1951 erhielt er den Friedenspreis des Deutschen Buchhandels und 1952 den Friedensnobelpreis. In den 50er Jahren setzte er sich für die Ächtung atomarer Waffen und für die Einstellung aller Atomwaffenversuche ein. Schweitzer starb hoch angesehen am 4. September 1965 in Lambarene.*
In dem Auszug aus Kultur und Ethik *geht Schweitzer auf einige Grundzüge seiner Lehre von der Ehrfurcht vor dem Leben ein.*

Ethik besteht also darin, dass ich die Nötigung erlebe, allem Willen zum Leben die gleiche Ehrfurcht vor dem Leben entgegenzubringen wie dem eigenen. Damit ist das denknotwendige Grundprinzip des Sittlichen gegeben. Gut ist, Leben erhalten und Leben fördern; böse ist, Leben vernichten und Leben hemmen. […]

Wahrhaft ethisch ist der Mensch nur, wenn er der Nötigung gehorcht, allem Leben, dem er beistehen kann, zu helfen, und sich scheut, irgendetwas Lebendigem Schaden zu tun. Er fragt nicht, inwiefern dieses oder jenes Leben als wertvoll Anteilnahme verdient, und auch nicht, ob und inwieweit es noch empfindungsfähig ist. Das Leben als solches ist ihm heilig. Er reißt kein Blatt vom Baume ab, bricht keine Blume und hat Acht, dass er kein Insekt zertritt. Wenn er im Sommer nachts bei der Lampe arbeitet, hält er lieber das Fenster geschlossen und atmet dumpfe Luft, als dass er Insekt um Insekt mit versengten Flügeln auf seinen Tisch fallen sieht. […]

2 Brahmanen: Im weiteren Sinne Anhänger der indischen Religion des Hinduismus, im engeren Sinne die Mitglieder der obersten Kaste der Hindus, der Priesterkaste.

3 Chloroform: Betäubungsmittel.

Albert Schweitzer und die Katze Sisi

Die gewöhnliche Ethik sucht Kompromisse. Sie will festlegen, wie viel ich von meinem Dasein und von meinem Glück dahingeben muss und wie viel ich auf Kosten des Daseins und Glücks anderen Lebens davon behalten darf. Mit diesen Entscheiden schafft sie eine angewandte, relative Ethik. Was in Wirklichkeit nicht ethisch, sondern ein Gemisch von nicht-ethischer Notwendigkeit und von Ethik ist, gibt sie als ethisch aus. Damit stiftet sie eine ungeheure Verwirrung an. Sie lässt eine immer zunehmende Verdunkelung des Begriffes des Ethischen aufkommen.

Die Ethik der Ehrfurcht vor dem Leben erkennt keine relative Ethik an. Als gut lässt sie nur Erhaltung und Förderung von Leben gelten. Alles Vernichten und Schädigen von Leben, unter welchen Umständen es auch erfolgen mag, bezeichnet sie als böse. Gebrauchsfertig zu beziehende Ausgleiche von Ethik und Notwendigkeit hält sie nicht auf Lager. Immer von neuem und in immer originaler Weise setzt die absolute Ethik der Ehrfurcht vor dem Leben sich im Menschen mit der Wirklichkeit auseinander. Sie tut die Konflikte nicht für ihn ab, sondern zwingt ihn, sich in jedem Falle selber zu entscheiden, inwieweit er ethisch bleiben kann und inwieweit er sich der Notwendigkeit von Vernichtung und Schädigung von Leben unterwerfen und damit Schuld auf sich nehmen muss. [...]

Was sagt die Ehrfurcht vor dem Leben über die Beziehungen zwischen Mensch und Kreatur?

Wo ich irgendwelches Leben schädige, muss ich mir darüber klar sein, ob es notwendig ist. Über das Unvermeidliche darf ich in nichts hinausgehen, auch nicht in scheinbar Unbedeutendem. Der Landmann, der auf seiner Wiese tausend Blumen zur Nahrung für seine Kühe hingemäht hat, soll sich hüten, auf dem Heimweg in geistlosem Zeitvertreib eine Blume am Rande der Landstraße zu köpfen, denn damit vergeht er sich an Leben, ohne unter der Gewalt der Notwendigkeit zu stehen.

Diejenigen, die an Tieren Operationen oder Medikamente versuchen oder ihnen Krankheiten einimpfen, um mit den gewonnenen Resultaten Menschen Hilfe bringen zu können, dürfen sich nie allgemein dabei beruhigen, dass ihr grausames Tun einen wertvollen Zweck verfolge. In jedem einzelnen Falle müssen sie erwogen haben, ob wirklich Notwendigkeit vorliegt, einem Tiere dieses Opfer für die Menschheit aufzuerlegen. Und ängstlich müssen sie darum besorgt sein, das Weh, so viel sie nur können, zu mildern. Wie viel wird in wissenschaftlichen Institutionen durch versäumte Narkosen, die man der Zeit- und Müheersparnis halber unterlässt, gefrevelt! Wie viel auch dadurch, dass Tiere der Qual unterworfen werden, nur um Studenten allgemein bekannte Phänomene zu demonstrieren! Gerade dadurch, dass das Tier als Versuchstier in seinem Schmerze so Wertvolles für den leidenden Menschen erworben hat, ist ein neues, einzigartiges Solidaritätsverhältnis zwischen ihm und uns geschaffen worden. Ein Zwang, aller Kreatur alles irgend mögliche Gute anzutun, ergibt sich daraus für jeden von uns. Indem ich einem Insekt aus seiner Not helfe, tue ich nichts anderes, als dass ich versuche, etwas von der immer neuen Schuld der Menschen an die Kreatur abzutragen. Wo irgendwie das Tier zum Dienst des Menschen gezwungen wird, muss jeder von uns mit den Leiden beschäftigt sein, die es um dessentwillen zu tragen hat.

Keiner von uns darf ein Weh, für das die Verantwortung nicht zu tragen ist, geschehen lassen, soweit er es nur hindern kann. Keiner darf sich dabei beruhigen, dass er sich damit in Sachen mischen würde, die ihn nichts angehen. Keiner darf die Augen schließen und das Leiden, dessen Anblick er sich erspart, als nicht geschehen ansehen. Keiner mache sich die Last seiner Verantwortung leicht. Wenn so viel Misshandlung der Kreatur vorkommt, wenn der Schrei der auf dem Eisenbahntransport verdurstenden Tiere ungehört verhallt, wenn in unsern Schlachthäusern so viel Rohheit waltet, wenn in unsern Küchen Tiere von ungeübten Händen qualvollen Tod empfangen, wenn Tiere durch unbarmherzige Menschen Unmögliches erdulden oder dem grausamen Spiele von Kindern ausgeliefert sind, tragen wir alle Schuld daran. [...]

Die Ethik der Ehrfurcht vor dem Leben wehrt uns, durch Stillschweigen uns gegenseitig glauben zu lassen, dass wir nicht mehr erleben, was wir als denkende Menschen erleben müssen. Sie gibt uns ein, uns in diesem Erleiden gegenseitig wach zu halten und miteinander unerschrocken nach der Verantwortung, wie wir sie empfinden, zu reden und zu tun. Sie lässt uns miteinander nach Gelegenheit spähen, für so viel Elend, das Menschen den Tieren zufügen, Tieren in irgendetwas Hilfe zu bringen und damit für einen Augenblick aus dem unbegreiflichen Grauen des Daseins herauszutreten.

VII 4: Gerhard Zbinden: Warum Tierversuche vertretbar sind

Der Schweizer Wissenschaftler Gerhard Zbinden, geboren 1924, hat vor allem die Wirkung chemischer Substanzen auf Mensch und Tier erforscht. Er war in der chemischen Industrie tätig und seit 1970 Direktor am Institut für Toxikologie an der ETH Zürich. 1985 erschien sein Buch Menschen, Tiere und Chemie. *In dem folgenden Text, der seinem 1990 erschienenen Aufsatz »Biomedizinische Forschung und Tierversuche« entnommen ist, setzt er sich mit der Frage der wissenschaftlichen und ethischen Rechtfertigung von Tierversuchen auseinander.*

In den vergangenen Jahren habe ich zu der Frage: »Sind Tierversuche wissenschaftlich und ethisch gerechtfertigt?« wiederholt, in Wort und Schrift, Stellung genommen. Es wird Sie nicht wundern, dass ich als Mediziner und experimentell tätiger Forscher diese Frage stets mit Ja beantwortet habe. Wundern würden Sie sich vielleicht, wenn Sie die gehässigen Angriffe zu Gesicht bekämen, denen ich und meine Kollegen, die die Notwendigkeit des Tierversuchs ebenfalls bejahen, von Andersdenkenden in den Medien und in anonymen Briefen ausgesetzt werden.

Wenn ich in meinen Verlautbarungen die Vertretbarkeit des Tierversuchs bejaht habe, stelle ich immer eine zweite Frage. Sie lautet: »Sind alle Tierversuche wissenschaftlich und ethisch gerechtfertigt?« Meine Antwort darauf ist »nein« und ich stehe zu diesem Nein mit ebenso großer Überzeugung wie zum Ja zur ersten Frage. Aber auch diese Meinungsäußerung hat mir schon wiederholt gehässige, ja ehrverletzende Angriffe eingetragen, natürlich nicht von Tierschützern und Antivivisektionisten[1], sondern von experimentell tätigen Wissenschaftlern, meinen eigenen Kollegen also, die mir vorwerfen, an den ethischen Grundfesten der biomedizinischen Forschung zu rütteln und das Grundgesetz des ärztlichen Handelns, den kranken Menschen mit allen Mitteln zu helfen, zu hintergehen.

1 Antivivisektionisten: Gegner der Vivisektion, d.h. des operativen Eingriffs an lebenden Tieren zu wissenschaftlichen Zwecken.

Es scheint also, als ob das Thema »Notwendigkeit, wissenschaftliche und ethische Rechtfertigung des Tierversuchs« hüben wie drüben Emotionen schürt, Gefühle also, die sehr leicht in persönliche Verunglimpfungen ausmünden [...]

Wenn wir uns also jetzt auf den Boden der harten Realitäten begeben, dann müssen wir feststellen, dass der wissenschaftliche Tierversuch eine besondere Art der Nutzung der Tiere durch den Menschen darstellt und in der ganzen Welt seit Jahrzehnten mit unbestreitbaren Erfolgen durchgeführt wird. In der Schweiz wurden für die Zwecke der wissenschaftlichen Forschung im vergangenen Jahr 1302926 Tiere, hauptsächlich Mäuse und Ratten, verwendet. Um die Relationen zu wahren, sei hier erwähnt, dass pro Jahr in der Schweiz etwa 50 Millionen Tiere geschlachtet und verzehrt werden.

Ich habe für die Menschen, die durch diese nackten Zahlen zutiefst betroffen sind, volles Verständnis. Ich kann ihnen folgen, wenn sie es als unmoralisch bezeichnen, dass sich der Mensch zu seinem eigenen Nutzen der Tiere bemächtigt, ihnen unter Umständen Leid und Schmerzen zufügt und sie tötet. Ich kann aber als Arzt und Wissenschaftler nicht zustimmen, wenn verlangt wird, dass das ethische Dilemma[2], in dem sich die experimentelle wissenschaftliche Forschung befindet, durch ein Verbot des Tierversuchs aus der Welt geschafft wird.

Zwei Möglichkeiten ständen uns offen, wenn wir auf den Tierversuch ganz verzichten müssten. Wir könnten statt an Tieren an Menschen experimentieren. Ich habe geglaubt, dass ein solches Ansinnen seit den Nürnberger Prozessen[3] für immer aus dem Gedankengut der Menschen verschwunden sei. Ich war deshalb höchst erstaunt, als anlässlich einer parlamentarischen Anhörung zum neuen österreichischen Tierschutzgesetz in Wien am 20. September 1988 der Vertreter einer Ärztegruppe verlangte, dass alle Untersuchungen zur Forschung der Wirkung und der Sicherheit neuer Arzneimittel statt an Tieren an Menschen durchgeführt werden sollten. Eine solche extreme Haltung darf wohl heute als Ausnahmeerscheinung gewertet werden.

Die zweite Möglichkeit ist, auf biomedizinische Forschung an lebenden Wirbeltieren und am Menschen ganz zu verzichten. Dieser Vorschlag fällt vor allem bei gebildeten Laien auf wohlwollendes Verständnis, und zwar deshalb, weil er nicht nur durch ethische Argumente begründet, sondern durch herbe Kritik an der Nützlichkeit des Tierversuchs scheinbar gestützt wird. Damit weichen nun die Tierversuchsgegner ganz eindeutig von ihren ideellen Zielen ab (»der Tierversuch ist aus ethischen Gründen verwerflich«) und bedienen sich des utilitaristischen Arguments (»der Tierversuch ist abzuschaffen, weil er dem Menschen nicht nützt«) und stellen es dem erstmals angeprangerten, utilitaristischen Argument der Wissenschaftler (»der Tierversuch ist vertretbar, weil er dem Menschen nützt«) entgegen. Damit sind wir nun tatsächlich und ungewollt an einem peniblen Punkt angelangt, wo Wissenschaftler und ihre Kritiker darüber streiten, ob der Tierversuch seine in ihn gesetzten Erwartungen erfüllt und den Menschen oder allenfalls den Tieren einen Nutzen bringt [...]

Ich möchte nochmals auf das Postulat[4], den Tierversuch aus welchen Gründen auch immer ganz zu verbieten, zurückkommen. Ich bin überzeugt, dass derartige Forderungen nicht leichtfertig, sondern im vollen Bewusstsein der ethischen Verantwortung erhoben werden. Bei der Abwägung der schutzwürdigen Güter wird das Wohl und die Unversehrtheit der Laboratoriumstiere eindeutig und bewusst über die Interessen des Menschen und wohl auch derjenigen Tiere gesetzt, welche der Rettung vor einer unheilbaren Krankheit bedürfen.

2 das ethische Dilemma (hier): Wahl zwischen zwei gleich fragwürdigen moralischen Handlungen.

3 Nürnberger Prozesse: die von 1945 bis 1949 in Nürnberg vor Internationalen Militärgerichtshöfen durchgeführten Gerichtsverfahren zur Ahndung deutscher Kriegsverbrechen während des Zweiten Weltkriegs.

4 Postulat: Forderung.

Ich stehe in dieser Frage auf der entgegengesetzten Seite. Als junger Arzt habe ich während einer Kinderlähmungsepidemie in einer Kinderklinik gearbeitet, habe Kinder in der eisernen Lunge[5] betreut, Eltern getröstet und gelähmte Kinder aus dem Spital entlassen. Für mich ist es deshalb richtig und ethisch zulässig, dass bei der Abwägung der schutzwürdigen Güter die erfolgreiche Entwicklung der Schutzimpfung gegen diese schreckliche Krankheit dem Leiden der für die Forschung eingesetzten Versuchstiere übergeordnet wurde.

Ähnliche Zielkonflikte gibt es auch heute und wird es in der Zukunft geben. Wer sagt, dass Tierversuche unverzüglich einzustellen sind, muss sich bewusst sein, dass er Millionen von Menschen in tropischen Ländern zu jahrelanger Krankheit und zum Tode verurteilt, weil ohne Tierversuche keine Impfung gegen Malaria möglich sein wird. Solche Beispiele ließen sich beliebig vermehren. [...]

Die bisherigen Überlegungen haben gezeigt, dass der Einsatz lebender Tiere für die biomedizinische Forschung zu einem unabwendbaren Zielkonflikt zwischen den Wünschen der Menschen und den Schutzansprüchen der Laboratoriumstiere führt. Die heutigen wissenschaftlichen Forscher sind zum größten Teil in einer Gesellschaftsordnung aufgewachsen, in der für die Abwägung schutzwürdiger Güter das Wohl des Menschen demjenigen der Tiere übergeordnet wird. Für manche unter ihnen steht demnach das Recht auf Freiheit der Forschung auf der gleichen Ebene wie die Gedanken- und Redefreiheit und die Freiheit der Lehre. Und Freiheit der Forschung schließt nach ihrer Auffassung die unbeschränkte Ermächtigung, Versuche am lebenden Tier durchzuführen, in sich ein.

Es ist deshalb verständlich, dass die experimentell tätigen Wissenschaftler auf die Vorhaltungen der Kritiker des Tierversuchs mit Erstaunen und Enttäuschung, teilweise auch mit Erbitterung reagieren. Sie betrachten die Ablehnung ihrer Wertmaßstäbe als ungerechtfertigt und die Zweifel an der Lauterkeit ihrer Motive als ehrenrührig. Trotzdem, die Begegnung mit kritisch eingestellten und engagierten Gegnern des Tierversuchs hat bei vielen biomedizinischen Forschern zu einer nüchternen Überprüfung ihrer Ansichten geführt und die Bereitschaft geweckt, sich ernsthaft mit den ethischen und praktischen Aspekten des Tierversuchs zu befassen.

Der Weg zu einer Verständigung wird durch die Antwort auf die zweite der eingangs gestellten Fragen gewiesen. Der Feststellung, dass zwar der Tierversuch an sich vertretbar ist, dass aber nicht alle Tierversuche wissenschaftlich und ethisch gerechtfertigt sind, stimmt heute die große Mehrzahl der Forscher zu. [...]

Wenn wir uns nun die Aufgabe stellen, wissenschaftlich und ethisch zulässige von nicht vertretbaren Tierversuchen zu unterscheiden, müssen wir zwei Teilgebiete streng voneinander abgrenzen. Beim ersten handelt es sich um Experimente, die im Rahmen der angewandten Forschung durchgeführt werden und die, global gesehen, dem Menschen, den Tieren und der belebten Umwelt einen Nutzen bringen. Vom Wissenschaftler wird hier verlangt, dass er vor der Durchführung der Versuche den erwarteten Nutzen darlegt und allgemein verständlich erklärt. An der Gesellschaft und an jedem betroffenen Individuum liegt es dann zu bestimmen, ob man an den Ergebnissen des Versuchs und den dadurch geschaffenen Vorteilen so stark interessiert ist, dass man den Tierversuch als vertretbar erachtet. Es ist auch wichtig festzustellen, dass das Ausmaß von Schmerz und Leiden der Versuchstiere in sehr weiten Grenzen schwankt. Zur Informationspflicht des Forschers gehört es deshalb, die Belastung der Versuchstiere anzugeben, damit auch dieser Aspekt in die Kosten-Nutzenabwägung einbezogen werden kann. [...]

5 eiserne Lunge: früher übliches Gerät zur maschinellen Beatmung bei Atemlähmung.

Das zweite Gebiet, wo die Abgrenzung vertretbarer und nicht vertretbarer Tierversuche diskutiert werden muss, ist die biomedizinische Grundlagenforschung. Hier ist ein gemeinsames Abwägen über Notwendigkeit und Nutzen durch Wissenschaftler und die am Ausgang des Experiments direkt interessierte Gesellschaft nicht möglich. Es wird zwar auch hier recht oft argumentiert, dass durch die Erforschung der Grundlagen der Natur und der Lebensvorgänge Kenntnisse gewonnen werden, die zwar nicht unmittelbar, aber doch in einer fernen Zukunft für Mensch, Tier und belebte Umwelt von vitaler Bedeutung sein könnten. Dass dies zweifellos der Fall ist, zeigt die erstaunliche Geschwindigkeit, mit der es möglich war, die genaue Struktur des AIDS-Virus festzustellen und seine Wirkungsweise aufzuklären. Die Hoffnung auf eine zukünftige Überwindung der Bedrohung durch das Virus liegt einzig auf den Kenntnissen, die uns die biomedizinische Grundlagenforschung geliefert hat und die ursprünglich ohne diese Zweckbestimmung erarbeitet wurden.

Ich glaube aber, dass die Auseinandersetzung um die Vertretbarkeit von Tierversuchen in der biomedizinischen Grundlagenforschung ohne Rücksicht auf die potentiellen Nutzanwendungen geführt werden muss. Was auf dem Spiel steht ist »das Recht zu wissen«, das Recht des Menschen, die Geheimnisse der ganzen Natur, der belebten und unbelebten, zu ergründen. Ich glaube, dass in einer aufgeklärten Gesellschaft dieses »Recht zu wissen«, »the right to know«, kaum ernstlich bestritten wird, und ich glaube auch, dass Tierversuche, die für das universelle Wissen einen bedeutenden Gewinn versprechen, als vertretbar anerkannt werden, ganz unabhängig davon, ob jemand einen mittelbaren oder unmittelbaren Nutzen erreichen wird.

VII 5: Peter Singer: Moralische Gleichheit von Mensch und Tier

Peter Singer, geboren 1946, lehrt seit 1977 Philosophie in Australien und den USA. Er gehört zu den bekanntesten, aber auch umstrittensten Moralphilosophen der Gegenwart. Besonders seine Stellungnahmen zum Problem der Abtreibung und der Sterbehilfe haben in der Öffentlichkeit hitzige Debatten, ja Empörung und Proteste ausgelöst. Eines seiner zentralen moralphilosophischen Anliegen besteht aber auch darin, die Tiere in den Kreis der moralisch vollwertigen Wesen aufzunehmen, um dadurch der Tyrannei des Menschen über die Tiere die theoretische Grundlage zu entziehen. Singer betätigte sich auch als praktischer Tierschützer. Ein von ihm 1993 mitbegründetes Projekt fordert »Menschenrechte für große Menschenaffen«.
Zu Singers Hauptwerken zählen die Schriften Befreiung der Tiere *(1975) und* Praktische Ethik *(1979), aus dem der folgende Textauszug entnommen ist. In ihm begründet Singer die These, dass das ethische Prinzip der Gleichheit, das verlangt, die Interessen aller in gleicher Weise zu berücksichtigen, auch auf die Tiere ausgedehnt werden muss.*

Im vorhergehenden Kapitel habe ich die Überzeugung begründet, dass es sich bei dem fundamentalen Prinzip der Gleichheit, auf dem die Gleichheit aller Menschen beruht, um das Prinzip der gleichen Interessenerwägung handelt. Nur ein grundlegendes moralisches Prinzip dieser Art gestattet es uns, eine Form von Gleichheit zu vertreten, die alle menschlichen Wesen umfasst – trotz aller Unterschiede, die zwischen ihnen bestehen. Ich behaupte nun, dass dieses Prinzip zwar eine adäquate Basis für menschliche Gleichheit ist, aber eine Basis, die sich nicht auf Menschen beschränken lässt. Ich schlage mit anderen Worten vor, dass wir, wenn wir das Prinzip der Gleichheit als eine vernünftige moralische Basis für unse-

re Beziehungen zu den Angehörigen unserer Gattung akzeptiert haben, auch verpflichtet sind, es als eine vernünftige moralische Basis für unsere Beziehungen mit Lebewesen außerhalb unserer Gattung anzuerkennen – den nichtmenschlichen Lebewesen. [...]

Das Argument für die Erweiterung des Prinzips der Gleichheit über unsere Gattung hinaus ist einfach – so einfach, dass es dazu lediglich bedarf, das Wesen des Prinzips der gleichen Interessenerwägung klar zu verstehen. Dieses Prinzip schließt ein, dass unser Interesse an anderen nicht davon abhängig sein darf, was sie sind oder welche Fähigkeiten sie haben. Auf genau dieser Grundlage können wir behaupten: die Tatsache, dass manche Menschen nicht zu unserer Rasse gehören, berechtigt uns nicht dazu, sie auszubeuten, und ebenso bedeutet die Tatsache, dass manche Menschen weniger intelligent sind als andere, nicht, dass ihre Interessen missachtet werden dürfen. Aber das Prinzip impliziert auch Folgendes: Die Tatsache, dass bestimmte Wesen nicht zu unserer Gattung gehören, berechtigt uns nicht sie auszubeuten, und ebenso bedeutet die Tatsache, dass andere Lebewesen weniger intelligent sind als wir, nicht, dass ihre Interessen missachtet werden dürfen. [...]

Wenn ein Wesen leidet, kann es keine moralische Rechtfertigung dafür geben, sich zu weigern dieses Leiden in Erwägung zu ziehen. Es kommt nicht auf die Natur des Wesens an – das Gleichheitsprinzip verlangt, dass sein Leiden ebenso zählt wie das gleiche Leiden – soweit sich ein ungefährer Vergleich ziehen lässt – irgendeines anderen Wesens. Ist ein Wesen nicht leidensfähig oder nicht fähig, Freude oder Glück zu erfahren, dann gibt es nichts zu berücksichtigen. Deshalb ist die Grenze der Empfindungsfähigkeit [sentience] (wir verwenden diesen Terminus als bequeme, wenngleich nicht ganz genaue Abkürzung für die Fähigkeit, Leid oder Freude bzw. Glück zu erfahren) die einzig vertretbare Grenze für die Rücksichtnahme auf die Interessen anderer. Diese Grenze durch irgendwelche anderen Merkmale wie Intelligenz oder Rationalität festsetzen hieße sie auf willkürliche Weise festsetzen. Weshalb dann nicht andere Eigenschaften wie zum Beispiel die Hautfarbe herausgreifen?

Rassisten verletzen das Prinzip der Gleichheit, indem sie bei einer Kollision ihrer eigenen Interessen mit denen einer anderen Rasse den Interessen von Mitgliedern ihrer eigenen

Rasse größeres Gewicht beimessen. Weiße Rassisten akzeptieren nicht, dass der Schmerz, den Schwarze verspüren, ebenso schlimm ist wie der, den Weiße verspüren. Ähnlich messen jene, die ich »Speziesisten«[1] nennen möchte, da, wo es zu einer Kollision ihrer Interessen mit denen von Angehörigen einer anderen Spezies kommt, den Interessen der eigenen Spezies größeres Gewicht bei. Menschliche Speziesisten erkennen nicht an, dass der Schmerz, den Schweine oder Mäuse verspüren, ebenso schlimm ist wie der von Menschen verspürte.

Darin besteht wirklich schon das ganze Argument dafür, das Prinzip der Gleichheit auf nichtmenschliche Lebewesen auszudehnen; aber es mögen Zweifel daran geäußert werden, worauf diese Gleichheit in der Praxis hinauslaufen soll. Insbesondere der letzte Satz des vorigen Abschnitts mag manche Leute zu der Erwiderung veranlassen: »Der von einer Maus empfundene Schmerz ist doch wohl nicht genauso schlimm wie der von einem Menschen empfundene Schmerz. Menschen haben ein viel größeres Bewusstsein von dem, was ihnen zustößt, und das macht ihr Leiden schlimmer. Man kann das Leiden eines Menschen, der langsam an Krebs stirbt, nicht mit dem der Maus im Laboratorium vergleichen, die dasselbe Schicksal trifft.«

Ich gestehe vollkommen zu, dass in dem eben beschriebenen Fall der krebskranke Mensch normalerweise mehr leidet als das nichtmenschliche Krebsopfer. Aber das widerlegt die Ausdehnung der gleichen Interessenerwägung auf nichtmenschliche Wesen in keiner Weise. Vielmehr bedeutet es, dass wir bei Vergleichen zwischen den Interessen von Angehörigen verschiedener Gattungen Sorgfalt walten lassen müssen. In manchen Situationen wird ein Individuum der einen Gattung mehr leiden als ein Individuum einer anderen. In diesem Fall sollten wir immer noch das Prinzip der gleichen Interessenerwägung anwenden, das heißt aber im Endeffekt: der Linderung des größeren Leidens den Vorrang geben. [...]

Man meint zuweilen, alle Tierexperimente dienten vitalen medizinischen Zwecken und könnten mit dem Hinweis darauf legitimiert werden, dass sie mehr Leiden beseitigen als verursachen. Dieser bequeme Glaube ist falsch. Pharmazeutische Firmen testen neue Haarwaschmittel und Kosmetika, die sie auf den Markt bringen möchten, indem sie konzentrierte Lösungen davon Kaninchen in die Augen träufeln. Nahrungszusätze, einschließlich künstlicher Farben und Konservierungsstoffe, werden mit dem bekannten LD_{50}[2] getestet. Dieser Test ist dazu bestimmt, die »tödliche Dosis« herauszufinden, oder den Grad des Konsums, der 50% einer Versuchsgruppe von Tieren sterben lässt. Dabei werden nahezu alle Tiere sehr krank, bevor einige schließlich sterben und andere gerade noch davonkommen. Diese Tests sind nicht notwendig, um menschliches Leiden zu verhüten: wir haben bereits genug Haarwaschmittel und Lebensmittelfarben. Es besteht kein Bedürfnis danach, neue zu entwickeln, die gefährlich sein könnten.

Man kann auch nicht alle Experimente an Universitäten mit dem Argument verteidigen, sie linderten mehr Leiden als sie zufügten. Drei Experimentatoren an der Universität von Princeton[3] hielten 256 junge Ratten ohne Futter und Wasser, bis sie starben. Sie kamen zu dem Schluss, dass junge Ratten unter Bedingungen lebensbedrohenden Durstes und Hungers sehr viel aktiver sind als normale ausgewachsene Ratten, denen man Futter und Wasser gibt. [...]

1 Speziesisten/Speziesismus: Anschauung, die die größere Berücksichtigung der Interessen der eigenen Art (Spezies) gegenüber anderen Arten vertritt, insbesondere die Bevorzugung des Menschen vor Tieren.

2 LD_{50} (Abkürzung für »Letaldosis«): Dosis eines Medikaments, durch dessen Verabreichung 50% der Versuchstiere innerhalb eines bestimmten Zeitraums sterben.

3 Universität von Princeton: die Universität der Kleinstadt Princeton (ca. 15000 Einwohner) im US-Staat New Jersey gilt als eine der Eliteuniversitäten der USA.

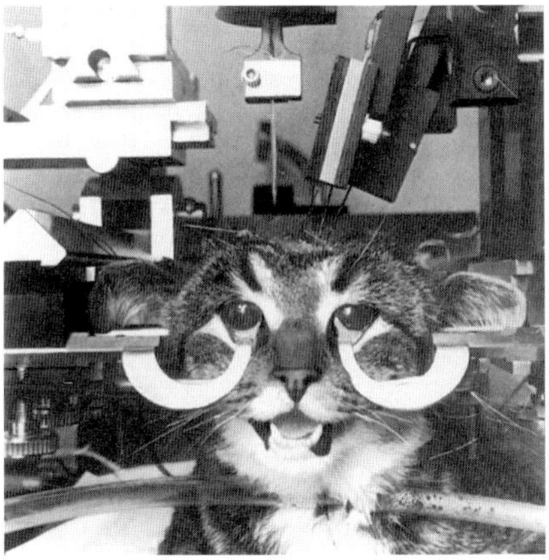

Stereotaktische Hirnoperation (Elektrodenlokalisation im Gehirn mit Hilfe eines Zielgeräts): In einem genauen Hirnatlas werden die Koordinaten der Hirnregion ermittelt, in der die Elektrodenspitze liegen soll. Dann wird der Schädel unter Narkose an genormten Orientierungspunkten im »Stereotakter« befestigt. Durch ein Bohrloch lässt sich anschließend die Elektrode in die gewünschte Hirnregion schieben. Die Koordinaten der Elektrodenspitze werden an Messskalen an der Elektrodenhalterung abgelesen. Die stereotaktische Operationstechnik wird in gleicher Weise auch beim Menschen für gezielte hirnchirurgische Eingriffe angewendet.

In diesem und vielen ähnlichen Fällen sind vorteilhafte Auswirkungen für den Menschen entweder gleich Null oder sehr ungewiss; hingegen sind die Nachteile für die Angehörigen anderer Gattungen gewiss und real. Die Experimente weisen also auf eine Verletzung der gleichen Interessenerwägung für alle Wesen ohne Rücksicht auf ihre Gattung hin.

In der Vergangenheit ging die Debatte über Tierexperimente oft an diesem Punkt vorbei, weil das Problem verabsolutiert wurde: Wären die Gegner der Experimente bereit, Tausende von Menschen an einer entsetzlichen Krankheit sterben zu lassen, die durch ein Experiment an einem einzigen Tier geheilt werden könnten? Dies ist eine rein hypothetische Frage, weil Experimente nicht gleich zu umwälzenden Ergebnissen führen, aber solange ihr hypothetischer Status klar ist, sollte man diesen Fall, wie ich meine, bejahen – mit anderen Worten: Wenn ein Tier oder auch ein Dutzend Tiere Experimente erleiden müssten, um Tausende zu retten, dann würde ich es im Hinblick auf die gleiche Interessenerwägung für richtig halten, dass sie leiden. Dies ist jedenfalls die Antwort, die ein Utilitarist geben muss. Diejenigen, die an absolute Rechte glauben, mögen es grundsätzlich für falsch halten, ein Wesen, ob Tier oder Mensch, für das Wohl eines anderen zu opfern. In diesem Fall sollte das Experiment nicht durchgeführt werden, was auch immer die Konsequenzen sein mögen.

Auf die hypothetische Frage, ob Tausende von Menschen durch ein einziges Tierexperiment zu retten seien, können Gegner des Speziesismus ihrerseits mit einer hypothetischen Frage antworten: Wären dieselben Forscher bereit, ihre Experimente an verwaisten Menschen mit schwerwiegenden, unheilbaren Hirnschäden durchzuführen, wenn das der einzige Weg wäre, um Tausende zu retten? (Ich sage »verwaist«, um eine Komplikation durch die Gefühle der Eltern solcher Menschen auszuschließen.) Wenn die Forscher nicht bereit sind, verwaiste Menschen mit schwerwiegenden und unheilbaren Gehirnschäden zu verwenden, dann scheint ihre Bereitschaft Tiere zu verwenden, eine Diskriminierung allein auf der Grundlage der Gattung zu bedeuten; denn Menschenaffen, kleinere Affen, Hunde, Katzen und selbst Mäuse und Ratten haben ein stärkeres Bewusstsein von dem, was mit ihnen geschieht, und sind schmerzempfindlicher usw. als viele hirngeschädigte Menschen, die in Krankenhäusern und anderen Institutionen lediglich dahinvegetieren. Es scheint keine moralisch relevanten Eigenschaften zu geben, die solche Menschen besäßen, während nichtmenschliche Lebewesen sie entbehrten. Experimentatoren sind demnach stets voreingenommen zugunsten ihrer eigenen Gattung, wenn sie ihre Experimente an nichtmenschlichen Lebewesen für Zwecke durchführen, von denen sie nicht annehmen würden, dass sie die Verwendung von Menschen mit gleichem oder niedrigerem Niveau der Empfindung, des Bewusstseins und der Gefühle rechtfertigen würden. Würde diese Voreingenommenheit ausgeschaltet, so würde sich die Zahl der Tierexperimente bedeutend reduzieren.

FORUM

Zur Texterschließung

1 | Worin bestehen nach Eco die gängigen Interpretationen des Unfalls im Zoo?
2 | Welche Erklärung liefert Eco für den Unfall?
3 | Worin besteht nach Eco die falsche und die richtige Rechtfertigung für die Erhaltung der Arten?
4 | Erläutern Sie mit Hilfe der von Schopenhauer gegebenen Beispiele seine These, dass Mitleid mit Tieren Zeichen der Güte des Charakters ist!
5 | Wie rechtfertigt Schopenhauer die Praxis, Tiere für die menschliche Ernährung zu töten?
6 | Erläutern Sie Schweitzers sittliches Grundprinzip der Ehrfurcht vor dem Leben!
7 | Welche Ansicht äußert Schweitzer zur menschlichen Nutzung von Tieren und zu Tierversuchen?
8 | Welche Haltung nimmt Zbinden zu Tierversuchen ein und inwiefern fühlt er sich mit dieser Position zwischen den Fronten?
9 | Welche beiden Möglichkeiten bleiben nach Zbinden übrig, wenn man auf Tierversuche verzichtet?
10 | Mit welchen Zielkonflikten sieht Zbinden sich als Forscher konfrontiert und welche Position bezieht er in diesem Konflikt?
11 | In welchen beiden voneinander getrennten Teilgebieten der biomedizinischen Forschung stellt sich nach Zbinden das Problem der Tierversuche und welche Fragen sind dabei jeweils zu berücksichtigen? Was meint Zbinden mit dem »Recht zu wissen«?
12 | Wie begründet Singer die Erweiterung des Prinzips der gleichen Interessenerwägung auf Tiere?
13 | Welches ist für Singer das entscheidende Merkmal, das über die moralische Berücksichtigung von Lebewesen entscheidet?
14 | Welche Beispiele nennt Singer für nicht akzeptable Tierversuche und mit welchen Argumenten lehnt er sie ab?
15 | An welchem hypothetischen Fall lässt sich nach Singer die moralisch unzulässige Bevorzugung der menschlichen Gattung gegenüber anderen Lebewesen gut erkennen?

Artgenossen, Nahrungsmittel oder Versuchskaninchen? – Zur Diskussion

1 | Nennen sie Beispiele für Tierquälerei aus Ihrer eigenen Erfahrung. Wo werden Tiere in unserer Gesellschaft regelmäßig gequält? Diskutieren Sie die These Schopenhauers, dass der jeweilige Umgang mit Tieren ein sicheres Kennzeichen des menschlichen Charakters ist! Was sagt Ihrer Meinung nach der Umgang mit Tieren über die »Humanität« unserer Gesellschaft? Nennen Sie Kulturen, z. B. in Asien, in denen Tiere anders behandelt werden!
2 | Bilden Sie in Ihrer Klasse zwei Arbeitsgruppen zu den Themen »Warum ich Fleisch esse« und »Warum ich mich vegetarisch ernähre« und sammeln Sie die Gründe, die Ihre jeweiligen Essensgewohnheiten rechtfertigen! Bestimmen Sie anschließend Vertreter aus jeder Gruppe, die ein Streitgespräch führen!
3 | Erstellen Sie eine Liste von Nutzanwendungen, die der Mensch aus dem Umgang mit Tieren zieht. Auf welche dieser Nutzanwendungen wären Sie bereit zugunsten des Wohlergehens und Lebens von Tieren zu verzichten?

René Magritte, Das Vergnügen, 1927

4| Tierschützer haben den Vorschlag gemacht, auf Tierexperimente zu verzichten und als Ersatz dafür Experimente an Menschen vorzunehmen. Zbinden bringt diese Idee mit den rassistischen medizinischen Experimenten der Nazis in Verbindung.
Was halten Sie von diesem Vorschlag?

5| Vergleichen Sie die beiden folgenden Positionen der Philosophen Günther Patzig (geb. 1926) und Dieter Birnbacher (geb. 1946)!
a) »Tierversuche sind moralisch erlaubt, wenn ein deutlicher Zusammenhang zwischen den Ergebnissen des Tierversuchs und der auf andere Weise nicht erreichbaren Verminderung menschlichen Leidens auf längere Sicht aufgewiesen werden kann. Wo ein solcher Zusammenhang nicht aufgewiesen werden kann, etwa bei den Versuchsreihen zur Überprüfung der Unschädlichkeit von dekorativen Kosmetika, scheint mir eine moralische Rechtfertigung von Tierversuchen eindeutig nicht möglich zu sein. […] Ich neige dazu, auch der Grundlagenforschung eine, wenngleich mittelbare, wichtige Funktion für die therapeutische Forschung zuzusprechen. […] Vielleicht kann die zweckfreie Grundlagenforschung auch Ergebnisse implizieren, die sogar für die Überlebenschancen der Menschheit von realer Bedeutung sind.« (Patzig)
b) »Menschliche Luxusbedürfnisse können eine Leidenszufügung bei Tieren nicht rechtfertigen, auch nicht das menschliche Kulturinteresse an Wissenszuwachs. Auch das von Patzig […] favorisierte Prinzip, eine Leidenszufügung bei Tieren in der wissenschaftlichen Grundlagenforschung zumindest insoweit für erlaubt zu halten, als

von dieser ein wie immer indirekter Beitrag zur Minderung menschlichen Leidens erwartet werden kann, ist unter pragmatischen Gesichtspunkten nicht unbedenklich. Die Möglichkeit, sich auf eine derart vage Chance zu berufen, wäre in praxi ein Freibrief zur Rechtfertigung jeder Art von Leidenszufügung zu bloßen Forschungszwecken.« (Birnbacher)
Worin unterscheiden sich die beiden Positionen? Vergleichen Sie sie mit den Stellungnahmen von Zbinden und Singer!

6| Bilden Sie zwei Gruppen, eine Gruppe der »Wissenschaftler«, die Tierversuche unterstützen, und eine Gruppe der »Tierschützer«, die Tierversuche radikal ablehnen. Jede Gruppe sammelt Argumente für ihre Position, unter Einbeziehung der Beiträge von Zbinden, Singer, Patzig und Birnbacher. Ein Vertreter jeder Gruppe trägt die jeweiligen Argumente in einem Streitgespräch vor der Klasse vor.

7| In der Schöpfungsgeschichte des Alten Testaments der Bibel steht:
»Dann sprach Gott: ›Lasst uns Menschen machen nach unserem Vorbild, uns ähnlich; sie sollen herrschen über die Fische des Meeres, über die Vögel des Himmels, über das Vieh, über die Landtiere und über alle Kriechtiere am Boden!‹« (Genesis 1,26)
Diese Stelle wird häufig im Sinne einer Erlaubnis zu einer unumschränkten Herrschaft und Nutzung der Tiere interpretiert. Es gibt jedoch auch die Deutung, die die Rolle des Menschen mehr im Sinne eines Verwalters einer ihm zur Pflege übergebenen Sache versteht. Welche Deutung wird nach Ihrer Meinung dem Christentum eher gerecht? Wie haben sich Ihrer Meinung nach die christlichen Europäer in der Vergangenheit den Tieren gegenüber verhalten?

INFOBOX VII

Tierschutz als Problem der philosophischen Ethik

Die menschliche Einstellung gegenüber Tieren war lange Zeit ein bloßes Randproblem der Philosophie. Sofern antike oder mittelalterliche Philosophen sich überhaupt damit befassten, beschränkten sie sich meist darauf, die gängige Praxis, Tiere für menschliche Zwecke zu gebrauchen, als moralisch zulässig zu verteidigen. Zu den wenigen Ausnahmen in der Antike gehörte der, vermutlich von östlichen Religionen beeinflusste, frühgriechische Philosoph *Pythagoras* (ca. 580–500 v. Chr.), der aus religiösen Gründen vegetarisch lebte, weil er an das Weiterleben menschlicher Seelen in Tieren glaubte. In östlichen Religionen wie Hinduismus und Buddhismus, die von der Einheit alles Lebendigen ausgehen, findet sich eine mehr mitfühlende Einstellung zu Tieren, die mitunter bis zum Verbot des Tötens und Essens von Tieren reicht. Im Gegensatz dazu spielt im Judentum, Christentum und Islam, die den Menschen als Herrn von Natur und Tier betrachten, die Rücksicht auf das Leid von Tieren nur eine untergeordnete Rolle. Eine Ausnahme im christlichen Mittelalter war *Franz von Assisi* (1182–1226), der Gründer des Franziskanerordens, der ein von Mitgefühl für Tiere durchdrungenes Leben führte, ohne damit jedoch eine durchdachte ethische Position zu verbinden.

Weit repräsentativer für ihre Zeit waren die ethischen Positionen von Aristoteles und Thomas von Aquin. Die Herrschaft des Menschen über die Tiere rechtfertigte *Aristoteles* (384–322 v. Chr.) mit dem Hinweis auf die hierarchische Ordnung der Natur, worin die Tiere eine Mittelstellung zwischen Pflanzen und Menschen einnehmen. Grausamkeit gegenüber Tieren war für ihn noch kein Problem. Wie das christliche Mittelalter insgesamt betrachtete auch *Thomas von Aquin* (1225–1274) den Menschen als den von Gott bestimmten Herrscher über die Tiere. Die moralische Zulässigkeit des Tötens und Essens von Tieren begründete er mit der göttlichen Ordnung der Welt, worin die Tiere als niedere Geschöpfe zum Nutzen und Gebrauch des Menschen, der »Krone der Schöpfung«, bestimmt sind. Obwohl es nach Thomas keine Sünde gegen Tiere geben kann, lehnte er doch Grausamkeit gegenüber Tieren ab, weil sie nach seiner Ansicht zu Grausamkeit gegenüber Menschen verleitet.

Zu Beginn der Neuzeit betonte der Mensch noch stärker als zuvor seine Rolle als Herrscher über die Natur. Mit den entstehenden empirischen Wissenschaften begann auch die Zeit der Tierexperimente zu »wissenschaftlichen« Zwecken. Die moralische Missachtung der Tiere erreichte sogar einen Höhepunkt bei *René Descartes* (1596–1650). Dass Tiere moralisch nicht zählen, begründete er mit der These, dass Tiere, im Gegensatz zum Menschen, nicht nur keine unsterbliche Seele, sondern nicht einmal Bewusstsein und Empfindungen haben. Wie die materielle Natur sind für ihn auch Tiere empfindungslose Maschinen, die nach mechanischen Gesetzen funktionieren (→ Info V). Damit trug Descartes dazu bei, die moralischen Bedenken gegenüber der gerade entstehenden Praxis des Experimentierens an lebenden Tieren zu beschwichtigen.

Diese gleichgültige Einstellung gegenüber Tieren verschwand im Zeitalter der Aufklärung, als die Leidensfähigkeit von Tieren allgemein anerkannt wurde. Dass Tiere zwar nicht moralisch vollwertig, aber doch moralisch zu berücksichtigen sind, lehrte *Immanuel Kant* (1724–1804). Freilich haben nach Kant nur Menschen als freie, vernünftige Wesen einen Eigenwert, der es gebietet, sie stets als Zwecke und nie als bloße Mittel zu behandeln (→ Info IV). Tiere sind dagegen vernunftlose Wesen, die als Mittel für menschliche Zwecke gebraucht werden dürfen. Gleichwohl unterliegt das Verhalten gegenüber

Tieren doch moralischer Rücksicht, nämlich insofern es Auswirkungen auf Menschen hat. Tierquälerei ist daher nach Kant moralisch verwerflich, weil sie verrohende Wirkungen auf den Menschen hat, nicht aber deswegen, weil Tieren Leid zugefügt wird.

Eine andere Begründung des Tierschutzes lieferte der Engländer *Jeremy Bentham* (1748–1832), indem er das utilitaristische Prinzip der Vermehrung des Glücks bzw. der Verminderung des Leids (→ Info III) auch auf Tiere anwandte. Da nicht die Vernunft, sondern die Empfindungsfähigkeit nach Bentham der Grund dafür ist, dass ein Wesen moralisch zu berücksichtigen ist, ist Tierschutz eine moralische Pflicht des Menschen. Ähnlich hat *Arthur Schopenhauer* (1788–1860) aus seiner Mitleidsethik (→ Info I) Tierschutz als moralische Aufgabe abgeleitet. Da Mitleid die alleinige Triebfeder uneigennützigen, moralischen Handelns ist und da Tiere leidensfähige Wesen sind, ist es moralisch unzulässig Tiere zu quälen und ihnen unnötiges Leid zuzufügen. Obwohl Bentham und Schopenhauer Tieren einen Eigenwert in der moralischen Berücksichtigung zubilligen, haben sie doch kein striktes Verbot des (schmerzfreien) Tötens und Essens von Tieren vertreten. Einen Schritt weiter ging *Albert Schweitzer* (1875–1965) mit seiner Ethik der »Ehrfurcht vor dem Leben«, indem er in den Bereich moralischer Rücksicht Tiere und Pflanzen aufnahm und jede Wertabstufung zwischen Pflanzen, Tieren und Menschen ablehnte.

Im Zuge der ökologischen Bewegung entstand in den letzten Jahrzehnten des 20. Jahrhunderts eine breite philosophische Diskussion über den Tierschutz. Ausgelöst wurde diese Debatte von dem australischen Ethiker *Peter Singer* (geb. 1946). In seinem Buch *Befreiung der Tiere* (1975) formulierte er das Grundprinzip, dass alle empfindungsfähigen Wesen, also Menschen und Tiere, den gleichen Anspruch auf Berücksichtigung ihrer Interessen haben. Dies bedeutet, dass die Linderung des größeren Leidens, sei es nun tierisches oder menschliches Leiden, stets den Vorzug verdient. Die industrielle Massentierhaltung verwirft Singer als moralisch unzulässig, da das Leiden dieser Tiere das menschliche Vergnügen an fleischlicher Nahrung bei weitem übersteige. Auch Tierexperimente sind nach Singer nur dann erlaubt, wenn sie zur Linderung von Leiden notwendig sind, nicht jedoch, wenn sie menschlichen Luxusbedürfnissen oder bloßem Erkenntnisinteresse dienen. Das schmerzfreie Töten von Tieren lehnt Singer dagegen nicht grundsätzlich ab, doch er sieht gute Gründe für die Forderung, dass vor allem höhere Tiere wie Affen, Delphine, Wale und Hunde, die ansatzweise über Selbstbewusstsein, Intelligenz, Erinnerung und Zukunftsbewusstsein verfügen, nicht getötet werden dürfen. In Auseinandersetzung mit Singer hat der Amerikaner *Tom Regan* (geb. 1938) eine ethische Position entwickelt, die höheren Tieren ausdrücklich Rechte zuspricht. Nach seiner Ansicht muss allen Lebewesen, die über Meinungen, Wünsche, Absichten und Zukunftserwartungen verfügen, ein Eigenwert zuerkannt werden. Und dazu rechnet Regan neben dem Menschen vor allem die Säugetiere. Als Wesen mit Eigenwert haben sie moralische Rechte, insbesondere ein Recht auf Leben. Massentierhaltung und Tierexperimente verletzen jedoch diese Rechte und sind daher moralisch unzulässig.

In der gegenwärtigen »Ökoethik« gehen die Ansichten über die moralphilosophischen Grundlagen und die praktischen Konsequenzen des Tierschutzes noch weit auseinander. So lehnt *Ursula Wolf* (geb. 1951) in ihrem Buch *Das Tier in der Moral* (1990) Tierexperimente und Massentierhaltung strikt ab und betrachtet vegetarische Ernährung als moralische Pflicht. Doch nicht alle Kritiker unseres Umgangs mit Tieren vertreten eine solche radikale Position. Wenngleich in der ethischen Diskussion noch vieles im Fluss ist, lässt sich eine Veränderung im moralischen Bewusstsein unschwer feststellen: Wenn es darum geht zu bestimmen, was »unnötiges« Leid bei Tieren ist, werden heute strengere Maßstäbe als früher angelegt.

VII INFOBOX

VIII LEBEN ODER GELEBT WERDEN? – KUNST DES LEBENS – LEBEN ALS KUNST

Einführung

Auch wenn es gelingt, uns von moralischen Verfehlungen weitgehend freizuhalten, haben wir damit noch nicht unser Leben gemeistert. Es bleibt die Aufgabe, aus unserem Leben etwas zu machen und es nicht einfach ungenutzt an uns vorüberziehen zu lassen. Neben den moralischen Pflichten gegenüber anderen Menschen haben wir ein ursprüngliches Interesse daran, unser Leben sinnvoll zu gestalten. Wenn die griechischen Philosophen von einem »guten Leben« sprachen, so meinten sie damit ein glückliches, erfülltes, aber auch ein vernunftgemäßes Leben.

Anders als in der Vergangenheit haben die Menschen in westlichen Gesellschaften heute die Wahl zwischen einer Fülle von Lebensformen. »Lifestyle« ist zu einem Modewort geworden; Ratgeber zur Lebenshilfe füllen die Regale der Buchläden. Der französische Begriff »bon vivant«, also wörtlich ein »gut Lebender«, bezeichnet einen Genießer und Feinschmecker, einen Menschen, der die Kunst beherrscht, die sinnlichen Freuden des Lebens auszuschöpfen. Ein »Lebenskünstler« ist nach unserem alltäglichen Verständnis ein Mensch, der das Leben »leicht« nimmt, der es zu nehmen weiß und immer wieder einen Weg findet, Schwierigkeiten zu überwinden. Doch der Ratschlag, die Dinge »locker« zu nehmen, einfach zu genießen, wird nicht von allen als ernsthafter Lösungsvorschlag angesehen. Viele sehen darin einen weiteren Versuch, den wirklichen Lebensproblemen und -entscheidungen auszuweichen. Dennoch scheint es berechtigt, darüber nachzudenken, welche »Tugenden« wir pflegen und entwickeln sollen, wie wir uns selbst, unseren »Charakter« erziehen sollen, damit wir die »Kunst des Lebens« erlernen und die Herausforderungen des Lebens bewältigen können. Was heute vielfach als typisches Tätigkeitsfeld von Psychologen angesehen wird, ist in Wahrheit ein altes Thema der Moralphilosophie. Die antike Ethik z.B. betrachtete es als eine ihrer vornehmlichsten Aufgaben, den Menschen fähig zu machen, die richtigen Lebensentscheidungen und die richtige Lebensform zu wählen. Lebensklugheit setzt Mündigkeit voraus.

Grundlegende Entscheidungen müssen wir in bestimmten Situationen unseres Lebens immer wieder treffen, z.B. bei der Wahl des Berufs oder des Partners. Dabei richten wir uns nicht selten nach anderen, insbesondere nach den Wünschen der Eltern und den Erwartungen der Gesellschaft. Nicht »wir«, sondern »man« entscheidet häufig für uns. Warum treffen wir in solchen Situationen nicht unsere eigene, selbständige Wahl? Wenn Menschen älter werden, haben sie z.B. oft das Gefühl, dass die Zeit sie überrollt hat, dass sie entscheidende Dinge verpasst haben. Wie können wir also Herr über unsere eigene Zeit werden? Kann die Vernunft uns Möglichkeiten aufzeigen dem Leben auch längerfristig eine »Form« zu geben, die wir selbst gewählt haben und mit der wir uns identifizieren können?

VIII 1: Ursula Wolf: Die Frage nach dem Sinn des Lebens

Ursula Wolf wurde 1951 in Karlsruhe geboren und lehrt seit 1998 Philosophie an der Universität Mannheim. Der Schwerpunkt ihrer Arbeit liegt im Bereich der Moralphilosophie. In mehreren Publikationen hat sie dazu beigetragen, die Frage nach dem Sinn des Lebens in der Philosophie wieder aufzuwerten. Auch gilt sie als radikale Gegnerin von Tierversuchen und tritt, wie in ihrem Buch Das Tier in der Moral (1990), *dafür ein, Tiere als moralische Partner ernst zu nehmen. Der Textauszug ist der Einleitung ihres 1999 erschienenen Buches* Die Philosophie und die Frage nach dem guten Leben *entnommen.*

Im Alltag sind wir sicher nicht ständig mit der Frage konfrontiert, wie letztlich und insgesamt zu leben gut ist. Vielmehr stellen sich diese und jene begrenzten praktischen Fragen. Wenn jemand sich fragt, ob er dieses Buch weiterlesen möchte, ob er heute Abend ins Kino gehen oder sich lieber für eine Klausur vorbereiten soll, ob er nach einem kleinen Streit eine Freundin anrufen oder abwarten soll, ob diese sich wieder meldet, dann sind solche Entscheidungen oft relativ leicht zu treffen und erfordern kein Nachdenken über das ganze Leben. Solange es sich nicht um völlig triviale Fragen handelt, lassen sie sich jedoch so vertiefen, dass wir früher oder später auf die grundsätzliche Frage stoßen. Eine Person, die nicht nur mit diesem Buch unzufrieden ist, sondern auch mit den anderen philosophischen Texten, steht vor der Frage, ob Philosophie überhaupt das richtige Studienfach für sie ist oder welches Fach sie stattdessen wählen könnte. Dies ist eine Entscheidung, welche ihr ganzes weiteres Leben prägen wird, sie mit der Frage konfrontiert, welche Ziele sie überhaupt in ihrem Leben verfolgen will. Doch die Wahlsituation ist noch umfassender. Die genannte Frage steht ja nicht für sich; sie enthält beispielsweise auch die Frage, ob die Ausbildung oder der Beruf so beschaffen sein sollen, dass sie die Person ganz fordern, oder eher so, dass sie ihr leicht fallen und wenig Zeit kosten, weil sie vielleicht den Schwerpunkt ihres Lebens gar nicht im beruflichen, sondern in einem anderen Bereich sieht. [...]

Die individuelle Person stößt also aus alltäglichen Entscheidungssituationen heraus auf die Frage, wie sie ihr Leben im Ganzen einrichten sollte, worin das für sie in ihrer Lage gute Leben besteht. Die angeführten Beispiele zeigen, dass wir in der praktischen Überlegung mit verschiedenen Dimensionen des Lebens konfrontiert werden können, die alle wichtig sind und zwischen denen eine Abwägung erforderlich ist. Zu klären, welches die wichtigsten Dimensionen des guten Lebens sind, wie wir Gewichtungen zwischen ihnen vornehmen, mit welchen Überlegungsverfahren und Kriterien wir Empfehlungen des guten Lebens stützen, ob es solche Kriterien überhaupt gibt oder ob Fragen des guten Lebens rein subjektiv sind, ist Aufgabe der philosophischen Teildisziplin der Ethik. [...]

Nehmen wir an, die Person, die über ihren künftigen Beruf nachdenkt, befindet sich gerade in lustloser Stimmung. Jetzt fragt sie sich, wozu solche Überlegungen überhaupt gut sind: Schließlich ist, wenn man sich im Leben wichtige Ziele setzt, nie garantiert, dass man sie erreicht. Und von den vielen Dingen, die man tun könnte, lässt sich in der Kürze der Lebenszeit doch nur ein sehr kleiner Teil realisieren. Lohnt sich dann angesichts der geringen konkreten Möglichkeiten die Mühe, hat sie einen Sinn? Hier stoßen wir auf die tiefste Schicht der Frage nach dem guten Leben, die ich zur Unterscheidung von der Gesamtbedeutung als Sinnfrage bezeichnen werde. Diese Ebene zeichnet sich dadurch aus, dass sie aus grundlegenden Aporien[1] entspringt, die in der Natur der menschlichen Existenz angelegt

1 Aporie: unauflösbarer Widerspruch, unlösbares Problem.

sind. Als vorläufige Formulierung dieser Aporien soll die Frage dienen, wie ein vollkommenes und dauerndes Glück möglich ist, obwohl das Leben endlich und wechselhaft ist.

Wenn die Frage nach dem guten Leben und die darin enthaltene Sinnfrage in der Struktur des menschlichen Lebens gegeben sind, wenn also die Frage *sich* für das menschliche Leben grundsätzlich *stellt*, wie kann es dann sein, dass viele Menschen sie nicht aufwerfen? Die Erklärung könnte lauten, dass eine Frage dann nicht gestellt wird, wenn sie bereits beantwortet ist und so gar nicht zum Bewusstsein kommt. Faktisch hat jede Gesellschaft Antworten auf existenzielle Grundfragen entwickelt, noch ehe sie von der Philosophie ausformuliert wurden. Es sind, da diese Fragen nicht im gewöhnlichen Sinn gelöst werden können, Antworten von besonderer Art. Formen des Umgangs mit existenziellen Aporien liefern traditionell Mythos[2] und Religion. Erst wo diese wegfallen, wo eine Aufklärungsbewegung ihre Glaubwürdigkeit untergräbt, wird die Frage explizit bewusst und in ihrer Unlösbarkeit durchschaut. In aufgeklärten Zeiten ist es die Metaphysik[3], die Konstruktionen zu bilden versucht, mit deren Hilfe man den Aporien begegnen kann.

Wenn mythische und religiöse Antworten verloren gegangen sind und die Metaphysik ihrerseits als ein bloßes Konstrukt durchschaut ist, scheint aber jede Person unausweichlich mit der Sinnfrage konfrontiert. Wie kann man dann erklären, dass auch im nachmetaphysischen Zeitalter nicht alle Menschen sich mit der Frage auseinander setzen? Und wie kann es zu der Auffassung kommen, dass die Frage heute eher altmodisch und überflüssig ist?

2 Mythos: nicht-wissenschaftliche, sondern bildhafte und erzählende Form der Welterklärung.

3 Metaphysik: die philosophische Disziplin, die sich mit den Grundprinzipien und dem Aufbau der Welt, aber auch mit der Existenz Gottes und der Unsterblichkeit der Seele befasst.

Die Häufigkeit, mit der Menschen in unserer heutigen Gesellschaft Sinnersatz in Form von Sekten, Starkult, Drogen usw. suchen, ist eher ein Indiz dafür, dass es die Frage nach wie vor gibt. Die Neigung, die Frage ein für allemal durch fertige Konzeptionen zu verdecken, statt sich ihr selbständig zu stellen, lässt sich dennoch leicht erklären. Die Konfrontation mit tiefgreifenden Fragen, auf die eine Antwort prinzipiell nicht gefunden werden kann, ist nicht unbedingt angenehm. Solche Fragen wird man, solange das Alltagsleben ohne Störung verläuft, gern vermeiden. Allerdings brechen sie in Situationen auf, in denen besondere Probleme die Routine erschüttern. Doch auch dann trifft es nicht unbedingt zu, dass alle Menschen sich explizit mit der Sinnfrage auseinander setzen. Verständlich wäre auch die Reaktion, auf die vorhandenen Sinnangebote zu verzichten und die existenzielle Ebene der Frage nach dem guten Leben im Alltag einfach auszuklammern. Philosophen sind oft der Meinung, dass eine solche Verdrängung der Sinnfrage problematisch ist; eine vernünftige oder autonome[4] Person werde sich in ihrem konkreten Leben dieser Frage stellen, und ein auf allen Ebenen gutes Leben müsse sich auch zu den existenziellen Dilemmata[5] explizit verhalten. Doch aus der Tatsache, dass wir als Menschen diese oder jene Beschaffenheit haben, etwa die Beschaffenheit, mit existenziellen Aporien konfrontiert zu sein, folgt noch nichts darüber, wie wir mit dieser Beschaffenheit umgehen sollten.

VIII 2: Christoph Horn: Die Rolle der Tugenden in der Ethik

Christoph Horn arbeitet als Universitätsdozent und beschäftigt sich vor allem mit antiker Philosophie, politischer Philosophie und Ethik. 1995 veröffentlichte er eine Einführung in das Denken des frühchristlichen Philosophen Augustinus.
In dem Auszug aus seinem Buch Antike Lebenskunst. Glück und Moral von Sokrates bis zu den Neuplatonikern (1998) *erörtert er die Rolle der Tugenden in der antiken und in der neuzeitlichen Ethik.*

Unter einer Tugend versteht man eine vorzügliche Charaktereigenschaft. In der Antike beschrieb man die Rolle, die Tugenden für die moralische Lebensführung besitzen, in groben Zügen wie folgt: Eine Tugend versetzt ihren Träger in die Lage, mehr als nur situativ richtig zu handeln. Der Tugendhafte tut das Richtige habituell, d.h. gewohnheitsmäßig und dauerhaft. Wer etwa die Tugend der Tapferkeit besitzt, von dem sind in gefährlichen Situationen grundsätzlich mutige, furchtlose und unerschrockene Handlungen zu erwarten – vorausgesetzt, solche Handlungen sind tatsächlich angemessen und hilfreich. Dazu muss eine Tugend beim Handelnden mindestens zwei Fähigkeiten sicherstellen. Zum einen muss sie ihm ein korrektes moralisches Urteil verschaffen; jemand verdient die Bezeichnung »tugendhaft« nur, wenn er in jeder Situation weiß, welche Handlung richtig oder falsch ist. Zum anderen muss eine Tugend dazu befähigen, das Richtige wirklich auszuführen; der Betreffende muss stets hinreichend motiviert sein, dem Guten den Vorzug vor anderen

4 autonom: selbständig, unabhängig, eigenverantwortlich.

5 Dilemmata: Plural von Dilemma (hier): schwierige Entscheidungssituation zwischen zwei gleichwertigen Alternativen.

Handlungsoptionen[1] zu geben, und er muss über einen Realitätssinn und über genügend Erfahrung für die Ausführung des Richtigen verfügen. Für den antiken Tugendbegriff ist weiterhin kennzeichnend, dass er sich nur auf erworbene Eigenschaften anwenden lässt. Vielleicht bringt jemand »gute Anlagen« für den Erwerb von Tapferkeit mit. Aber grundsätzlich werden Tugenden durch Gewöhnung, Übung oder Training erlangt; jemand wird dadurch tapfer, dass er seine Furcht, unter Risikobedingungen das Richtige zu tun, überwinden lernt. Natürlich hätte man im Altertum nicht alle antrainierten Eigenschaften als Tugenden gelten lassen; der Ausdruck ist untrennbar mit dem Aspekt sozialer Billigung oder moralischer Hochschätzung verbunden. Spricht man von der Tapferkeit als einer Tugend, so müssen trotz gefährlicher Umstände löbliche, wünschenswerte oder moralisch gute Handlungen ausgeführt worden sein. Andernfalls hätte man eher einen neutralen Ausdruck wie Mut angewandt oder solche negativen Wertungen wie Verwegenheit oder Dreistigkeit; mit letzteren lässt sich etwa die Furchtlosigkeit eines Verbrechers kennzeichnen. Soweit eine grobe Skizze der antiken Tugendkonzeption.

Die aufgezählten Theorieelemente wirken heute befremdlich. Aus dem gegenwärtigen Alltagssprachgebrauch ist der Ausdruck Tugend weitgehend verschwunden; ihm haftet eine biedere und zudem unangenehm moralistische Aura[2] an. Oft fristet er nur eine Schattenexistenz, nämlich zur Bezeichnung von funktionalen Qualitäten[3]; man kann im Deutschen (ähnlich wie in den Alten Sprachen) von den Tugenden eines Spürhunds, eines Autos oder einer Fußballmannschaft sprechen. Doch auch wenn der Ausdruck veraltet scheint: Der Sache nach kann man auf den Tugendbegriff sicherlich auch in seinem moralischen Sinn nicht verzichten; wir brauchen einen Ausdruck dafür, dass Personen bisweilen bemerkenswerte Charaktereigenschaften aufweisen. Freilich besteht dann immer noch ein eklatanter Unterschied zwischen Altertum und Gegenwart in der Bewertung des Tugendphänomens: In der Antike bildete der Tugendbegriff den Kern der alltäglichen wie der philosophischen Moralauffassung. In der Gegenwart schätzt man zwar unverändert persönliche Eigenschaften wie Ehrlichkeit, Fairness oder Besonnenheit; man wäre aber kaum bereit, den Tugendbegriff zu einem Kernthema der Ethik zu machen. [...]

Vielleicht der wichtigste Vorzug der antiken Tugendethiken liegt darin, dass sie das persönliche Leben, und zwar zum einen das »Leben als Ganzes« und zum anderen das »Leben im kleinen Maßstab«, in die Betrachtung einbeziehen können. Auf diese Weise unterlaufen sie die neuzeitliche Antithese zwischen ichbezogenen und fremdbezogenen Ethiken. Denn einerseits scheinen moderne Klugheitsethiken das Individuum zu sehr von fremden Interessen zu isolieren; andererseits lassen stark altruistisch orientierte Ethiken, etwa utilitaristische oder kantische[4] Positionen, das Selbstverhältnis des Individuums tendenziell außer Betracht. Eine Konzeption zu besitzen, die das individuelle Leben als ein Kontinuum thematisiert, bedeutet daher einen erheblichen Gewinn gegenüber einzelfallbezogenen und regelgeleiteten Ethiken. Während sich letztere auf Konfliktsituationen beschränken, z.B. auf Fragen der Zulässigkeit von Sterbehilfe, Abtreibung oder Organtransplantation, erlaubt erstere, zusätzliche Fragen nach der Lebensführung oder den Lebenszielen zu stellen. Welche Lebensziele erweisen sich als sinnvoll, in welcher Abfolge und mit welcher Rangordnung? Welchen Platz sollen selbstbezogene, klugheitsorientierte (prudentielle[5]), gemeinschaftsbe-

1 Handlungsoption: Handlungsmöglichkeit.

2 Aura: (ursprünglich im religiösen Sinn) Ausstrahlung.

3 funktionale Qualitäten: Qualitäten und Fähigkeiten, die man zum Erreichen bestimmter Zwecke benötigt.

4 kantisch: im Sinne der Philosophie des deutschen Aufklärungsphilosophen Immanuel Kant (1724–1804).

5 prudentiell: klugheitsgemäß, pragmatisch, abwägend.

zogene oder moralische Verhaltensweisen im Lebenskontext erhalten? Zudem ist dieses Ethikmodell vorteilhaft, weil es ermöglicht, die Lebenspraxis im kleinen Detail zu diskutieren. Denn im gewöhnlichen Alltagsleben haben wir es meist nicht mit zentralen ethischen Konfliktfällen zu tun; Fragen einer Alltagsmoral scheinen dennoch von erheblicher Bedeutung. Neben solchen Aspekten lassen sich in eine Tugendkonzeption auch außermoralische Lebensfragen wie Krankheit, Tod, Glück, Zeiterfahrung usw. einbeziehen. Der Mehrzahl moderner Ethiken ist wohl anzulasten, dass sie das Thema einer rationalen Lebensführung und das einer Alltagsmoral vernachlässigen – wenn nicht gar ignorieren. Auf das Thema der Selbstgestaltung zu verzichten, hat aber zur Folge, dass Wurzeln und Grundlagen von Moralität ignoriert, Bagatellfälle als Privatangelegenheiten verstanden werden und dass man durch das Ignorieren zweifelhafter Verhaltensweisen diese in gewissem Umfang legitimiert. Tugendethiken sind überdies imstande, das Problem der Verdienstlichkeit (Supererogation[6]) zu behandeln, d.h. die Frage, ob und gegebenfalls wie gutes Handeln nach Vorrangregeln einzuteilen ist, beispielsweise in Handlungen, die unbedingt verpflichtend sind, und solche, die über das Verpflichtende hinausgehen. Sie erlauben es auch, den individuellen »moralischen Fortschritt« zu thematisieren. Tugendethiken können Fragen der »Plichten gegen sich selbst« oder Fragen einer angemessenen Rangfolge moralischer Adressaten erörtern, also das Problem einer Nächsten- bzw. »Fernstenliebe«.

VIII 3: Martin Heidegger: Die Anderen, das Man und die Alltäglichkeit

Martin Heidegger ist einer der wichtigsten, zugleich aber auch umstrittensten Philosophen des 20. Jahrhunderts. Er gilt als einflussreichster Vertreter der Existenzphilosophie des 20. Jahrhunderts, aber auch als derjenige, der durch seine Frage nach dem »Sein« der Metaphysik eine neue Ausrichtung gegeben hat. Angeregt durch die Phänomenologie Edmund Husserls und die Schriften des dänischen Theologen und Philosophen Sören Kierkegaard hat Heidegger wesentlich dazu beigetragen, dass menschliche Grunderfahrungen wie Freiheit, Verlorenheit, Angst und Sterblichkeitsbewusstsein wieder in den Blick der Philosophie gerieten. Insbesondere in der französischen Philosophie, vom Existenzialismus Jean-Paul Sartres bis zum postmodernen Denken Jacques Derridas, hat man sich immer wieder auf Heidegger berufen. Andererseits hat Heidegger durch seine politische Parteinahme für den Nationalsozialismus viel Misstrauen und Ablehnung hervorgerufen. Auch seine eigenwillige, schwierige philosophische Sprache wurde als den Leser irreführender »Jargon« kritisiert.

6 Supererogation: Mehrleistung, Verdienst, der über das Geforderte hinausgeht.

Martin Heidegger wurde am 26. 9. 1889 im südbadischen Meßkirch geboren. Ursprünglich für den Priesterberuf bestimmt, wandte er sich im Studium der Philosophie zu. Als junger Philosophiedozent in Marburg begeisterte er seine Studenten durch seine eindringliche Art des Fragens und Lehrens. Berühmtheit erlangte er durch sein frühes Hauptwerk Sein und Zeit *(1927), in dem er eine Analyse des menschlichen »Daseins« vorlegte, die in die Forderung nach dem »eigentlichen«, nicht enfremdeten Leben mündete. 1934, ein Jahr nach der Machtergreifung der Nazis, hielt Heidegger in Freiburg seine berüchtigte Rektoratsrede, in der er für eine nationalsozialistische Umgestaltung der Universität eintrat. Obwohl er sich kurz danach aus dem politischen Leben zurückzog, blieb er Parteimitglied der NSDAP bis zum Zusammenbruch des »Dritten Reiches« 1945. Nach dem Krieg zunächst mit Lehrverbot belegt, wandte sich Heidegger nun stärker Reflexionen über das »Sein« und dessen Äußerungsformen in Kunst und Technik zu. Zu seinen bekannten Spätwerken gehören sein* Brief über den Humanismus *(1946) und der Vortrag* Die Frage nach der Technik *(1953).*
Heidegger starb am 26. 5. 1976.
Der Textauszug aus Sein und Zeit *enthält Bemerkungen Heideggers zum »uneigentlichen« Leben, in dem der Mensch auf eigne Sinngebung und Selbstbestimmung verzichtet und sich der sozialen Erwartungshaltung der Umwelt (des »Man«) anpasst.*

Das Dasein steht als alltägliches Miteinandersein in der *Botmäßigkeit*[1] der Anderen. Nicht es selbst *ist*, die Anderen haben ihm das Sein abgenommen. Das Belieben der Anderen verfügt über die alltäglichen Seinsmöglichkeiten des Daseins. Diese Anderen sind dabei nicht *bestimmte* Andere. Im Gegenteil, jeder Andere kann sie vertreten. Entscheidend ist nur die unauffällige, vom Dasein als Mitsein unversehens schon übernommene Herrschaft der Anderen. Man selbst gehört zu den Anderen und verfestigt ihre Macht. »Die Anderen«, die man so nennt, um die eigene wesenhafte Zugehörigkeit zu ihnen zu verdecken, sind die, die im alltäglichen Miteinandersein zunächst und zumeist *»da sind«*. Das Wer ist nicht dieser und nicht jener, nicht man selbst und nicht einige und nicht die Summe Aller. Das »Wer« ist das Neutrum, *das Man*.

Früher wurde gezeigt, wie die öffentliche »Umwelt« zuhanden und mitbesorgt ist. In der Benutzung öffentlicher Verkehrsmittel, in der Verwendung des Nachrichtenwesens (Zeitung) ist jeder Andere wie der Andere. Dieses Miteinandersein löst das eigene Dasein völlig in die Seinsart »der Anderen« auf, so zwar, dass die Anderen in ihrer Unterschiedlichkeit und Ausdrücklichkeit noch mehr verschwinden. In dieser Unauffälligkeit und Nichtfeststellbarkeit entfaltet das Man seine eigentliche Diktatur. Wir genießen und vergnügen uns, wie *man* genießt; wir lesen, sehen und urteilen über Literatur und Kunst, wie *man* sieht und urteilt; wir ziehen uns aber auch vom »großen Haufen« zurück, wie *man* sich zurückzieht; wir finden »empörend«, was *man* empörend findet. Das Man, das kein bestimmtes ist und das Alle, obzwar nicht als Summe, sind, schreibt die Seinsart der Alltäglichkeit vor. [...]

Das Man ist überall dabei, doch so, dass es sich auch schon immer davongeschlichen hat, wo das Dasein auf Entscheidung drängt. Weil das Man jedoch alles Urteilen und Entscheiden vorgibt, nimmt es dem jeweiligen Dasein die Verantwortlichkeit ab. Das Man kann es sich gleichsam leisten, dass »man« sich ständig auf es beruft. Es kann am leichtesten alles verantworten, weil keiner es ist, der für etwas einzustehen braucht. Das Man »war« es immer und doch kann gesagt werden, »keiner« ist es gewesen. In der Alltäglichkeit des Daseins wird das meiste durch das, von dem wir sagen müssen, keiner war es.

1 Botmäßigkeit: Verhältnis der Abhängigkeit und Untertanigkeit.

Das Man *entlastet* so das jeweilige Dasein in seiner Alltäglichkeit. Nicht nur das; mit dieser Seinsentlastung kommt das Man dem Dasein entgegen, sofern in diesem die Tendenz zum Leichtnehmen und Leichtmachen liegt. Und weil das Man mit der Seinsentlastung dem jeweiligen Dasein ständig entgegenkommt, behält es und verfestigt es seine hartnäckige Herrschaft.

Jeder ist der Andere und Keiner er selbst. Das *Man*, mit dem sich die Frage nach dem *Wer* des alltäglichen Daseins beantwortet, ist das *Niemand*, dem alles Dasein im Untereinandersein sich je schon ausgeliefert hat. [...]

Die Alltäglichkeit meint das Wie, demgemäß das Dasein »in den Tag hineinlebt«, sei es in allen seinen Verhaltungen, sei es nur in gewissen, durch das Miteinandersein vorgezeichneten. Zu diesem Wie gehört ferner das Behagen in der Gewohnheit, mag sie auch an das Lästige und »Widerwärtige« zwingen. Das Morgige, dessen das alltägliche Besorgen gewärtig bleibt, ist das »ewig Gestrige«. Das Einerlei der Alltäglichkeit nimmt als Abwechslung, was je gerade der Tag bringt. Die Alltäglichkeit bestimmt das Dasein auch dann, wenn es sich nicht das Man als »Helden« gewählt hat.

Diese vielfältigen Charaktere der Alltäglichkeit kennzeichnen sie aber keineswegs als bloßen »Aspekt«, den das Dasein bietet, wenn »man« das Tun und Treiben der Menschen »ansieht«. Alltäglichkeit ist eine Weise *zu sein*, der allerdings die öffentliche Offenbarkeit zugehört. Als Weise seines eigenen Existierens ist die Alltäglichkeit aber auch dem jeweiligen »einzelnen« Dasein mehr oder minder bekannt, und zwar durch die Befindlichkeit der fahlen Ungestimmtheit. Das Dasein kann an der Alltäglichkeit dumpf »leiden«, in ihrer Dumpfheit versinken, ihr in der Weise ausweichen, dass es für die Zerstreutheit in die Geschäfte neue Zerstreuung sucht. Die Existenz kann aber auch im Augenblick und freilich oft auch nur »für den Augenblick« den Alltag meistern, obzwar nie auslöschen.

FORUM

Zur Texterschließung

1 | Wie unterscheidet Wolf zwischen der Frage nach dem »guten Leben« und den so genannten »begrenzten praktischen Fragen«?

2 | Welches ist nach Wolf die »tiefste Schicht« der Frage nach dem »guten Leben« und aus welchen grundlegenden Widersprüchen (»Aporien«) ist sie entstanden?

3 | Wo werden nach Wolf außerhalb der Philosophie Angebote gemacht, die als Anworten auf die existenziellen Grundfragen verstanden werden können?

4 | Welches sind nach Darstellung Horns die beiden grundlegenden Fähigkeiten, die der Tugendhafte in der Philosophie der Antike besitzt?

5 | Welches Verständnis von Tugend herrscht nach Horn in der heutigen Gesellschaft vor?

6 | Welche wichtigen Fragen der Ethik werden nach Horn durch eine Erneuerung der Tugendlehre wiederbelebt?

7 | Was versteht Heidegger unter dem »Man«? Wie wirkt sich die »Diktatur des Man« im Alltag aus? Nennen Sie Beispiele aus dem Text!

8 | In welchem Sinne nimmt das »Man« nach Heidegger dem Einzelnen die Verantwortlichkeit für sein Urteilen und Entscheiden ab?

9 | Welches sind nach Heidegger die Merkmale der Alltäglichkeit?

René Magritte, Die Kunst zu leben, 1967

Das gute Leben – Zur Diskussion

1 | Halten Sie es für notwendig, die Frage, wie man »sein Leben im Ganzen einrichten sollte«, überhaupt zu stellen? Begründen Sie Ihre Meinung.

2 | Wolf bezeichnet u. a. »Sekten, Starkult und Drogen« als »Sinnersatz«. Nennen Sie Beispiele aus Ihrem eigenen Lebensumkreis, in denen Menschen sich in einen »Sinnersatz« geflüchtet haben? Wodurch unterscheiden sich Sinnersatz und vernünftiges Sinnangebot?

3 | Wie würden Sie zwischen religiösen und philosophischen Sinnangeboten unterscheiden?

4 | Vergleichen Sie die beiden folgenden Texte, die beide Antworten auf die Frage nach dem Sinn des Lebens geben:
a) »In der Tat muss die Vernunft, wenn sie nicht ihren Spott mit uns treiben will, allein nach unserer Zufriedenheit trachten und ihr ganzes Bemühen folglich auf nichts anderes richten, als uns gut und fröhlich leben zu lassen ... Alle Meinungen der Welt stimmen darin überein, dass das Vergnügtsein unser Ziel sei ...« (Michel de Montaigne [1533–1592], Essais, Buch I,20: Philosophieren heißt sterben lernen)
b) »Wir sollten darum bemüht sein, mehrere Eisen im Feuer zu haben; sinnliche Erlebnisse, Naturerfahrungen, Kunst, Theorie, befriedigende Tätigkeiten, Partnerschaft, gelingende Kommunikation, wobei wir fast zwangsläufig Akzente setzen müssen. Alles in allem bringt uns die Sinnsuche in einer entzauberten Welt dazu, unsere Ansprüche auf ein realistisches Maß zu begrenzen. Wir müssen uns selber auf den Weg machen, Sinn suchen, Sinn (in kleiner Dosis) zu finden, Glücksmöglichkeiten zu ergreifen – das sind Aufgaben, die uns niemand abnimmt. Weil die Welt uns keinen objektiven Sinnzusammenhang bietet, müssen wir uns selbst darum kümmern.« (Jürgen August Alt, Wenn Sinn knapp wird, 1997)
Halten Sie Montaignes Antwort für provokativ, trivial oder vernünftig? Worin liegen Ihrer Meinung nach die grundsätzlichen Gemeinsamkeiten zwischen den beiden Antworten?
Schreiben Sie sich aus dem zweiten Text die Merkmale heraus, die auch Sie selbst als wesentlich für ein sinnvolles und gutes Leben ansehen, und ergänzen Sie diese Merkmale durch eigene Vorschläge.
Teilen Sie die Meinung, dass »die Welt uns keinen objektiven Sinnzusammenhang bietet«? Begründen Sie Ihre Ansicht.

5 | Woran denken Sie, wenn von einem Menschen behauptet wird, er sei »tugendhaft«?

6 | Versuchen Sie Ihr wichtigstes Ziel im Leben zu definieren. Welche Tugenden brauchen Sie, um dieses Ziel zu verwirklichen?

7 | Nennen Sie Beispiele für »Primärtugenden«, d.h. wirklich wichtige, unverzichtbare Tugenden, und Beispiele für »Sekundärtugenden«. Lassen sich die von Ihnen genannten Primärtugenden anerziehen oder nicht? Begründen Sie Ihre Meinung.

8 | Für Heidegger sind die öffentlichen Medien ein Instrument des »Man«. Inwiefern bestätigt sich dieses Urteil, wenn man den Einfluss und die Funktionsweise der so genannten »neuen Medien« (Video, Internet) in unserer Gesellschaft betrachtet?

9 | Wie könnte Ihrer Meinung nach der Umgang mit den Medien in den Dienst der Selbstbestimmung und Verantwortlichkeit gestellt werden? Diskutieren Sie die Beispiele Fernsehen und Internet!

10 | In seinem Drama »Geschlossene Gesellschaft« hat der französische Existenzialist Jean-Paul Sartre (1905–1980) den Satz geprägt: »Die Hölle, das sind die Anderen.« Welche Gemeinsamkeiten gibt es zwischen Sartres und Heideggers Begriff der »Anderen«?

11 | Vergleichen Sie die Auffassungen Sartres und Heideggers mit der Aussage des Philosophen Martin Buber (1878–1965): »Der Mensch wird am Du zum Ich.« Welche Rolle spielt Ihrer Meinung nach die Beziehung zu »anderen« grundsätzlich für die Selbstverwirklichung des Menschen? Nennen Sie positive und negative Aspekte.

VIII 4: Eva Strittmatter: »Ich bin ein reduzierter Mensch« – Erfahrungen mit der Lebenszeit

Eva Strittmatter, geboren am 8.2.1930 im brandenburgischen Neuruppin, gehörte zusammen mit ihrem Mann Erwin Strittmatter zu den bekanntesten Autoren der DDR. Aber auch im Westen Deutschlands hat sie sich vor und nach der Wende mit Gedichtbänden wie Heliotrop *(1983) oder ihren* Briefen aus Schulzenhof *(1977–1990) einen Namen gemacht. Der folgende Text ist ihrem Prosabuch* Mai in Piešt'any *(1987) entnommen. Eingerahmt von tagebuchartigen Aufzeichnungen über einen Kuraufenthalt in der Slowakei reflektiert Strittmatter kritisch ihre Rolle als Ehefrau, Mutter und Autorin und versucht eine vorläufige Bilanz ihres Lebens zu ziehen.*

Jahrzehntelang habe ich meinen Stolz darein gesetzt, meine *Funktionen* zu erfüllen und doch etwas drüber zu behalten von mir, für mich, aber nun kommt die Angst, dass es zu wenig ist, um wirklich ein *Ich* zu sein, dass Zeit eben doch Zeit ist und vergeht, und dass ich, wenn ich meine gewohnte Rolle weiter *spiele*, mein Leben verliere und die Möglichkeit für ein wirkliches *Werk*. Ja, ich *spiele* die Rolle nur noch, und in *sekretierten*[1] Gedichten habe ich zunehmende Bitterkeit abreagiert, Ausbruchssehnsucht, Freiheitsverlangen. Dass alles selbstverständlich ist, was ich tue, und, je selbstverständlicher ich bin, desto *unsichtbarer* und *wertfreier* werde, frisst mein Selbstgefühl, ohne dass ich nicht Dichter sein kann. – Freude, Dank, Sinn, alles treibe ich mit Anstrengung aus mir heraus, der Impuls zum Schreiben kommt nicht aus Überfluss, sondern aus Mangel...

Ich bin ein *reduzierter* Mensch, der seine Lebensumstände nicht beherrscht, spiele aber anderen eine Art Weisheit und Übereinstimmung mit mir vor und versuche einsichtsvoll heiter zu sagen: Leben ist Leben, nehmt es nur hin!

Dabei habe ich mein Leben wohl ebenso wenig *gewählt* wie die meisten anderen Menschen. Wir schaffen unser *Schicksal* in einem Alter, in dem wir keine Einsicht haben in das, was daraus folgt, wenn wir jetzt links oder rechts gehn ... [...]

Wollüstige Doppelwirkung: Verheißung und Trauer, Glaube und Unglaube in einem, und ein Rätsel bleibt unser Gefühl, das es so schwer hat, *synchron* zu gehn mit der Zeit, übereinzustimmen mit unserer Existenz. Jetzt fühlen schon meine Söhne ähnlich wie ich: dass ihre Jugend vorbei ist, dass nicht geschah, was verheißen war, sie spannen ihre Kräfte, um zu *gewinnen*, die Angst vorm Verlust beherrscht schon ihr Leben. Und in Erwin[2], der sein Leben gelebt hat, wie man zu sagen gewohnt ist, ist genau das gleiche Gefühl: Verheißung und Trauer – das kann nicht alles gewesen sein, das *Eigentliche* sollte noch kommen: der Augenblick vollkommenen Einverständnisses mit dem Leben. Daher seine Unbedingtheit, die Konzentration auf sein *Ich*, keine Hingabe an das der anderen, der Nachwachsenden, in seinem Gefühl ist auch er noch der Knabe, dem Leben verheißen war als Fülle von Glück – nicht als Ablauf von Tagen, in denen gegen Widernisse gekämpft werden muss um *das Werk*. [...]

Wir wissen nichts oder fast nichts über das Leben, weil alle das Bestreben haben, zu glätten, zu beschönigen, zu verschweigen und damit zu lügen. Nichts über das Drama des Geschlechts, dessen Schrecknisse die Heranwachsenden überfallen und das bis zum Tode andauert, nichts über die Einsamkeit der Krankheit, nichts über die Schwermut des Alters,

1 sekretiert: abgesondert, vertraulich, heimlich.

2 Erwin: der Erzähler und Romancier Erwin Strittmatter (1912–1994), der damalige Ehemann Eva Strittmatters.

Arnold Böcklin, Herbstgedanken, 1886

Wohlerzogen sprechen wir in wohl abgewogenen Worten von unserer und anderer Existenz. Dabei geschehen die *Katastrophen* ständig neben und mit uns. [...]

Wir schleppen Ketten und Netze hinter uns her, lange Ursachenketten, wirre Beziehungsnetze – auch geschichtlich: wofür *unsere* Gesellschaft *kann*, ist viel weniger, als wir oberflächlich zu denken gewohnt sind: Eines finsteren Winterabends, als ich mir die zerstörte Synagoge in der Oranienburger Straße[3] ansah, wusste ich, dass alles, was wir haben und dürfen, ein *Wunder* ist – die Rechnungen bleiben immer offen, wir bezahlen an ihnen unendlich... So sind wir in alles verstrickt, unsere Ängste vor *der Bombe* kommen von anderen Bomben her...

Das Grundübel unseres Lebens, die Dauer-Neurose, die wir durch Bewusstsein und Verdrängung beherrschen: ließen wir uns ganz auf sie ein, könnten wir nicht mehr leben...

3 die zerstörte Synagoge in der Oranienburger Straße: Die Synagoge in der Oranienburger Straße in Berlin-Mitte, das ehemals wichtigste und größte Gotteshaus der Jüdischen Gemeinde Berlin, wurde 1938 beim Novemberpogrom der Nationalsozialisten durch das mutige Verhalten eines hohen Polizeibeamten vor größerem Schaden bewahrt, 1943 durch einen Luftangriff zerstört, seit 1988 wieder aufgebaut und 1995 neu eröffnet.

VIII 5: Wilhelm Schmid: Der selbstbestimmte Gebrauch der Zeit

Wilhelm Schmid hat als Philosophiedozent an mehreren deutschen und ausländischen Universitäten gelehrt, so u. a. in Erfurt, Riga und Tiflis. In fast allen seinen Publikationen setzt er sich mit dem Thema einer philosophisch begründeten Lebenskunst auseinander und gehört zu den Philosophen, die in Deutschland während der 90er Jahre das Thema des »guten« und »richtigen« Lebens für die Philosophie neu entdeckt haben.
Geboren 1953, studierte Schmid Philosophie in Berlin, Tübingen und Paris, wo er sich insbesondere mit den Werken des französischen postmodernen Philosophen Michel Foucault beschäftigte. Angeregt von den späten Schriften Foucaults veröffentlichte er 1991 seine Arbeit Auf der Suche nach einer neuen Lebenskunst. Die Frage nach dem Grund und die Neubegründung der Ethik bei Foucault.
Sein bisher umfassendstes, systematisches Werk zum Thema, Philosophie der Lebenskunst *(1998), erschien bereits in mehreren Auflagen und enthält auch den Entwurf einer »ökologischen Lebenskunst« in dem der Einfluss der Umweltzerstörung auf die menschliche Lebensführung diskutiert wird. Die folgenden Bemerkungen zum richtigen Gebrauch der Lebenszeit sind diesem Buch entnommen.*

Die Lebenszeit vervielfältigt sich für den, der sie gut gebraucht: Er rettet die Möglichkeiten vor der Schere der Zeit, schleust sie nacheinander durch das Nadelöhr der Gegenwart, und verwirklicht, was er sich vorstellt, nicht zuletzt durch die *Einteilung der Zeit*, ihre Aufteilung in Abschnitte, die nicht nur die unfassbare Zeit fassbar, sondern sie in überschaubaren Proportionen auch handhabbar machen: Die aufeinander folgenden Zeitabschnitte erlauben es, einen Prozess hin zum fernsten Ziel in Gang zu setzen und sich dabei doch auf das jeweils Nächstliegende zu konzentrieren. [...]

Die individuelle Einteilung der Stunden ist ein Kunstgriff der Lebenskunst, um die Zeit zu gebrauchen und nicht eines Tages, viel zu spät, zu bemerken, dass sie ungenutzt verstrichen ist. Der Schmerz über die vergehende Zeit: Das ist die Geburt der Stunde, die kleine Schritte im unabsehbaren, unermesslichen Land der Zeit zu machen erlaubt und Wegmarkierungen setzt, die anzeigen, welche Strecke das Selbst zurückgelegt hat und welche noch vor ihm liegt, um so der maßlosen Zeit das Maß zu geben. Die Einteilung der Zeit durchzieht das Leben, das alltäglich gelebte und das Leben insgesamt, mit Strukturen, die ihm eine Form geben und zugleich ermöglichen, es intensiv zu leben. Die Stunde ist die asketische Praxis, die das ekstatische Leben nicht in einem langen Bedauern über die flüchtige Zeit enden lässt. [...]

Charakteristisch für die veränderte Zeitauffassung des Subjekts der Lebenskunst in einer anderen Moderne ist es, sich nicht mehr ständig zu martern mit den Fragen des modernen, rationalen Zeitkalkuls der Art: Habe ich meine Zeit optimal genutzt? Womit habe ich sinnlos Minuten und Sekunden verloren? Das Zeitkalkül der reflektierten Lebenskunst kennt diese Fragen auch im umgekehrten Sinne: Wo habe ich meine Zeit mit Genuss vergeudet? Wo habe ich sie ohne Bedauern verschleudert? Die veränderte Zeitauffassung macht es möglich, den widersprüchlichen Gebrauch der Zeit vorsätzlich und bewusst zu leben: Die zur Verfügung stehende Zeit einerseits gut zu nutzen, sie nicht ungenutzt verstreichen zu lassen, schon um äußeren Notwendigkeiten nachzukommen und eigene Vorstellungen zu realisieren und nicht eines Tages auf die Suche nach der verlorenen Zeit[1] gehen zu müssen; ande-

rerseits aber Zeit mit Absicht dahingehen zu lassen und mit sinnlosen Beschäftigungen zu vertreiben, die Kunst des Müßiggangs zu pflegen und, wie in alten Kulturen des Raums, in den Tag hineinzuleben *(in horam vivere)* – nur um sich der Gewalt der rücksichtslos fortschreitenden Zeit zu entziehen. Ein Wechselspiel zwischen erfüllter und leerer Zeit ist so in Gang zu setzen, wobei die erfüllte in Wahrheit die leere Zeit sein kann, die vordergründig leere wiederum die erfüllte. Die Zeit bewusst zu gebrauchen meint jedenfalls nicht zwangsläufig, die zur Verfügung stehende Zeit auszufüllen, sondern kann bedeuten, Räume der Leere zu schaffen, oder sie, wenn sie sich von selbst ergeben, hinzunehmen und zu akzeptieren, um in ihnen eine neue Fülle zu finden. Die leere Zeit hat den Vorteil, dysfunktional[2] und frei von Ziel und Zweck zu sein; so kann sie damit angefüllt werden, nichts zu tun, zu flanieren und zu diskurrieren[3], in den Tag hinein zu träumen, sich der Sinnlichkeit hinzugeben. Es ist die leere Zeit, in der neue Gedanken gedacht und alte Erfahrungen verarbeitet, andere Gedanken aufgenommen und neue Erfahrungen gemacht werden; es ist die Zeit des Selbst, in der es seine Kohärenz[4] wiederherstellen und neu formieren kann.

Die leere Zeit erlaubt, auf Distanz zum Gedränge der Gegenwart zu gehen, es gleichsam von Außen zu sehen und die Dimension des Künftigen wieder in den Blick zu bekommen. Das Selbst entzieht sich in der leeren Zeit der Versuchung, zu vieles zugleich zu realisieren; es gewinnt Zeit, da es zu wählen versteht und bereit ist, auf Möglichkeiten zu verzichten, sie sogar zu verschenken: Nicht alle Angebote müssen wahrgenommen, nicht alle Möglichkei-

1 die Suche nach der verlorenen Zeit: Anspielung auf den Romanzyklus *Auf der Suche nach der verlorenen Zeit* (1913–1927) des französischen Romanciers Marcel Proust (1871–1922).

2 dysfunktional (hier): nicht-funktional, nicht im Dienst einer zweckgebundenen Tätigkeit.

3 diskurrieren: sich unterhalten, diskutieren.

4 Kohärenz (hier): Lebenszusammenhang, Selbstverständnis, Identität.

ten realisiert werden. Infolgedessen gelangt das Selbst endlich in den *Besitz von Zeit* und »hat Zeit« für sich, für Andere und Anderes. Zeit zu haben heißt, mehr zu haben als nur Zeit, nämlich aus der in der Zeit dahingelebten Form der Existenz herauszutreten und die ganze Aufmerksamkeit einer Person oder Sache zuzuwenden, die Anonymität und das Allgemeine zurückzudrängen und der Besonderheit und Komplexität der Zusammenhänge Raum zu geben, sei es in der Form des Gesprächs oder der Nachdenklichkeit. Zeit zu haben ist eine spezifische Art und Weise, mit Anderen, mit Dingen und mit sich selbst umzugehen, die von Aufmerksamkeit und Achtsamkeit, nicht von Gleichgültigkeit geprägt ist.

FORUM

Zur Texterschließung

1 | Welche konkreten Erfahrungen drücken sich in der Einschätzung Eva Strittmatters aus, sie sei ein Mensch, der »sein Leben verliere« und »seine Lebensumstände nicht beherrscht«?

2 | Welches Lebensgefühl bemerkt sie bei ihren Söhnen und bei ihrem Mann Erwin Strittmatter?

3 | Über welche Erfahrungen und Grundbefindlichkeiten geht nach Strittmatter die Gesellschaft mit Verdrängen und Schweigen hinweg?

4 | Welchen praktischen Tipp gibt Schmid, die Lebenszeit gut zu gebrauchen?

5 | Erklären Sie Schmids These, dass die erfüllte Zeit in Wahrheit die leere Zeit sein kann und die vordergründig leere Zeit wiederum die erfüllte?

6 | Was bedeutet es nach Schmid »im Besitz der Zeit zu sein«?

Unser Umgang mit der Zeit – Zur Diskussion

1 | Gibt es in Ihrem eigenen Leben Abschnitte oder Situationen, von denen Sie heute sagen, dass Sie entweder etwas Entscheidendes verpasst oder eine wichtige Gelegenheit nicht genutzt haben? Kennen Sie das Gefühl der »Angst vorm Verlust«, von dem Strittmatter spricht? Nennen Sie Beispiele dafür aus Ihrer Erfahrung.

2 | Der amerikanische Psychologe Robert Levine hat in seinem Buch *Eine Landkarte der Zeit* (1998) das Lebenstempo in unterschiedlichen Kulturen untersucht. Bei den Kapauku in Papua z. B. wird nie an zwei aufeinander folgenden Tagen gearbeitet. In westlichen Ländern, wie den USA z. B., gibt es die so genannte »Eilkrankheit«, die dadurch entsteht, dass »Zeitersparnis« zu einem immer schnelleren Lebenstempo führt und die Menschen sich ständig gehetzt fühlen. Als Reaktion gibt es inzwischen sogar einen von Philosophen gegründeten Verein zur »Verzögerung der Zeit«.
Sehen Sie in der Beschleunigung des modernen Lebens eine Belastung oder eine Steigerung der Lebensqualität? Begründen Sie Ihre Meinung. Was bedeutet es für Sie, die Zeit richtig zu nutzen, ein »erfülltes« Leben zu leben?
Wie ist Ihre eigene Erfahrung mit Stresssituationen (z. B. Prüfungs- und Klausurstress)? Diskutieren Sie in der Klasse Möglichkeiten der Stressbewältigung und Zeitverlangsamung.

3 | Für wie wichtig halten Sie eine Zeitplanung und eine Zeitaufteilung in der Art, wie sie Schmid am Beginn seines Textes vorschlägt? Ist sie einer kreativen Lebensgestaltung eher förderlich oder hinderlich?

4| In Text VIII 3 kritisiert Martin Heidegger die Haltung des »In-den-Tag-Hineinlebens« als ein Merkmal der »Alltäglichkeit«, also der Entfremdung. Schmid dagegen hält es für eine Fähigkeit der Lebenskunst, »in den Tag hineinleben« zu können, um sich der Routine zu entziehen und kreative Energien zu schöpfen.
Erklären Sie, was beide Autoren mit »in den Tag hinein leben« meinen und inwiefern beide Positionen miteinander vereinbar sein könnten.

5| Nehmen Sie Stellung zu dem folgenden Text des römischen Dichters Horaz (65–8 v. Chr.):
»Was säumst du? Wag' es auf der Stelle, weise zu sein! Wer echt zu leben eine Stunde nur versäumt, gleicht jenem Bäurlein, das am Flusse geduldig stehen blieb und warten wollte, bis das Wasser abgeflossen wäre! Tor, die Zeit, die du verlierst, wie dort der Strom, fließt fort, und fließt und ewig wird sie fließen, nur nicht zurück!« (2. Epistel, an Maximus Lollius, übers. von Christoph Martin Wieland)
Welchen Umgang mit der Zeit empfiehlt Horaz und was versteht er hier unter »Weisheit«? Vergleichen Sie diese Weisheit mit Weisheit im Sinne einer langfristigen vernünftigen Lebensplanung. Welches sind die Vorteile und welches die Nachteile der beiden Haltungen? Sind beide Ihrer Meinung nach miteinander vereinbar oder nicht?

Emile Bernhard, Madeleine im »Bois d'Amour«, 1888

VIII 6: Adolph Freiherr Knigge: Die Pflichten gegen uns selbst

Mit dem Namen des Freiherrn Knigge verbindet sich im deutschsprachigen Raum das populärste Anstands- und Benimmbrevier der bürgerlichen Alltagskultur. Doch mit dieser Wirkungsgeschichte und mit den im Umlauf befindlichen Benimmbüchern hat Knigge selbst nur entfernt etwas zu tun. Er selbst war vielmehr einer der aktivsten deutschen Aufklärer, ein Übersetzer Rousseaus und Anhänger der Französischen Revolution, führendes Mitglied des Freimaurerordens der »Illuminaten« und Autor zahlreicher Romane und populärphilosophischer Schriften. Ziel seines Wirkens war die Erziehung eines politisch freien und zivilisierten Bürgers, der unabhängig von Standesschranken sein Leben gestalten und sich selbstbewusst in der Gesellschaft bewegen konnte. Daher gehören seine Schriften in die Tradition der europäischen Moralistik. In seinem Hauptwerk Über den Umgang des Menschen *(1796), das sich an die rationalistische Ethik des Aufklärers Christian Wolff anlehnt, stellt Knigge Regeln für ein glückliches Leben auf, das er wie Wolff mit dem tugendhaften Leben identifiziert. Mit* Über Eigennutz und Undank *(1796) schrieb er noch kurz vor seinem Tod eine Fortsetzung dieses Buches.*
Geboren 1752 als Adolph von Knigge auf dem niedersächsischen Gut Bredenbeck legte Knigge später sein adliges »von« aus politischen Gründen ab. Nach dem Studium in Göttingen versuchte er eine Karriere an mehreren kleinen deutschen Fürstenhöfen, brachte es aber nur zu untergeordneten Stellungen. Obwohl mit den meisten bekannten Männern seiner Zeit auf vertrautem Fuß, starb er krank und verbittert, von der fürstlichen Obrigkeit verdächtigt und bespitzelt, bereits 1796 im Alter von 43 Jahren.
Für Knigge ist, wie er in seinem Buch Über den Umgang mit Menschen *darlegt, der richtige Umgang mit sich selbst Voraussetzung für ein glückliches Leben mit anderen. Aus diesem Grund formuliert er Pflichten und Lebensregeln, die der Mensch gegenüber der eigenen Person einhalten sollte.*

Die Pflichten gegen uns selbst sind die wichtigsten und ersten und also ist der Umgang mit unsrer eignen Person gewiss weder der unnützeste, noch uninteressanteste. Es ist daher nicht zu verzeihn, wenn man sich immer unter andern Menschen umhertreibt, über den Umgang mit Menschen seine eigne Gesellschaft vernachlässigt, gleichsam vor sich selber zu fliehn scheint, sein eignes Ich nicht kultiviert, und sich doch stets um fremde Händel bekümmert. Wer täglich herumrennt, wird fremd in seinem eignen Hause; wer immer in Zerstreuungen lebt, wird fremd in seinem eignen Herzen, muss im Gedränge müßiger Leute seine innere Langeweile zu töten trachten, büßt das Zutrauen zu sich selber ein, und ist verlegen, wenn er sich einmal mit sich selber allein befindet. Wer nur solche Zirkel sucht, in welchen er geschmeichelt wird, verliert so sehr den Geschmack an der Stimme der Wahrheit, dass er diese Stimme zuletzt nicht einmal mehr aus sich selber hören mag; er rennt dann lieber, wenn das Gewissen ihm dennoch unangenehme Dinge sagt, fort, in das Getümmel hinein, wo diese wohltätige Stimme überschrien wird. [...]

Willst du aber im Umgange mit dir Trost, Glück und Ruhe finden, so musst du ebenso vorsichtig, redlich, fein und gerecht mit dir selber umgehn, wie mit andern, also dass du dich weder durch Misshandlung erbitterst und niederdrückest, noch durch Vernachlässigung zurücksetzest, noch durch Schmeichelei verderbest.

Sorge für die Gesundheit deines Leibes und deiner Seele; aber verzärtle beide nicht! Wer auf seinen Körper losstürmt, der verschwendet ein Gut, welches oft allein hinreicht, ihn über Menschen und Schicksal zu erheben, und ohne welches alle Schätze der Erde eitle Bettelware sind. Wer aber jedes Lüftchen fürchtet und jede Anstrengung und Übung seiner Glieder scheuet, der lebt ein ängstliches, nervenloses Austernleben[1], und versucht es vergeblich, die verrosteten Federn in den Gang zu bringen, wenn er in den Fall kömmt, seiner natürlichen Kräfte zu bedürfen. Wer sein Gemüt ohne Unterlass dem Sturme der Leidenschaften preisgibt, oder die Segel seines Geistes unaufhörlich spannt, der rennt auf den Strand, oder muss mit abgenutztem Fahrzeuge nach Hause lavieren[2], wenn grade die beste Jahreszeit zu neuen Entdeckungen eintritt. Wer aber die Kräfte seines Verstandes und Gedächtnisses immer schlummern lässt, oder vor jedem kleinen Kampfe, vor jeder Art von minder angenehmer Anstrengung zurückbebt, der hat nicht nur wenig wahren Genuss, sondern ist auch ohne Rettung verloren, da, wo es auf Kraft, Mut und Entschlossenheit ankommt.

Hüte dich vor eingebildeten Leiden des Leibes und der Seele! Lass dich nicht gleich niederbeugen von jedem widrigen Vorfalle, von jeder körperlichen Unbehaglichkeit! Fasse Mut! Sei getrost! Alles in der Welt geht vorüber; alles lässt sich überwinden, durch Standhaftigkeit; alles lässt sich vergessen, wenn man seine Aufmerksamkeit auf einen andern Gegenstand heftet. [...]

Verzweifle nicht, werde nicht missmutig, wenn du nicht die moralische oder intellektuelle Höhe erreichen kannst, auf welcher ein andrer steht, und sei nicht so unbillig, andre gute Seiten an dir zu übersehn, die du vielleicht vor jenen voraus haben magst! – Und wäre das auch nicht der Fall! Müssen wir denn alle groß sein?

Stimme dich auch herab von der Begierde zu herrschen, eine glänzende Hauptrolle zu spielen [...]

Sei dir selber ein angenehmer Gesellschafter! Mache dir keine Langeweile! Das heißt: Sei nie ganz müßig! Lerne dich selbst nicht zu sehr auswendig, sondern sammle aus Büchern und Menschen neue Ideen! Man glaubt es gar nicht, welch ein eintöniges Wesen man wird, wenn man sich immer in dem Zirkel seiner eignen Lieblingsbegriffe herumdreht, und wie man dann alles wegwirft, was nicht unser Siegel an der Stirne trägt.

Der langweiligste Gesellschafter für sich selbst ist man ohne Zweifel dann, wenn man mit seinem Herzen, mit seinem Gewissen in nachteiliger Abrechnung steht. Wer sich davon überzeugen will, der gebe Acht auf die Verschiedenheit seiner Laune! Wie verdrießlich, wie zerstreut, wie sehr sich selbst zur Last ist man nach einer Reihe zwecklos, vielleicht sogar schädlich hingebrachter Stunden; und wie heiter, sich selbst mit seinen Gedanken unterhaltend dagegen am Abend eines nützlich verlebten Tages!

Es ist aber nicht genug, dass du dir ein lieber, angenehmer und unterhaltender Gesellschafter seiest, du sollst dich auch, fern von Schmeichelei, als deinen eignen, treuesten und aufrichtigsten Freund zeigen, und wenn du ebenso viel Gefälligkeit gegen deine Person, als gegen Fremde haben willst, so ist es auch Pflicht, ebenso strenge gegen dich, wie gegen andre zu sein. Gewöhnlich erlaubt man sich alles, verzeiht sich alles, und andern nichts; gibt bei eignen Fehltritten, wenn man sie auch dafür anerkennt, dem Schicksale, oder unwiderstehlichen Trieben die Schuld, ist aber weniger duldend gegen die Verirrung seiner Brüder. – Das ist nicht gut getan.

Miss auch nicht dein Verdienst danach ab, dass du sagest: »Ich bin besser, als dieser und jener von gleichem Alter, Stande«, und so ferner, sondern nach den Graden deiner Fähigkeiten, Anlagen, Erziehung, und der Gelegenheit, die du gehabt hast, weiser und besser zu werden, als viele! Halte hierüber oft in einsamen Stunden Abrechnung mit dir selber, und frage dich, wie ein strenger Richter, ob du alle diese Winke zu höherer Vervollkommnung genützt habest!

1 Austernleben: ein in der Literatur häufig gebrauchtes Bild für eine selbstgenügsame und einsame Existenz.
2 lavieren: sich hin und her bewegen, sich durch Schwierigkeiten hindurchwinden.

VIII 7: Hermann Graf Keyserling: Leben als Kunst

Hermann Graf Keyserling war einer der unkonventionellsten Philosophen der ersten Hälfte des 20. Jahrhunderts. Großen Einfluss auf sein Denken hatte Nietzsche, die Lebensphilosophie, aber auch die indische und chinesische Philosophie, die er auf ausgedehnten Reisen kennen lernte. Auch mit dem bengalischen Nobelpreisträger Rabindranath Tagore knüpfte er enge Verbindungen. Wie die indische, chinesische und auch griechische Kultur, verstand Keyserling Philosophie als Anleitung zur Weisheit und nicht nur als rationale Erkenntnisbemühung. In Werken wie Das Reisetagebuch eines Philosophen *(1919) und* Südamerikanische Meditationen *(1932) zog er die philosophischen Schlussfolgerungen aus seiner Begegnung mit anderen Kulturen und kritisierte die von Wissenschaft und Technik dominierte europäische Zivilisation. In seinem* Buch vom persönlichen Leben *(1936) legte er einen detaillierten Entwurf einer erfüllten Lebensführung vor, in dem er auch praktische Fragen des Lebens, wie z. B. Ehe- und Familienleben, diskutierte. Keyserling war fünfsprachig und schrieb auch Bücher in französischer Sprache.*
Hermann Graf Keyserling wurde am 20. 7. 1880 in Könna im heutigen Estland geboren und entstammte dem deutschsprachigen baltischen Adel. 1910 kehrte er dem Universitätsleben den Rücken, um sich durch Reisen und Welterfahrung weiterzubilden. 1920 gründete er in Darmstadt die sogenannte »Schule der Weisheit«, die sich allerdings nach 1933 von nationalsozialistischem Gedankengut vereinnahmen ließ. Keyserling starb am 26. 4. 1946 in Innsbruck.
Im Auszug aus dem Buch vom persönlichen Leben *entwickelt Keyserling seine Idee des Lebens als eines aus dem Innern der Persönlichkeit entwickelten Kunstwerks.*

Wer keinen persönlichen Stil hat, der ist zum »Leben als Kunst« nicht reif; wer ihn haben kann, sich jedoch nicht zu ihm durchringt, ist ein Versager; wer einen Stil hat und dennoch gegen ihn verstößt, der entspricht dem, was unter christlichen Voraussetzungen der Sünder ist. Wer nun im hier geforderten Verstande Stil hat, der steht freilich jenseits von Gut und Böse vom Standpunkt jeder starren Norm; in Wahrheit aber ist er insofern streng begrenzt, als er ein Recht hat nur zu seinem Guten und zu seinem Bösen; für ihn gilt keine Rechtfertigung und keine Gnade von der Gemeinschaft her. Der steht freilich jenseits von Wahrheit und Unwahrheit vom Standpunkt jeder auf Allgemeingültigkeit Anspruch erhebenden Weltanschauung, doch sein eigenes inneres Gesetz verbietet ihm auch die allergeringste Abweichung vom Wege persönlicher Wahrhaftigkeit und persönlicher Echtheit. Sehr ungewöhnlichen Menschen gesteht jeder Verstehensfähige, der ihnen persönlich begegnet ist und welchen Hass und Neid nicht blenden, das Recht auf unbedingte Eigenart zu, und verstoße diese noch so sehr gegen geltende Normen: dies liegt daran, dass jeder instinktiv dort persönlichen Stil als letzte Instanz anerkennt, wo die Stufe persönlichen Stils wirklich erreicht ist. So erklärt sich die allgemeine Indulgenz[1] für das vom Standpunkt der Norm unmoralische Leben des Heiligen, des Helden, des großen Staatsmanns und Künstlers […]

Doch der Mensch als wesentlich unfertiges Geschöpf erreicht das, was ihm bestimmt ist, nur ausnahmsweise, und selten vermag er das Erreichte zu halten. Bisher – und wie viele Jahrtausende, in denen wieder und wieder Wissende erstanden, liegen nicht schon hinter ihm! – sind nur ganz wenige Einzelne (Gemeinschaften überhaupt noch nicht) auch nur theoretisch dessen innegeworden, auf welcher Ebene die Gleichung des Menschenlebens aufgehen kann. Sie kann es ausschließlich auf der des Lebens als Kunst […]

1 Indulgenz: Nachsicht.

Caspar David Friedrich, Die Lebensstufen, 1830/35

Wer sich wahrhaftig zur Generosität[2] gegen sich selbst, gegen andere und zuletzt gegen das Schicksal durchgerungen hat, der steht selbstverständlich positiv zu aller Gegebenheit und allem Verhängnis, und so dient ihm letztlich alles zum Guten. Denn wessen Existenz auf der Ebene des Lebens als Kunst fundiert ist, der erwartet überhaupt kein Schmerz- und Beschwerde-freies Dasein. Der begegnet jeglicher Schwierigkeit in der Einstellung, dass es an ihm liegt sie zum Segen umzuschaffen. Im Übrigen aber wird der alles Positive so genau und scharf bemerken, wie der Romanschriftsteller jede Einzelheit prämeditiert[3], und wessen Aufmerksamkeit so groß ist, dessen Leben ist unter allen Umständen unermesslich rein. Wer nun überdies des tiefsten Sinnes seines Lebens inne-ist, welcher allemal eben dieses und kein andres Schicksal fordert – der wird niemals Einzelereignisse außer Zusammenhang sehen, nie das negativ empfinden, so sehr es ihn im Übrigen schmerze, von dem er weiß, dass es zu ihm gehört. Der wird nie wollen, dass der Kelch an ihm vorüberginge. Der wird, insofern er allen Nachdruck auf die Zugehörigkeit legt, das Nicht-Zugehörige aus seinem Leben kompromiss- und furchtlos eliminierend, zuletzt sein ganzes Leben zu einem vollendeten Kunstwerk umschaffen. Dessen Krone oder Abschluss ist alsdann der eigene Tod. Heute steht wissenschaftlich fest, dass es nicht wahr ist, dass der Mensch in seinen Tiefen seinem eigenen Tode negativ gegenübersteht: von der Lebensmitte an sieht er in ihm genau so sehr ein positives Ziel, wie als junger Mensch im Aufstieg zu Leistung und Geltung. Wohl aber will der Mensch seinen eigenen Tod sterben. Und er kann sich tatsächlich durch schöpferische Sinngebung seinen Tod – der zunächst ein unpersönliches, von Gattung und Außenwelt her bestehendes Ereignis ist – recht eigentlich aneignen, ihn zum künstlerisch notwendigen Finale seines Lebens machen. Was Sokrates[4], was Christus auf ihre Weise vollbrachten, könnte grundsätzlich jeder auf die seine leisten.

2 Generosität: Großzügigkeit, Edelmütigkeit.

3 prämeditieren: im Voraus bedenken und planen.

4 Sokrates: Sokrates (469–399 v. Chr.) gilt als Vorbild für eine philosophische Lebensführung; er wurde von den damaligen Machthabern in Athen zum Tode verurteilt, den er ohne Widerstand auf sich nahm.

FORUM

Zur Texterschließung

1 | Warum ist es nach Knigge notwendig, dass der Mensch sich selbst erzieht und sein »eigenes Ich kultiviert«?

2 | Welche Ratschläge erteilt Knigge und auf welche verschiedenen Bereiche der Person und des persönlichen Lebens richten sie sich?

3 | Erläutern Sie Knigges Forderung, man solle sein eigener Freund und Gesellschafter sein!

4 | Wie sieht Keyserling das Verhältnis zwischen persönlichem Stil und moralischem Handeln? Nennen Sie Beispiele für das von Keyserling angesprochene unmoralische Leben von »Heiligen, Helden, großen Staatsmännern oder Künstlern«!

5 | Wie verhält sich nach Keyserling ein »Leben als Kunst« zu den Mühen und Schwierigkeiten des Lebens?

6 | Welche Einstellung gegenüber dem Tod gehört nach Keyserling zu einem Leben als Kunst?

Lebensregeln und Lebenskunst – Zur Diskussion

1 | Welche Ratschäge Knigges halten Sie für bedenkenswert und warum?

2 | Vergleichen Sie die von Knigge und Keyserling vertretene Lebenshaltung mit der populärpsychologischen Aufforderung: »Think positive!« Wo sehen Sie Gemeinsamkeiten und wo Unterschiede? Welche Einstellung haben Sie selbst zu einer solchen »positiven« Lebenshaltung? Begründen Sie Ihre Meinung.

3 | Versuchen Sie im Sinne Knigges, ein »strenger Richter über sich selbst« zu sein. Welche Eigenschaften und Fähigkeiten würden Sie sich selbst gerne anerziehen? Vergleichen Sie Ihre eigene Eigenschaftsliste mit der anderer Schüler und diskutieren Sie, welche Vorstellungen einer vollkommenen Persönlichkeit sich dahinter verbergen.

4 | Inwiefern kann man Keyserlings Begriff des persönlichen Stils als Gegenentwurf zu Heideggers Beschreibung des »Man« in Text VIII 3 verstehen? Stellen Sie beide Haltungen anhand von Alltagsbeispielen einander gegenüber.

5 | Keyserling trennt zwischen persönlicher und moralischer Wahrhaftigkeit. Halten Sie diese Trennung für gerechtfertigt? Versuchen Sie den Begriff der persönlichen Wahrhaftigkeit für sich selbst zu bestimmen. Nennen Sie Menschen aus der Geschichte oder aus Ihrem Lebensumkreis, die diesem Kriterium genügen!

6 | In seinem Buch *Anleitung zum Unglücklichsein* (1983) hat der amerikanische Psychologe Paul Watzlawick (1921–2007) das ironische Porträt eines Menschen entworfen, der »sich selbst treu« ist. Dort heißt es u.a.: »Wer sich selbst und seinen goldenen Worten (...) treu bleibt, ist zu keinem Kompromiss bereit (...) In ihm wird Unwilligkeit nämlich letzten Endes zum Selbstzweck. Im Bestreben, sich selbst treu zu sein, wird er zum Geist, der stets verneint; denn nicht zu verneinen, wäre bereits Verrat an sich selbst. Der bloße Umstand, dass die Mitmenschen ihm etwas nahe legen, wird somit zum Anlass es zu verwerfen, und zwar selbst dann, wenn es – objektiv gesehen – im eigenen Interesse läge, es zu tun.«
Vergleichen Sie Watzlawicks Beschreibung der Eigenwilligkeit mit Keyserlings »Leben als Kunst«, die durch »unbedingte Eigenart« gekennzeichnet ist. Was ist beiden Vorstellungen gemeinsam, was trennt sie?

VIII INFOBOX

Lebenskunst als Thema der Philosophie

Die Frage nach einer vernunftgemäßen Lebensgestaltung gehört zu den ältesten und wichtigsten der Philosophie. Man kann sogar sagen, dass die gesamte antike Philosophie von zwei Grundfragen geleitet wurde: von der Frage nach dem Ursprung, dem Urstoff und dem Grundprinzip der Welt und von der Frage nach der richtigen Lebensführung. Zur richtigen Lebensführung gehörte neben dem moralisch guten Handeln auch der kluge Umgang mit der eigenen Lebenszeit, mit materiellen Gütern und mit sozialen Beziehungen. Die antike Philosophie war zu einem guten Teil Weisheitslehre, Anleitung und Einübung in eine vernunftgesteuerte Lebenskunst (→ Info III).

Die Sophisten, die frühgriechischen Aufklärer des 5. Jahrhunderts v. Chr., vertraten erstmals die Ansicht, dass jeder Mensch und nicht nur die Angehörigen der herrschenden Schicht zu einem vernunftgemäßen Leben gelangen kann. Die durch Sitte, Religion und Gewohnheit geregelte Lebensführung ist nach Meinung der Sophisten nicht selbstverständlich und der Mensch kann überkommene Lebensformen durchaus in Frage stellen und verändern. Dieses In-Frage-Stellen war auch eines der Hauptanliegen des *Sokrates* (469–399 v. Chr.), eines Zeitgenossen der Sophisten. Im Gespräch mit Vertretern verschiedener Berufsgruppen wies er immer wieder darauf hin, dass »gut« leben mehr bedeutet als eine Funktion oder Tätigkeit in der Gesellschaft zufriedenstellend auszufüllen. Sokrates selbst gab jedoch auf die Frage nach der richtigen Lebensführung weniger eine theoretische als vielmehr ein praktische Antwort. Er lebte das vor, was er unter »Selbstgenügsamkeit« und »Besonnenheit« verstand: Indem er ein materiell bescheidenes, der philosophischen Diskussion gewidmetes Leben führte und auch gegen staatliche Anschuldigungen seinen Überzeugungen bis zum Tod treu blieb, wurde er für die gesamte antike Philosophie ein Vorbild philosophischer Lebensführung (→ Info VI).

Das Ideal der Selbstgenügsamkeit wurde z. B. von den Kynikern übernommen, einer Schule, die von dem Sokratesschüler *Antisthenes* (ca. 455–360) begründet wurde und die, ebenso wie Sokrates, der Lebenspraxis den Vorzug vor der Theorie gab. Die Kyniker deuteten die Selbstgenügsamkeit im Sinne einer radikalen Askese. Materieller Besitz, Ehre und Erfolg, aber auch jedes gesellschaftliche Engagement lehnten sie ab. Ihr bekanntester Vertreter, *Diogenes von Sinope* (412–323 v. Chr.), ein Schüler des Antisthenes, praktizierte diese Lebenshaltung in extremer Form. Man gab ihm den Spottnamen »Hund« (griech. »kyon«, daher »Kyniker«), weil er sich von allen sozialen Bindungen distanzierte und sich in eine Tonne zurückzog. Eine kritisch-distanzierte Haltung gegenüber materiellen Gütern haben die meisten antiken Philosophenschulen eingenommen, doch insgesamt vertraten sie eine gemäßigtere, vermittelnde Haltung.

Die von Sokrates in der Reflexion, im Gespräch und in der Praxis entwickelten Ansätze einer Lebenskunst wurden von seinen Nachfolgern nicht nur nachgelebt, sondern auch zu einer Tugendlehre verarbeitet. In der Tugendlehre berühren sich antike Moralphilosophie und Philosophie der Lebenskunst besonders eng. Kluges Verhalten war, wie auch moralisches Handeln, für die antiken Philosophen Konsequenz einer Erziehung des Charakters zu bestimmten festen Grundhaltungen, also Tugenden, hin. Platon (427–347 v. Chr.), der berühmteste Schüler des Sokrates, zählte neben der Gerechtigkeit auch wichtige Tugenden der Lebensklugheit, nämlich Besonnenheit, Weisheit und Tapferkeit zu den vier obersten Tugenden, die später Kardinaltugenden genannt wurden (→ Info III). *Aristoteles* (384–322 v. Chr.) nennt in seiner *Nikomachischen Ethik* eine ganze Reihe so genannter »Charaktertugenden«, die sich alle dadurch auszeichnen, dass sie die »Mitte« zwischen zwei möglichen Extremen, d.h. Lastern darstellen. So besteht die Tugend der Großzügigkeit darin, mit Reichtümern weder zu freigiebig noch zu geizig umzugehen, sondern sie gezielt einzusetzen. Besonnenheit ist nach Aristoteles die Mitte zwischen Zügellosigkeit und abgestumpfter Lustfeindlichkeit (→ Info III).

Zwei von Aristoteles vertretene Prinzipien wurden auch für die nachfolgenden römisch-hellenistischen Philosophenschulen bestimmend: dass der Mensch sich weder von Gütern noch von Erwartungen anderer abhängig machen darf und dass er im Umgang mit sich und seinem Besitz ein bestimmtes Maß wahren soll. Menschliches Handeln sollte sich an der Ordnung der Natur orientieren. Im Einklang mit der Natur leben war deshalb eine der wichtigsten Forderungen antiker Lebenskunst. Der Weise, das Vorbild dieser Lebenskunst, zeichnete sich dadurch aus, dass er das Verfügbare, das also, was in seiner Macht steht, beherrschte und sich mit dem Unverfügbaren abfinden konnte. Eine solche Lebenseinstellung führt zum Glück, d.h. zu einem Zustand des psychischen Gleichgewichts, der Seelenruhe (»apatheia« oder auch »ataraxia«).

Dabei setzen die einzelnen Schulen jeweils unterschiedliche Akzente: *Epikur* (341–271 v.Chr.) und seine Anhänger vertraten einen Hedonismus, d.h. eine Lehre, die in Freude und Genuss das Ziel eines vernunftgemäßen Lebens sieht. Doch unter »Freude« verstand Epikur keineswegs Ausschweifung und Luxus, sondern nur die Verfügung über die lebensnotwendigen Güter (→ Info I, III). Die Stoiker hingegen, zu denen z.B. die römischen Philosophen *Seneca* (4 v.Chr. – 64 n.Chr.), *Epiktet* (50–138) und *Marc Aurel* (121–180) zählten, legten den Schwerpunkt auf die Beherrschung von Affekten und Leidenschaften. Sie verhielten sich gegenüber äußeren Gütern eher gleichgültig und bevorzugten ein asketisches Leben. Sie betonten die Rolle der Vernunft als Kontroll- und Disziplinierungsinstanz. Marc Aurels *Selbstbetrachtungen* z.B. enthalten zahlreiche Meditationsübungen und Exerzitien, mit deren Hilfe man die Kontrolle der Vernunft über die Affekte erlernen kann.

In der Spätantike wurde die Lehre von der Lebenskunst von religiös-spirituellen Lehren beherrscht. *Plotin* (205–270) und die Neuplatoniker propagierten ein geistig orientiertes Leben, das sich ganz der Meditation, der mystischen Vereinigung mit dem »Einen«, dem höchsten metaphysischen Prinzip widmen sollte. Ganz ähnlich waren auch die Lebensvorstellungen des frühchristlichen Philosophen *Augustinus* (354–430), der dieses »Eine« mit dem christlichen Gott identifizierte. Welche Rolle die Philosophie noch bis ins frühe Mittelalter als praktische Lebenshilfe spielte, zeigt sich im Fall z.B. des christlichen Römers *Boethius* (480–524), dessen Werk *Trost der Philosophie* wichtige Thesen der antiken Philosophie zusammenfasst und dem Verfasser über den Aufenthalt im Gefängnis hinweghalf.

Von Augustinus an stand das gesamte Mittelalter hindurch die Lehre von der Lebenskunst unter dem Vorzeichen des christlichen Glaubens und der christlichen Tugenden. Die antiken Kardinaltugenden wurden nun den obersten christlichen Tugenden Glauben, Liebe, Hoffnung untergeordnet (→ Info III). Aber auch andere christliche Tugenden wie Mitleid oder Barmherzigkeit bestimmten die Vorstellung von einer christlichen Lebensform. Diese war, im Vergleich zum antiken Lebensideal, weniger kontemplativ und auch weniger pragmatisch ausgerichtet. Wahre christliche »Klugheit« zeigte sich nun eher im tätigen und selbstlosen Dienst am Nächsten. Auch hat die christliche Philosophie seit Augustinus die Vergänglichkeit des Menschen, seine Begrenztheit in der Zeit, stärker ins Bewusstsein gerückt. Der Mensch verstand sich nun als ein Wesen, das im Horizont der Zeit lebt, die sich am Jüngsten Tag erfüllen wird. Aber viele Vorstellungen der antiken Philosophie überlebten unter dem Mantel des Christentums. So wurden die Ideale der Autarkie, der Selbstgenügsamkeit und der Askese von den neu gegründeten christlichen Mönchsorden aufgenommen.

Eine direkte Anknüpfung an hellenistische Lehren findet sich in der Renaissance bei *Michel de Montaigne* (1533–1592). Montaigne vertrat in seinen berühmten *Essais* einen gemäßigten Hedonismus. Danach soll der Mensch in der begrenzten Lebensspanne, die ihm bleibt, den sinnlichen Freuden des Lebens keineswegs ausweichen, sondern im Gegenteil die Vernunft dafür einsetzen, sich ein angenehmes Leben zu verschaffen. Maßstab für ein solches Leben bleibt aber wie in der Antike die Natur. Im Einklang mit der Natur leben bedeutet für Montaigne, einen Mittelweg zwischen Askese und dem unbegrenzten Ausleben von Bedürfnissen zu finden.

Nach Montaigne verlor die neuzeitliche Philosophie Fragen der Lebenskunst aus den Augen und konzentrierte sich auf die Begründung moralischer Pflichten und Regeln. Eine Ausnahme bildet die in der Tradition Montaignes entstandene Moralistik. Im Werk des Aphoristikers *La Rochefoucauld* (1613–1680) z.B. wird das aristokratisch geprägte Persönlichkeitsideal des »honnête homme« vertreten, in dem antike Vorstellungen der Autonomie, der Selbstbeherrschung und der Distanz zur Welt fortleben.

Allerdings gab es auch in der neuzeitlichen Theorie der moralischen Pflichten Aspekte, die sich mit dem Thema Lebenskunst berührten. So sprachen deutsche Aufklärer wie *Christian Wolff* (1679–1754), *Immanuel Kant* (1724–1804) und *Adolph Freiherr Knigge* (1752–1796) von Pflichten des Menschen gegenüber sich selbst (→ Info VI). Dazu gehört nach Kant z.B. die antike Regel »Lebe der Natur gemäß!«, aber auch das Gebot, sich selbst zu vervollkommnen, d.h. die eigene Persönlichkeit weiterzuentwickeln. Knigge entwarf in seinem Hauptwerk *Über den Umgang des Menschen* (1788) sogar einen umfangreichen Katalog von persönlichkeitsbildenden Verhaltensweisen und Erziehungsmaßnahmen.

Während die Aufklärer Persönlichkeitsbildung als Mittel ansahen, den Menschen zu einem selbstbewussten und nützlichen Teil der Gesellschaft zu machen, richtet sich die Philosophie der Lebenskunst bei *Arthur Schopenhauer* (1788–1860) an den gebildeten Privatmann. In seinen *Aphorismen zur Lebensweisheit* empfiehlt Schopenhauer ein zurückgezogenes Leben, das sich der Philosophie, Wissenschaft und Kunst widmet und sich aus gesellschaftlichen Bindungen weitgehend heraushält. Die Quellen des Lebensglücks muss der Mensch nach Schopenhauer in sich selbst und nicht bei anderen finden.

Während Schopenhauers Lehre von der Lebensweisheit sich noch in vielen Punkten an antiken und christlichen Tugenden, wie Selbstbeherrschung oder zurückgezogene Lebensführung, orientiert, übte *Friedrich Nietzsche* (1844–1900) radikale Kritik an einer Tugendlehre, die, so Nietzsche, mit Ratschlägen wie Selbstkontrolle, Mäßigung, Demut oder Mitleid die Kreativität und Vitalität des Menschen beschneide, den Menschen zu einem geduckten, ressentimentgeladenen und degenerierten Wesen mache und eine freie, dem Sinnen- und Kunstgenuss zugewandte Lebensform verhindere (→ Info I). Nietzsche wertet den sinnlichen Aspekt der menschlichen Existenz auf und setzt an die Stelle einer rationalen Lebensklugheit eine ekstatische Selbstverwirklichung.

Schopenhauers Zeitgenosse *Sören Kierkegaard* (1813–1855), ein dänischer Philosoph und Theologe, beschäftigte sich vor allem mit der seit dem frühen Christentum gestellten Frage, wie der Mensch vor dem Hintergrund der Vergänglichkeit und der zeitlichen Veränderungen einen einheitlichen Lebensentwurf durchhalten, wie er also mit sich identisch bleiben kann. Genau diese Frage beschäftigte auch den von Kierkegaard beeinflussten deutschen Existenzphilosophen *Martin Heidegger* (1889–1976) in seinem Werk *Sein und Zeit*. Der Mensch, der nach Heidegger im Bewusstsein der begrenzten Lebenszeit und des eigenen Todes lebt, ist in Gefahr, ein entfremdetes, »uneigentliches« Leben zu führen, wenn er sich treiben lässt und sich der Herrschaft der Meinungen und sozialen Erwartungen, dem so genannten »Man«, unterwirft. Ein »eigentliches« Leben ist nur möglich durch Entscheidungen, die den Tod als Grenze des Lebens immer vor Augen haben und die Möglichkeiten der Gegenwart bewusst ergreifen.

Heideggers Idee des »eigentlichen« Lebens hat Ähnlichkeiten mit den Vorstellungen von der Selbstverwirklichung des Menschen, die *Hermann Graf Keyserling* (1880–1964), ein Anhänger Nietzsches und der Lebensphilosophie, in seinen zahlreichen Schriften und in der von ihm begründeten »Schule der Weisheit« vertrat. Wie der Künstler sein Kunstwerk gestaltet, so stellt sich für Keyserling jedem Menschen ganz individuell die Aufgabe, seinem Leben ein bestimmtes Gesicht, einen bestimmten Stil zu geben, der den eigenen Möglichkeiten und Fähigkeiten entspricht. Diesen ganz individuellen Lebensentwurf nennt er »Leben als Kunst«.

Viele Anzeichen sprechen dafür, dass das Thema »Lebenskunst« seit dem Ende des 20. Jahrhunderts in der Philosophie wieder mehr Beachtung findet. Ein Beispiel dafür ist die systematisch ausformulierte *Philosophie der Lebenskunst* (1998) des Philosophen *Wilhelm Schmid* (geb. 1953), die sich wie die antike Philosophie mit unserem Verhältnis zu materiellen Gütern, zur Natur, zum sozialen Umgang mit anderen und zu unserer Gestaltung der Zeit äußert und die mit der an das antike Ideal der Seelenruhe sich anlehnende Lebenshaltung der »Gelassenheit« eine Alternative zu dem in den westlichen Gesellschaften von Besitz- und Erfolgsstreben diktierten Lebenstempo aufzeigen will.

Kleines Stichwortverzeichnis zur philosophischen Ethik

Schema zur Geschichte der philosophischen Ethik

Sokrates

Aristoteles

Epikur

Thomas v. Aquin

David Hume

Immanuel Kant

Antike und Mittelalter

Sophisten / griechische Aufklärung: erster Versuch einer rationalen Moral-Begründung; moralischer Relativismus (»Der Mensch ist das Maß aller Dinge«).

Klassische griechische Philosophie: Eudämonismus und Tugendethik: Tugend als Übereinstimmung mit der Natur und als Weg zum Glück; moralischer Universalismus.

Sokrates: vernünftige Einsehbarkeit des Guten; Vorbild einer selbstgenügsamen, philosophischen Lebensführung.

Platon: »Idee des Guten« als vernünftig einsehbares, in einer übersinnlichen Welt existierendes Moralprinzip; Gerechtigkeit, Tapferkeit, Besonnenheit und Weisheit als »Kardinaltugenden«.

Aristoteles: Mensch als Gesellschaftswesen, Tugend als Mitte zwischen zwei Extremen; Kontemplation und philosophische Lebensform als Erfüllung des natürlichen menschlichen Glücksstrebens.

Römisch-hellenistische Philosophie: Schulen der Lebensweisheit (»Lebenskunst«) auf der Grundlage des Eudämonismus und der Forderung eines Lebens in »Einklang mit der Natur«.

Epikur: Hedonismus: Lust/Freude als Quelle von Glück und Seelenruhe (»ataraxia«); Rückzug ins Private (»Lebe im Verborgenen«).

Stoiker: Universalismus: moralische Gebote in kosmischer Vernunft begründet; Verpflichtung zum Dienst am Allgemeinwohl; Glück als Selbstgenügsamkeit und Leidenschaftslosigkeit (»apatheia«); Begründer: Zenon; spätere Vertreter: Marc Aurel, Epiktet, Seneca.

Frühes Christentum: Augustinus: Glaube, Liebe, Hoffnung als christliche Tugenden; Glück als Vereinigung mit Gott.

Hochmittelalter: Thomas von Aquin: relativer Wert der weltlichen Tugenden; sittliche Gebote teils durch Vernunft erkennber, teils durch Offenbarung gegeben; theologisch begründete Pflichtenlehre; Vereinbarkeit von freiem Willen und göttlicher Vorherbestimmung.

Neuzeit und Moderne

Moralphilosophie der frühen Neuzeit

Montaigne: Erneuerung des antiken Eudämonismus (»Essais«).

Hobbes: ethischer Egoismus: Selbsterhaltung und Macht als Ziele allen menschlichen Strebens (»Der Mensch ist des Menschen Wolf«).

Moralphilosophie der Aufklärung

Shaftesbury: Harmonie von Glücksstreben und allgemeinem Wohl.

Hume: Wohlwollen als natürlicher Antrieb des Menschen; Unterschied zwischen Sein und Sollen; Handlungsfreiheit als Voraussetzung von Verantwortlichkeit.

Kant: Klassische Position der Pflichtethik: moralisches Handeln als unabhängig von Nutzen und Folgen; »kategorischer Imperativ«: Verallgemeinerbarkeit als Moralkriterium, Mensch als Selbstzweck; Vereinbarkeit von Willensfreiheit und Naturgesetzlichkeit.

Moralischer Relativismus im 19. Jahrhundert

Deutscher Idealismus (Hegel) und Marxismus: Moralauffassungen als Ausdruck einer Etappe auf dem Weg des geschichtlichen Fortschritts; Marx/Engels: »Klassenmoral« im Dienst ökonomischer Interessen.

Moralkritik und Egoismus:

Stirner: radikaler Egoismus (»Mir geht nichts über Mich«);

Nietzsche: Altruismus als maskierter Egoismus, Ablehnung christlicher Moral als lebensverneinende »Sklavenmoral«.

Utilitarismus: Form der teleologischen Ethik; Sozialeudämonismus.

Bentham, Mill: allgemeines Wohl (»das größte Glück der größtmöglichen Zahl«) als Moralkriterium.

Brandt, Smart: Unterscheidung von Handlungs- und Regelutilitarismus.

Materiale Wertethik

Scheler, Hartmann: objektiv existierende sittliche Werte, erfassbar durch moralisches Gefühl.

Existenzphilosophie: Freiheit als Wesenskern des Menschen.

Heidegger: Selbstverwirklichung als Befreiung vom »Man«.

Sartre: der Mensch »zur Freiheit verurteilt«.

Ethik der Natur/Ökoethik: moralische Verantwortung des Menschen gegenüber der Natur.

Vorläufer: Schopenhauer: Mitleidsethik; Schweitzer: Lehre der »Ehrfurcht vor dem Leben«.

Jonas: Umwelt- und Zukunftsethik (»Prinzip Verantwortung«).

Moralphilosophie des modernen Positivismus, analytische Ethik, Metaethik

Moore: Begründung der Metaethik; moralische Begriffe als undefinierbar durch natürliche Eigenschaften (»naturalistischer Fehlschluss«).

Wittgenstein, Ayer: moralische Urteile als subjektiver Ausdruck von Gefühlen (»Emotivismus«); Schlick: Willensfreiheit als Scheinproblem.

Hare: moralische Urteile als präskriptiv und verallgemeinerbar.

Erneuerung der deontologischen Ethik

»Prima-facie«-Pflichten bei Ross; »Gerechtigkeit als Fairness« bei Rawls.

Diskursethik bei Apel und Habermas: Begründung von Normen nach dem Modell des »idealen herrschaftsfreien Diskurses«.

Zeitgenössischer Relativismus

Postmoderne: Feyerabend, Lyotard, Rorty: Moral als Ausdruck unterschiedlicher, gleichberechtigter kultureller Wertvorstellungen.

Zeitgenössische Tugendethik

Kommunitarismus: Aufwertung von Gemeinschaftstugenden (MacIntyre, Taylor); Erneuerung der aristotelischen Tugendlehre (Nussbaum).

Angewandte Ethik

Analyse spezieller moralischer Fragen wie Abtreibung, Sterbehilfe, Tierschutz und moderne Technik.

Singer: Rechtfertigung aktiver Sterbehilfe und der Forderung nach »Gleichheit für Tiere«.

Friedrich Nietzsche

John Stuart Mill

Nicolai Hartmann

Richard M. Hare

Jürgen Habermas

Peter Singer

Kleines philosophisches Personenregister

Textverzeichnis

10–12 David Hume, Eine Untersuchung über die Prinzipien der Moral, übers. v. Carl Winckler, Felix Meiner Verlag, Hamburg 1972, zit. nach der Ausgabe im Reclam Verlag, Stuttgart 1984, 227f., 230–233.
12–13 Max Stirner, Der Einzige und sein Eigentum, Reclam Verlag, Stuttgart 1991, S. 181–183, 284–285.
14–15 Friedrich Nietzsche, Der Wille zur Macht (KTB 78), S. 252–255 (Aph. 373).
15–17 Friedrich Nietzsche, Jenseits von Gut und Böse (KTB 76), S. 200ff. (Aph. 260).
18–19 Peter Singer, Wie sollen wir leben? Ethik in einer egoistischen Zeit, dtv, München 1999, S. 102–104, 106, 108f., 189f.
22–23 Friedrich Engels, Anti-Dühring, in: Karl Marx/Friedrich Engels, Werke, Berlin 1975, Bd. 20, S. 86–88.
24–26 Günther Patzig, Ethik ohne Metaphysik, Vandenhoeck & Ruprecht, Göttingen ^{2}1983, S. 78–83, 90–92.
32–33 George Edward Moore, Principia Ethica, übers. und hg. von Burkhard Wisser, Reclam Verlag, Stuttgart 1970, S. 39–41, 44f., 52.
34–35 Nicolai Hartmann, Einführung in die Philosophie, Vandenhoeck & Ruprecht, Göttingen ^{4}1956, S. 151–153, 169; ders., Ethik, de Gruyter, Berlin ^{4}1962, S. 155f.
36–37 Alfred J. Ayer, Sprache, Wahrheit und Logik, Reclam Verlag, Stuttgart 1970, S. 141–143.
37–38 Richard M. Hare, Freiheit und Vernunft, übers. von Georg Meggle, Patmos Verlag, Düsseldorf 1973.
40–41 Karl R. Popper, Die offene Gesellschaft und ihre Feinde, Francke Verlag, Bern 1957, zit. nach der UTB Ausgabe, S. 91f.
42–43 Dieter Birnbacher, »Natur« als Maßstab menschlichen Handels, in: Ökophilosophie, hg. von Dieter Birnbacher, Reclam Verlag, Stuttgart 1997, S. 223–225.
48–50 Aristoteles, Nikomachische Ethik, übers. von Franz Dirlmaier, Reclam Verlag, Stuttgart 1969, S. 5f., 8, 15–18.
51–52 Epikur, Schriften. Über die irdische Glückseligkeit, übers. von Paul M. Laskowsky, Wilhelm Goldmann Verlag, München, in der Verlagsgruppe Bertelsmann GmbH.
54–59 John Stuart Mill, Utilitarismus, in: Otfried Höffe (Hg.), Einführung in die utilitaristische Ethik, Verlag C. H. Beck, München 1975, S. 60f., 64–66.
57–59 John J. C. Smart, Extremer und eingeschränkter Utilitarismus, in: Otfried Höffe (Hg.), Einführung in die utilitaristische Ethik, Verlag A. Francke, Tübingen ^{2}1992, S. 197f., 171, 173f., 180.
60–61 Otfried Höffe, Einleitung, in: ebd., S. 44–47.
69–73 Immanuel Kant, Grundlegung zur Metaphysik der Sitten, Hamburg ^{3}1965, S. 10f, 14, 17–22, 34–35, 37, 42.
74–75 Alasdair MacIntyre, Geschichte der Ethik im Überblick, übers. von Hans Müller, Bletz Athenäum, Weinheim ^{3}1995, S. 183f.
78–81 Wolfgang Kuhlmann, Ethik der Kommunikation, in: Karl O. Apel u.a. (Hg.), Praktische Philosophie/Ethik-Reader zum Funkkolleg, Fischer Taschenbuch Verlag, Frankfurt a.M. 1980, S. 292–308.
82–83 Karl-Heinz Ilting, Der Geltungsgrund moralischer Normen, in: ders., Grundfragen der praktischen Philosophie, hg. von P. Becci/Hansgeorg Hoppe, Suhrkamp Verlag, Frankfurt a.M. 1994, S. 154–156.
91–92 Thomas von Aquin, Die menschliche Willensfreiheit. Text zur thomistischen Freiheitslehre, eingl. und ausgew. von Gustav Siewerth, Patmos Verlag, Düsseldorf 1954, S. 226–229.
92–93 Immanuel Kant, Grundlegung zur Metaphysik der Sitten, Ausgabe Weischedel, Bd. IV, S. 91–94.
94–96 Max Planck, Vom Wesen der Willensfreiheit, in: ders., Vorträge und Erinnerungen, Wissenschaftliche Buchgesellschaft, Darmstadt ^{10}1965, S. 302f., 306–310 (in Auszügen).
99–100 Burkhard Vollmers, Einladung zur Psychologie, Vandenhoeck & Ruprecht, Göttingen 1997, S. 101f., 105–107.
101–103 John Hospers, Zweifel eines Deterministen, übers. von Dieter Birnbacher, in: Texte zur Ethik, hg. von Dieter Birnbacher/Norbert Hoerster, dtv, München 1976, S. 330–335, 337f.
104–106 Moritz Schlick, Fragen der Ethik (1930), hg. und eingel. von Rainer Hegselmann, Suhrkamp Verlag, Frankfurt a.M. 1984, S. 155–157, 161–165.
112 Eid des Hippokrates, aus: Frauenmedizin in der Antike, hg. und übers. von Charlotte Schubert/Ulrich Huttner, Artemis & Winkler Verlag, Düsseldorf/Zürich 1999, S. 61–63.
113–115 Robert Leicht, Wenn der Tod gewollt ist, in: Die Zeit, Nr. 32, 30. Juli 1998, S. 3.
116 Thomas Morus, Utopia, in: Klaus J. Heinisch (Hg.), Der utopische Staat, Rowohlt Verlag, Reinbek 1960, S. 60f., 81.
117–118 Norbert Hoerster, Sein letzter Wille, in: Zeit-Punkte, Nr. 2/1995, S. 35f., 38.
119–120 Johannes Gründel, Auf Verlangen töten?, in: Hermann Hepp (Hg.), Hilfe zum Sterben? Hilfe beim Sterben!, Patmos Verlag, Düsseldorf 1992, S. 100–104.
126–127 Umberto Eco, Wie man über Tiere spricht, in: ders., Wie man mit einem Lachs verreist und andere nützliche Ratschläge, übers. von Burkhart Kroeber, Carl Hanser Verlag, München 1993, S. 79–82.
128–129 Arthur Schopenhauer, Preisschrift über die Grundlagen der Moral, in: Werke in 10 Bänden, Bd. VI, Zürich 1977, S. 280ff.
129–131 Albert Schweitzer, Kultur und Ethik, C. H. Beck Verlag, München 1980, S. 331, 339–342.
131–134 Gerhard Zbinden, Biomedizinische Forschung und Tierversuche, in: Christoph A. Reinhardt (Hg.), Sind Tierversuche vertretbar? Beiträge zum Verantwortungsbewusstsein in den biomedizinischen Wissenschaften, Verlag Fachvereine ETH Zürich, Zürich 1990, S. 93–102.
134–137 Peter Singer, Praktische Ethik, übers. von Jean Claude Wolf, Reclam Verlag, Stuttgart 1984, S. 70f., 73f., 82ff.
144–146 Ursula Wolf, Die Philosophie und die Frage nach dem guten Leben, Rowohlt Verlag, Reinbek 1999, S. 17–21.
146–148 Christoph Horn, Antike Lebenskunst, C. H. Beck Verlag, München 1998, S. 113f., 119–121.

149–150 Martin Heidegger, Sein und Zeit, Niemeyer Verlag, Tübingen [17]1993, S. 126ff., 370f.
153–154 Eva Strittmatter, Mai in Piešt'any, Aufbau Verlag, Berlin/Weimar 1986, S. 139f., 183f., 198f.
155–157 Wilhelm Schmid, Philosophie der Lebenskunst, Suhrkamp Verlag, Frankfurt a.M. 1998, S. 358–360.
159–160 Adolph Freiherr Knigge, Über den Umgang mit Menschen, Stuttgart 1981, S. 81–85.
161–162 Hermann Graf Keyserling, Das Buch vom persönlichen Leben, Frankfurt 1936, S. 594f., 597f.

Abbildungsnachweis

Umschlag: Pablo Picasso, Frauenblume, 1946. © Succession Picasso/VG Bild-Kunst, Bonn 2000.
9 © Walter Hanel.
19 Pablo Picasso, Die Familie oder Eltern mit Kind, 1904. © Succession Picasso/VG Bild-Kunst, Bonn 2000.
21 © Volker Derlath, München.
27 Suresh Sawant, aus: epd-Entwicklungspolitik 22/96.
31 Aus: Sempé, Konsumenten. © 1973 by Diogenes Verlag AG, Zürich.
43 Marc Chagall, Mose empfängt die Gesetzestafeln, nicht datiert. © VG Bild-Kunst, Bonn 2000.
47 René Magritte, Die Begegnung mit dem Vergnügen, 1950. © VG Bild-Kunst, Bonn 2000.
52 Max Ernst, Seelenfrieden, 1929. © VG Bild-Kunst, Bonn 2000.
62 Quelle unbekannt.
63 © Peter Wirtz, Dormagen.
72 Quelle unbekannt.
75 © Marie Marcks, Heidelberg.
81 Quelle unbekannt.
83 © Friederike Ziegler, Berlin.
85 Quelle unbekannt. Aus: Bernard Willms, Philosophie, die uns angeht, Gütersloh 1975, S. 304f.
90 Keith Haring, Ohne Titel, 1985. © The Estate of Keith Haring, New York.
94 © Lotte Meitner-Graf, London.
115 © ANNA Regula Hartmann-Allgöwer, Basel.
117 © Markus Kirchgeßner.
127 Quelle unbekannt.
135 © James Balog/Tony Stone Images.
137 © H. Erbe.
139 René Magritte, Das Vergnügen, 1927. © VG Bild-Kunst, Bonn 2000.
140 © Mike Minehan, Berlin.
143 © Dominique Issermann.
145 © Jan Tomaschoff, Düsseldorf.
148 © Digne Meller-Marcowicz.
151 René Magritte, Die Kunst zu leben, 1967. © VG Bild-Kunst, Bonn 2000.
156 © Wieslaw Smetek.

1. Auflage 2000
Druck 15 14 13 12

Umschlaggestaltung: Volker Butenschön, Lüneburg
Printed in Germany
ISBN 978-3-7627-0324-2
www.oldenbourg-bsv.de